编 委 会

大学生创业学基础

臧强　孙彤／主编

人民出版社

前　言

大学生是社会创新最具有活力的推动者,也是未来创业最有力量的生力军。大学生代表着青年进步的方向,而青年则是整个社会的希望。

大学生创业工作,一直受到党和国家的高度重视和支持。习近平总书记在北京大学师生座谈会上指出:"要全面深化改革,营造公平公正的社会环境,促进社会流动,不断激发广大青年的活力和创造力。要强化就业创业服务体系建设,支持帮助学生们迈好走向社会的第一步。"①要发挥大学生创业的巨大效能,系统的制度安排不可或缺。国务院出台《国务院关于推动创新创业高质量发展打造"双创"升级版的意见》(以下简称《意见》),提出允许大学毕业生用创业成果申请学位论文答辩。为了更好地帮助大学生创业,提升大学生的创新实践能力,《意见》要求,在未来几年内,创新创业教育和实践课程将成为高校学生的必修课。未来,全国高校都将推广创业导师制,导师不但要指导学生的学习,还要鼓励和引导学生创新和创业,组织学生进行创新创业培训。

中国社会的发展正在经历着翻天覆地的变化。一方面,随着科技不断升级,制度不断革新,文化不断进步,各种新的商业和产业模式如雨后春笋般不断涌现,悄然改变着我们的生活。"大众创业,万众创新"不仅是一种导向,更是一种社会的现实要求。另一方面,中国经济也进入了新常态,靠"人海战术"的劳动密集型发展方式亟待改变。就业取向上,"大锅饭""等靠要"等思想逐渐不适应时代的变化,越来越多的年轻人开始重视就业的

---

① 王秀明:《引领大学生创业正当其时》,《光明日报》2014年5月28日。

质量和自身的发展需求,社会的经济形态和就业趋势逐渐向个性化、多元化和创新化演进。

大学生创业,就是在这个演进过程中出现的一种新的形态与趋势。创业,本身是一种就业,它解决了创业者自身的生存问题,同时还能够有余力地解决更多人的就业问题。但创业本身又超越了就业,它要求创业者有独到的商业眼光、优秀的团队能力、忘我的意志品质。然而对于大学生群体来说,他们虽然有着先天的智力优势和专业特长,但是常年"校门对家门"的生活,让大学生缺乏足够的社会经验与商业知识;虽然具备成为创业者良好的基础和素质,但是距离成为一个真正的创业者,还有着很远很艰辛的路要走。

玉不琢,不成器。高等院校在进行专业教育的同时,也逐渐开展了针对大学生创新创业的教育工作,并取得了积极而有效的进展,培养和涌现了一大批优秀的创业团队典型。不过在这个过程中,与具有丰富学科积累的专业教学不同,创新创业教育工作起步较晚,经验不足,存在着思路滞后、教材欠缺、师资不足等诸多问题。帮助大学生尽快了解创业的全过程,对初创企业的各方面知识都有一个基本的掌握,从而能够帮助大学生提升创业能力,树立创业信心,勇于创业实践,则显得尤为重要和迫切。

正是基于上述需求,本书编写组从大学生的创业知识现状出发,以"零基础"的标准,组织了校内校外的一线教师和创业导师,共同编写了这本《大学生创业学基础》教材。与以往大多数的大学生创业教材相比,本教材在吸收了其他教材的优势与特色的基础上,在体例和内容方面实现了一定程度的创新。

首先,本教材体现了创业知识的"实战化"。

多数创业教材会花费较多篇幅向大学生讲解创业的概念、理论乃至名词解释,理论讲授部分多于实战知识部分。而创业作为一项社会经济领域里的实践活动,对于其实战方面的了解和学习,如创业流程的把控、初创企业各方面的管理等,则显得更为重要。基于这样的考虑,本教材试图在"实战化"方面进行一定程度的创新,重点讲授了创业实战过程中所需要了解的诸多问题,从而形成了两条逻辑线:一条"纵线"贯穿创业的全过程,从创业的肇始,到公司的成立与基本管理,最后到公司的风险防控与未来发展,体现了对创业全生命周期的覆盖;另一条"横线"则涵盖了作为创业主体的初创企业的各方面,如目标管理、融资管理、人力资源管理、财务管理、公关与市场营销、风险管理与创新发展等。对于非管理类专业的学生来说,本教材可以作为一本帮助大学生从创业者成长为初创企业管理者的实战教材。

其次,本教材突出了创业教育的"案例化"。

创业教育因其自身具有的特点,相较于其他学科的专业教育来说,有着一定的特殊性。这个特殊性就是创业教育是一个鲜活的过程,不能够以理论和知识的讲解为主。同时,作为没有进入社会工作和生活过的大学生,直接成为一个企业的管理者,很多概念也让他们难以理解。本教材考虑到这样的特殊性,在创业教育的过程中,引入了多数商学院都会采用的"案例化"教学法,在每节理论的讲解之后都添加教学案例,在每章之后添加综合案例讲解和点评。这些创业案例都是取自媒体公开报道的案例,有成功的案例,亦有失败的案例。通过这样的设计方式,尽可能地让学生在创业教育的过程中对创业产生直观的认识与感受,从而更好地理解相关的理论与知识。

最后,本教材实现了创业实践的"模拟化"。

创业作为一项实践活动,如何开展是个难题——单纯的课堂学习无法有效地传递创业的感受,离开课堂参与真正的创业实践,又囿于时间、资源、场地和安全因素等诸多限制,全面深入大规模的开展不太现实。本教材试图通过创业实践的"模拟化"在一定程度上实现对解决这个难题的创新。教材在编写过程中有意识地安排和设计了商业游戏和现场体验等环节,供教师和学生在学习过程中使用。这种"模拟化"的方式,不仅解决了时间和空间的限制,还给了学生参与创业实践的机会,让他们获得了更加真实的创业体验。

本教材立足大学生的实际情况和需求,针对学生创业过程中的难点,汲取了本领域的多项教学成果,将创业知识和管理学知识相融合,辅以案例和体验教学,对大学生来说具有较强的针对性。本教材邀请了多位校内创业教育的一线教师参与编写,也邀请了多位校外创业导师参与到编写工作中。具有丰富教学经验的教师和丰富创业实战经验的导师联手为教材提供了生动的素材和资料,完善了教材的思路,提升了教材的水平。

这本《大学生创业学基础》的出版,是大学生创业教育工作从理论向实践迈进的重要探索。本教材由首都师范大学招生就业处处长臧强、北京市高师培训中心常务副主任孙彤担任主编;分管学生就业创业指导中心的副处长刘锐、创业工作科科长黄丹和市场建设科科长祝杨军担任副主编;部分创业骨干教师、校外创业导师及创业校友共同参编。具体分工如下:臧强、孙彤主持全书整体编撰工作,审定写作提纲、插图、通改全书及最终定稿;刘锐、黄丹负责通改书稿及部分章节;祝杨军初拟全书编写大纲;姜萌负责前期资料收集与整理,并根据大纲撰写部分初稿。黄丹、孙鹏负责全书插图的绘制。各章节具体作者为:第一章:刘锐;第二章:黄丹;第三章、第四章:张翀;第五章:尹沛;第六章、第七章:李意涵;第八章:刘锐;第九章:刘佳;第十章:黄丹。

为了保证教材的实用性和适用性,编写人员做了大量的调研、整理和编辑工作,在此对参与编写的所有人员一并表示衷心的感谢!由于时间仓促,水平有限,书中难免有疏漏和不当之处,敬请读者批评指正。

目　　录

第一章　大学生创业学概论

【本章知识要点】

1. 了解创业和创业学的概念与内涵；

2. 了解大学生创业学的研究对象和基本内容；

3. 明确大学生需要掌握的创业技能及其学习方法；

4. 理解创业精神的内涵与作用；

5. 激发大学生创业意识，培育大学生创业精神。

第一节　创业与大学生创业

【理论讲授】

创业是社会经济发展的直接驱动力，能够给经济增长带来无穷的活力，进入 21 世纪以来，创业的地位日趋重要，鼓励创业、促进创业已成为各国的一项重要战略。

一、创业

创业的"业"多指"事业"，在《辞海》中，"创业"的定义是"奠基或开创事业"；而在西方语境中，"Entrepreneurship"就是创业，它是从"Entrepreneur"衍生而来的，这个词是企业家的意思，因为创业与企业家有关，故其含义延伸到创业。

（一）创业的内涵

创业与企业息息相关。企业有三个理解层面：事业、价值和企业。与之相对，创业也可以从这三个层面来理解。

"事业"可以指创建一个新企业，也可以指企业内部某个部门或职位的"内部创业"，还可以指非营利组织或社会机构的建立和运营。在社会活动中，所有具有创建一个新企业这一性质的活动都可以被视为创业活动。对于个人来说，具有积极创新、尝试机会、整合资源、创造价值等特点的活动都可以纳入创业活动范畴。对于大学生来说，在校园里创建俱乐部或者社团以及组织团队参加创业竞赛也可以纳入这一范畴。

利用企业平台创造价值、创造新企业，以及在企业内部创造价值也可以称为创业。创建一个新企业是很容易理解的，而在企业内部创造价值是指借助企业提供的现有平台，通过使用各种创新方法或者手段达到提高绩效的目的，也称为企业内部的第二次创业。

创建新企业的过程称为创业。第一步是要调研市场，及时地发现潜在的商业机会，在这个基础上创造出某种创新的、新颖的产品或者服务，再向实践转化，并使之具有商业价值或社会价值。其具体表现形式是以相关法律法规的要求为依据，个人或合伙企业按照相关流程，注册设立公司，经营企业，创造利润和价值。

创业的三个层次的含义往往是混合的，我们主要是从狭义的角度来理解"创业"——首先要发现一定的潜在市场机会并抓住机会，再整合和利用有关资源，如技术团队、资本等；在发展过程中，积极创建出一类业务和操作，使所开拓的产品或服务的市场需求转化为具有商业价值或社会价值的一种创新的方式。

（二）创业的要素

创业是一个公司从无到有，从创始人产生想法，组建创业团队，成立公司，整合初始资源，到公司有能力向市场提供产品，形成持续稳定的利益收入的过程。创业的道路上充满着风险与不确定,这个过程困难重重,而创业者、资源和商业模式这三个要素是创业过程的核心要素。

创业者就是创业团队,初创企业的基础是创业团队的核心成员。他们的素质、模式、眼光对初创企业未来发展的高度有决定性的影响。我国的传统观念认为,创业团队的形成一般会有一种"内化"的倾向,即核心成员都曾经是同事、同学等具有共同或者相似经历的关系,他们常常从熟悉的人那里寻找团队成员,所以互相之间是理解的,沟通起来也会很顺畅。这种情况具有非常自然的信任感,在创业初期,对企业的分工与合作等方面的工作是比较有利的。在创业的过程中,通过不断调整核心团队成员,使团队逐渐趋于稳定。

企业在创业初期得以发展的一个非常重要的支撑条件是技术、资金等资源。通常而言,创业所依托的技术资源是创始人或核心成员所拥有的技术成果。由于产品的生产和推广需要较高的资金投入,一般个人的储蓄或亲友借款并不足以支持发展需求,所以如果没有技术资源和资金资源,只能从一些相对容易的领域开始创业。

商业模式是"为了最大化客户价值,整合内部和外部的要素,使企业形成一个完整、高效、核心竞争力强和独特的操作系统,并通过最优实现满足客户需求的形式、总解决方案来实现客户价值,同时使系统实现持续盈利能力的目标的方案"[①]。通俗地说,公司盈利的方式就是基于商业模式的。对于技术创业而言,基础是技术壁垒及其带来的客户价值,好的商业模式是其腾飞的关键;商业模式对于没有技术优势的初创公司来说则更加重要。

(三)创业的类型

创业根据不同的分类标准可以分为不同的类型。

1. 根据创业的不同特点,可以分为:

(1)生存型创业。我们把为自己谋求生存而进行的创业活动称为生存

---

① 周辉、李慧、李光辉:《商业模式构成要素及价值分析》,《学术交流》2012 年第 7 期。

型创业,通常这种创业活动与自己的职业没有太直接的关系。在创业群体中,超过90%的人属于生存型创业者,显而易见,生存型创业者是创业者中最大的群体。

(2)知识型创业。知识型创业是一种与智慧和知识相关联的创业,其特点是创业活动与创业者自己的专业知识和技能具有很大的关联关系。国家积极鼓励这类型的创业,对知识型创业项目提供特殊的支持。

(3)关系型创业。对于拥有一定关系资源的创业者,关系型创业是一种不错的选择。这些关系资源来源不同,有些是创业者自己通过各种方式建立的,有些是来源于身边认识的人。

(4)机会型创业。机会型创业是指当创业者找到某个适合创业的机会,并主动抓住这个机会进行的创业活动。只有创业者对机会有一个准确的判断和把握,以敏锐的嗅觉抓住机会,才能取得创业的成功。这种创业方式非常考验创业团队的能力。其特点是创业者在创业过程中自主权大,时间充裕,非常灵活。

2. 根据创业的创新程度,可以分为:

(1)复制型创业。以原公司的商业模式为蓝本,在对原公司模仿的基础上开展的创业。这种复制型创业在创业初期出现频率较高,缺点是没有太多技术创新的贡献,存在创业精神缺乏的问题。

(2)模仿型创业。在自己不熟悉的领域模仿他人进行创业。模仿型创业创新成本低,研发周期较短,但存在创业过程风险大、对他人模式依附性过高的风险。

(3)稳定型创业。稳定型创业具有一定的创造价值,对于创业者来说,并不会面临太多的风险和变化。稳定型创业并没有创造过于创新的模式或组织,它是在发展的过程中逐渐体现创新价值的。

(4)冒险型创业。冒险型创业是一种非常困难的创业方式。它对社会有很大的贡献,对创业行业有很大的改变,但其失败风险也很高。它必须以创业能力、创业机会、创业精神、创业管理、创业模式和创业战略上的较强的组织和决策能力为基础。

二、大学生创业

随着经济的不断发展，我国的高等教育逐渐实现了跨越式发展。高等教育招生规模在不断扩大，开始了从"精英教育"向"大众教育"的转变。在高等教育迅速进入"大众化"新阶段的社会背景下，倡导和鼓励大学生参与创业不仅是社会发展的趋势，更有利于促进大学生实现个人综合素质的发展。

（一）大学生创业的特点

大学生是一类知识水平和创新思维水平都较高的群体，在经济社会高速发展的时代背景下，社会对大学生的创业行为给予了更多的成功期望。大学生创业也呈现了一些独有的特点。

1. 创新性

对于大学生创业而言,其创新转向是非常有必要的。这不仅是大学生提升自身就业能力的一种需要,更重要的是通过积极参与创新和创业实践等系列活动,培养和形成一种蓬勃向上的价值观念。这种观念引导大学生勇于探索新事物,不惧怕承担风险,通过积极创新创造展现自身价值。

2. 实践性

高度的"知行合一"是教育工作的重要目的,这一目的在大学生创业中也同样重要。在创业实践的过程中,大学生可以将自己所学到的知识和技能运用到具体的社会实践中,完成知识与现实行为的统一,实现二者相互促进的良好作用。实践是一个能使学生直接获得认知的过程,不仅能促进间接知识的运用,也能促进创业教育的深入发展,使大学生在学校学到的知识有效地转化和运用到创业实践过程中。

3. 人文性

创业精神是创业活动的核心,是一种奋发向上、吃苦耐劳的品质,大学生创业的精神内涵是成就自我、服务社会。因此,创新创造、勇于奋进、积极向上、造福社会的人文精神在大学生创业的过程中表现明显。人文精神是灯塔,能够引导大学生致力于投身创新和创业的浪潮,并塑造大学生创业者的社会责任感,最后为初创企业注入企业文化和创新精神,有效地促进社会文化向良性的方向发展。

4. 社会性

创业实践活动能让大学生对社会有更深入的接触和了解,从而发现问题、解决问题进而创造价值。学校为大学生提供了一个学习文化知识的平台,更多关注的是知识的传授;而社会不同,它是一个可以给大学生带来更多学习和成长空间的大舞台。创业实践让学校和社会能够接连在一起,就像一座桥梁。这座桥梁可以大大加深大学生的专业化和社会化程度,提高大学生适应社会的综合能力。

（二）大学生创业的意义

随着经济社会的不断发展,创新已变成社会发展的重要驱动力。可以说,创业不仅是一种社会需求,也是一种个人价值的体现,大学生创业的意义在这两方面都有充分的体现。

1.创业为大学生展示个性提供了机会

在创业活动中,创业者通常会选择自己喜欢和擅长的工作。在创业实践中,他们可以充分发挥自己的才能和个性,实现自己的人生目标。通过创业,大学生可以完成职业发展的自我设计,这也是实现自我价值的一种方式。

2.创业是大学生实现理想、积累财富的途径

随着社会环境的变化,大学生的就业形式也随之发生变化。社会环境的变化导致一个鼓励创业、保护创业、崇尚创业的环境正在初步形成。在这个经济发展受到知识水平影响的时代,大学生可以成为新经济时代的先锋,可以利用知识创造财富,为自身生活获得保障,为社会发展贡献力量。

3.大学生创业能够有效缓解当今社会的就业压力

创业可以看作是一个人在创业实践中生存和发展的能力。创业教育可以培养和发展学生的基本创业素质,提高学生的生存能力、竞争力和创新能力,使学生成为复合型人才。大学生可以通过创业寻找到新的就业方向,甚至能够带动他人就业,这对缓解高校毕业生的就业压力是非常有利的。

4.创业有利于培养大学生的团队精神

在创业过程中,大学生会遇到很多困难,甚至失败。相较于学校生活,总体来说创业是困难的。因为对于相当一部分大学生来说,教师和学校对学生的关注较多,而这与创业过程形成了鲜明的对比。学生创业者必须要走出舒适圈,自己主动走向社会,寻找投资和资源,在竞争激烈的市场中自己去开拓。这个过程存在着许多意想不到的困难,克服这些困难,也正是提升团队精神、磨炼自我意志、锻炼个人品格的好时机。

5.创业有利于培养大学生的创新精神

大学生是新一代的创业群体,他们普遍具有较高的教育水平。如果他

们能将所学的专业技能与创业活动紧密结合,并将所学运用到实践中,他们在创新方面一定会独具一格。因此,大学生创新创业教育还应注重培养独立思考、批判精神和发散思维等创新能力,让大学生在创业过程中学会自我发现问题、分析问题,并能最终独立解决问题。

三、大学生创业的优势与劣势

由于大学生社会实践经验少,所以大学生创业活动很难达到商业运作的成熟水平。在创业过程中,应该把握大学生创业的一般规律,让大学生能够充分发挥自己的优势,避免劣势,从而在竞争中建立相对优势。

(一)大学生创业的优势

大学生虽然商业运作经验欠缺,但是其本身具有如学历、智力和专业背景等优势,在创业中往往也发挥着重要的作用。

1. 教育优势

通过研究创业者的学历与创业成功之间的关系可以发现,创业者的受教育程度与创业的类型息息相关。一般来说,受教育程度高的个体通常具有较高的专业技能,具有较好的创业基础和创业潜力,对创业机会有比较敏感的嗅觉。对比不同创业类型的创业者的受教育程度可以发现一些显著的差异:青年创业中,学历是小学的创业者占机会型创业者的比重为22.2%,而学历是高中和大学的创业者占机会型创业者的比重为70%以上。由此可以看出,尽管"80后""90后"中机会型创业的比例在不断增高,但低学历青年中生存型创业的比例仍处于主导地位。虽然机会型创业的比例持续增长,但生存型创业的比例仍居高不下。[1] 这说明并不是大多数创业者都接受过高等教育,大学生的受教育程度在创业竞争中有着明显的优势。

---

[1] 邓希泉、徐洪芳:《青年创新创业现状与共青团服务能力研究》,《北京青年研究》2017年第3期。

2. 年龄优势

首先,大学生年轻,精力充沛,充满自信,有很强的理解事务的能力。同时大学生充满激情,愿意工作。正所谓,"青春是最大的资本"和"年轻不怕失败"。其次,年轻的大学生创业者接受新事物的速度快,思维活跃,运用IT 技术的能力强,能够通过互联网获取大量的有效信息。再次,相较于全职工作人员,大学生的业余时间和假期较多,可用于创业实践的空闲时间比较充足,有利于创业实践活动的开展。

3. 平台优势

以高校为平台,大学生可以开展很多创业活动,这是实现机会型、知识型创业的独特优势条件。高校是高水平科技成果的重要来源,是基础研究、应用研究和高新技术产业化的活跃领域。大学生利用这个平台,有机会直接参与科研和成果转化过程,发掘潜在市场,让高校成为科技创新创业的孵化园,从而开发出一大批低风险、高效益、具备经济意义的大学生创业项目。另外,大学生创业者倾向于组建智力水平高、科研能力强的创业团队。大学开设的多学科专业有利于大学生创业者组建知识结构互补的创业团队,有利于开展科技含量高的机会型创业活动。

(二)大学生创业的劣势

与社会创业群体相比,大学生创业也有着难以回避的劣势和不足。

1. 缺乏丰富的社会经验

大学生从家庭走进学校,然后通过学校进入社会。他们对社会的了解非常少,对社会生活的各个方面没有太多经验,没有遇到过实践中的问题,缺乏社会工作经验以及分析和解决实际问题的能力。

2. 资金支持不足

在获得风险投资方面,大学生具有不可避免的劣势。抛开个人没有资金储蓄不言,在家庭和社会关系方面能够筹集到的资金也很有限。这意味着大学生需要通过多种渠道筹集创业资金,如经营现金流、学校和政府补贴、创业大赛奖金等。

3. 缺乏良好的心理素质

不少大学生在走上创业之路后,很容易产生自卑和焦虑的情绪。更严重者,甚至对某些东西不再感兴趣,不愿与来自社会各方面的人交流,这会导致大学生的原创想法很容易被放弃,从而加速创业的失败。如果他们遇到不能解决的困难,个别大学生创业者甚至有可能患上心理疾病。

4. 缺乏可靠的人力资源

首先,大学生会遇到如何组建团队的问题。团队组建对于创业新手来讲是一个非常重要的影响因素,但想寻求志同道合的合作伙伴开始创业并不容易。其次,创业是团体性的活动,大学生的沟通和协作能力常常是不足的。没有一个项目能够孤立地存在于社会中,创业者必须广泛地联系社会各部门、各单位和有关人员。这就要求大学生创业者在注重招聘和储备该领域人才的同时,还要不断提高自身在人际和工作交往中的协调和沟通能力。

【案例分析】

如何看待大学生创业选择送外卖?[①]

"食品行业是咱们生活所必需的,选择在食品领域发展是一个比较好的创业出路。现在大学生创业比较难,容易着手而且投资比较少的行业就是外卖行业,投资小而且回收比较快。"小王是北京一名高校的学生,虽然本职专业与送外卖毫无关系,但他却因为"投资小,回收快"而选择了送外卖来创业。

近日,有媒体报道,智联招聘公布的一项调查显示,在大学生创业项目中,最流行的并非是科技、金融等传统意义上的高技术含量项目,而是"送外卖"。调查中,有超过 60% 的学生表示,如果创业,这将是自己的首选。

---

① 《大学生创业为何首选送外卖?》,2015 年 7 月 21 日,见 http//history.people.com. cn/peoplevision/n/2015/0721/c371452-27339161.html。

奔跑兔送餐电子商务平台的王熙博介绍说，从搭建平台网站，到优化配送物流网络，互联网外卖创业的每一步都需要扎实的技术支撑，由于技术壁垒和物流障碍，导致"最后一公里"操作会面临着很大的困难，而且很难形成模板化或者规模化，尤其在东北市场，是很容易在冬季夭折的，从全国来讲也受到区域的限制。物流半径不能做得太长，如果做得太大，就会形成一个即时性流入，可是人们的需求不是你有哪些餐厅，而是他更想吃到的东西能不能给他送来，这就产生一个矛盾，你给的我不一定要，你要的我又没有。

王熙博创办奔跑兔是在 2013 年。今天，尽管这只"兔子"依然奔跑在长春的大街小巷，却早已不再是当初的领跑者。随着越来越多的互联网送餐平台涌入市场，这一领域的竞争也越来越激烈。

经过几年的发展，互联网送餐产业已经不再是一个新生的婴儿，而是进入了发展扩张的快车道。有统计显示，今年第一季度，在线外卖成交订单高达一亿七千六百万单，同比增长 340.8%。

而目前，全国大大小小的第三方 O2O 外卖平台已经超过 100 家。互联网送餐平台频获巨额融资，而每轮融资后，往往都伴随着大规模烧钱的优惠和补贴。可以说，这个领域的商业竞争，远比人们想象的"跑腿儿送餐"要复杂和激烈数倍。

爆发式扩张的背后，带来的不仅是机遇，还有更进一步创新的挑战。对此，吉林省社会科学院社会学研究所所长付成提示，大学生创业者在选择具体创业项目的时候，应充分了解行业背景，切忌盲目扎堆，否则机会到头来也会变成无法自拔的"沼泽地"。

点评：

在"大众创业、万众创新"的新时代，大学生是创新创业的生力军，创业也是大学生实现人生理想和价值、服务社会的重要方式。大学生不仅接受了高等教育，也处于风华正茂的年纪，在相应社会资源的支持下，在创业过程中具有明显的竞争优势，但与此同时，大学生在创业时也面临着缺乏经验、团队、资金等因素的困扰。

本案例表明,虽然大学生选择创业的起点很多是"送外卖",似乎与社会对大学生的期待有很大的差距。但是创业本就无一定之规,"送外卖"既能规避创业过程中经验缺乏、没有志同道合的伙伴、缺少资金支持等风险,也能不断拓展视野、获得社会经验和创业经验。不过大学生创业切忌盲目扎堆。

【思考作业】

1. 什么是创业,什么是创业学?

2. 创业的要素有哪些,哪些是核心要素?

3. 请列出大学生创业的优势与劣势。

第二节 大学生创业学

【理论讲授】

大学生创业学以创业为研究对象,基于创业相关的核心概念,围绕后创业要素的相互关系和模式机制成一套体系。大学生创业学的相关研究成果,对高校创业教育体系的建立和实施和大学生创业实践的指导有着重要意义。

一、大学生创业学的内涵

创业学"是一门以创业为研究对象、揭示创业的本质和客观规律的管理学科"。① 因为在许多领域都存在能够创业的项目,所以创业不能局限于某一个领域,"创业学广泛运用和借鉴了当今世界最新的学科理论和科研成果,总结了适合于创业活动的原则和方法,是一门以管理学、经济学、社会学、心理学和众多技术学科为基础的,以研究在特定的历史条件下一个特定

① 葛建新:《创业学》,清华大学出版社 2004 年版。

的创业主体如何发现和捕获市场机会并由此创造新颖产品或服务和实现其潜在价值为内容的综合性、实践性和艺术性兼具的一门崭新的学科"①。显而易见,创业需要学习和综合许多学科的理论基础,并且积累每个创业领域的独特经验。

　　大学生创业学以大学生创业活动为研究对象,揭示大学生创业活动的潜在规律和特征,探索对大学生进行整体创业训练的方法。随着社会的发展变化,大学生的创业意识越来越强,创业文化氛围也越来越浓,"创业"一词在大学生中也愈发受到欢迎。通过观察大学生的创业活动不难发现,大学生的创业活动有着相似的轨迹。探究这些特征及其背后的意义,有助于我们更好地了解大学生创业的现状,为大学生创业提供理论支持和实践帮助。

---

① 王延荣:《创业学——理论与方法》,陕西人民出版社 2004 年版。

二、大学生创业学的内容

大学生创业学是基于企业层面,围绕创业这个主线,充分运用创业者、创业投资者、创新、创业风险、创业管理这些核心概念所构成的以创业者、基于创业的创新管理、创业融资、初创企业管理以及创业机制为基本内容的创业学理论体系。

(一)创业者概念、素质与能力的研究

对创业者进行研究是创业学区别于其他学科的重要的研究领域之一。这是一场长期的关于创业者概念、素质和能力的探讨与研究。在经济发展史上,人们对于创业者的认知还仅仅认为是那些自己去开办新企业的人。早在200多年前,萨伊就认为:创业者需要打破秩序,重新组织,提出新的要求。正如熊彼特所说,创业者的任务是"创造性破坏"。彼得·德鲁克认为,并非所有新创建的小企业都是创业型企业或具有创业精神。① 因此,人们对于"创业者"的概念至今还很模糊。事实上,在实际中是难以界定创业者、企业家以及创业精神等概念的。此外,社会是动态发展的,过于僵化的概念并不完全是创业活动所需要的。

在对于创业者的素质与能力研究中,比较具有代表性的是"认知学派"和"管理学派"。"认知学派"认为创业者在心理特征上与普通人有所不同,"管理学派"则认为创业是一种人人都可以掌握的管理方法。诚然,创业者需要较高的素质与能力,但这些不是生来就具有的,而是可以通过努力和实践积累来获得的。

一个成功的企业家必须具备良好的心理素质、良好的职业道德、持久的耐力、竞争的意识、敏锐的危机意识、合理的知识结构、健康的身体和积极的

---

① 王延荣:《创业学:学科定位及其架构分析》,《华北水利水电学院学报(社会科学版)》2004年第3期。

活力等素质。同时也需要具备与这些素质相匹配的能力。创业者的素质决定个体的创业能力,包括创新能力、组织能力、策划能力、控制能力、指挥能力、协调能力、理性认识能力以及综合感知能力等。创业团队中个体创业能力对群体创业能力优劣有很大的影响,同时创业团队的人员数量、人才专业结构及其相互关系也至关重要。创业技能的不断提高和优化有助于有效地实现或接近创业的目标。

(二)基于创业的创新及其管理研究

基于创业的创新研究是以创业机会为导向展开的。首先,创业者认识到技术、市场和政策等方面带来的各种创业机会,为了把握住这些创业机会,创业者积极利用市场创新、观念创新、制度创新、产品创新和管理创新等,甚至创造创业机会,从而形成创造性思维。值得注意的是,所有这些创新并非都具有商业价值和可行性,其中一些甚至存在着很高的商业风险,即使是最有实力的公司也不可能对每一个创新都进行投入。因此,创新和创业的关键问题在于,企业必须做出正确的战略决策,并决定哪些机会能够提供竞争优势。这就需要进行创造性的探索,并根据它们的条件确定初创项目。即从投资者的角度分析投资和项目的用途,以确定一个初创企业是否值得成为一个真正的企业。评估分为产业和市场、资本和盈利能力、竞争优势、管理和致命缺陷等指标。良好的初创企业在大多数评估标准中都有很大潜力,或者在一个或多个标准中具有潜在的竞争优势。通过评估,选择具有战略意义的创新进行投入与资源开发,并引导创新迈过多个发展阶段,最终推出产品或服务。

(三)创业融资问题研究

一个深思熟虑的企业融资方式是企业发展的决定性一步。就初创企业而言,起初企业的资源一般不多,随着企业的成长,企业还需要更多的资源来收购资产、支付不断上涨的工资、购买更多的材料以及维持现有开支。特别是一些初次创业者往往低估了所需的资本规模,低估了信息成本、管理成本、利息支出以及信用损失等容易忽略的成本,只注意到原材料和劳动力这类明显的成本,容易使企业发展面临较大的资金缺口。

创业资金中除自有、合伙或出售企业股权而得到的资金、借贷资金外,风险资本是创业者获取创业资金的一种重要来源。风险资本又称为"创业资本",青睐于高风险、高盈利和高增长潜力的初创企业。风险资本和初创企业的结合是创新理念和投资管理的结合。一些学者分析了大量的案例,研究结果表明,管理优先的组合几乎总是成功的。风险资本的运作已经形成了一套比较成熟的管理机制,包括风险投资机构或基金的设立机制、风险管理机制、投资机制、工具创新机制和退出机制。创业者要想获得风险投资,首先要对资本市场有更好的了解。可根据本企业的特点和资金需要筛选出若干可能的风险投资公司,制定一份用于向风险投资家游说以取得风险资本的完善的创业计划。当一个创业项目通过了风险投资家的严格筛选和可行性评估,便可最终获得风险资本的投资。① 因此,创业项目计划书是获取风险资本的重要的报告性文件。

(四)初创企业的管理研究

创业是以企业为载体的。这些企业由于人力、财力和物力有限,初期的管理和经营决策在企业是否成功上起了很大的作用。因此,初创企业的管理与成熟企业的管理也有所不同。

第一,创业初期的技术或营销技能往往是最重要的,但随着公司的发展,人事管理方面的问题将逐渐出现。企业家必须预估公司未来的人员需求,招聘和雇用新员工,为新雇员确定职位、报酬与激励等。在这种情况下,一个企业的成功更多地取决于创业者鉴别人才、使用人才和激励人才的能力。第二,企业家经常试图用自己的技术建立一家公司,然而这些技术需要在生产或销售过程中逐步完善。企业应根据技术和市场的发展情况,不断

---

① 王延荣:《创业学:学科定位及其架构分析》,《华北水利水电学院学报(社科版)》2004 年第 3 期。

研究和开发新产品,提高技术和管理水平。因此,创新必须高度重视技术和产品的管理。第三,在创业初期,缺乏资金始终是制约企业成长的障碍。用钱的地方很多,创业者应该严格控制有限的创业资金,但企业不仅要学会管理资金,还应该寻求扩大融资渠道的方法。第四,创业型企业需要好的营销理念、优秀的营销团队、优秀的销售渠道和良好的营销策略,只有将这些因素结合到他们的组织中,才能在激烈的市场竞争中立于不败之地。第五,当创业型企业进入创建新业务的快速增长阶段时,他们必须意识到由此产生的管理问题。①

(五)创业机制问题

创业机制是指为推进创业而建立的机构、系统和制度以及各因素、各环节之间的相互关系。第一,创业驱动机制。要使创新创业在产业创新过程中持续发展,要在创新创业方面建立和支持功能完善的创业市场,建立风险投资运行机制,创建创业文化,加强创业教育和培训。第二,创业决策机制。为确保创业活动不出现明显的管理不善,应建立科学合理的决策机制,包括创业项目的选择、创业项目的评估和决策。第三,创业管理机制。管理创新应通过企业之间的交叉业务为企业提供自由的风险防控空间。允许创业者按照自己的方式工作,采用一些迅速的、非正式的方法为创新想法提供所需要的资源,建立一套鼓励冒险、允许错误的体制等。这意味着要设立创造激励机制、薪酬激励机制、所有权激励机制、目标激励机制或利益激励机制,从而提高创业的积极性。同时制定创业评价办法,建立和健全创业监控体系和约束机制。第四,创业者收获机制。公司创造价值的几种途径通常也被风险投资者用作公司的结算机制。相比之下,风险投资者往往在业务开始前就退出,而创业者更多地将企业看成自己的事业所在,尽管收获策略的实施为他们提供了预期的企业流动性,但对于企业有必要建立基于创业者的

---

① 王延荣:《创业学:学科定位及其架构分析》,《华北水利水电学院学报(社科版)》2004年第3期。

收获机制。收获的主要途径有：员工股票选择权计划、管理人员买断、移交给家族成员等。

【案例分析】

大疆汪滔：就是要在"无人机"领域让中国人成为第一①

无人驾驶直升机对大多数人来说，只是一个出现在电影里的遥远事物，但对大疆创新创始人汪滔来说，其中却承载了他与飞行的不解之缘和创业梦想。作为 2017 年《财富》榜中国 40 位 40 岁以下的商界精英之一，汪滔无疑是全球无人驾驶直升机飞控系统领域的先行者，他用"螺旋桨"谱写了激荡人心的中国故事，闪亮了世界舞台。

创业创新

汪滔与飞行的不解之缘始于香港科技大学本科求学期间，出于兴趣，他选择无人驾驶直升机飞控系统作为本科毕业设计题目，这也顺理成章成为了他研究生期间的研究方向。

2006 年，刚毕业的汪滔携团队和技术参加了高交会，之后毅然决定成立大疆创新公司。经过几年的研发设计，2009 年为公司赚到了第一桶金。如今大疆创新的产品已占全球消费级无人机市场的七成以上，多年的苦心钻研终于换来了市场的肯定和丰硕的成果。

"刚开始研究无人直升机飞控系统的时候，只有我们一家在做，现在陆陆续续有其他机构在做这方面的研究，不过目前只有我们实现了产业化。"汪滔自豪地说。

大疆创新的技术在国内外有着绝对核心竞争力。"随着我们技术的推广，成本的不断降低，这个市场也在不断释放出新的需求点"，汪滔和他的技术团队，不断突破技术瓶颈，无人飞机控制系统和飞行平台两大关键技术

---

① 陈晓莹：《大疆汪滔：就是要在"无人机"领域让中国人成为第一》，《南方企业家》2017 年第 9 期。

日渐成熟。

在大疆创新的视频简介中有这样一段话，"兴趣、理想、志向，突然就办成了实实在在的事业。创业的压力和责任成了我们最强大的动力。"在以技术创新为核心竞争力的科技时代，大疆创新令人振奋的业绩背后是"十年磨一剑"的努力，因为每一次技术突破的背后都是数千次的实验。大疆创新将创新创业作为企业的终生追求，增强了创新自信，为积累社会财富、创造就业岗位、促进经济社会发展、增强综合国力作出了应有的贡献。

专注品质

汪滔和他的大疆创新专注无人机飞行技术领域的研究，先后研制生产出一系列高、精、尖产品，奠定了他在全球无人机飞行领域的"霸主"地位。

大疆创新是一家以国际顶尖水平的工程技术人员为核心，以自主创新为宗旨的技术原创型公司，专业从事无人驾驶直升机飞控系统的研发、设计制造和系统合成；并为航拍、监控、遥测等各种应用领域的专业人士提供量身定做的飞行平台、控制系统，以及各种机载专用设备的操控设施和数据链接。

大疆创新致力于开发可靠易用的自主飞行垂直起降无人机，在灾情调查和救援、空中监控、输电线路巡检、航拍、航测以及军事领域有着广泛的应用前景。给无人机挂上不同的器材，可做有害气体检测、农药喷洒、通信信号中转、地面交通情况勘查等多项工作。公司拥有思路新锐、技术精湛的开发人才，针对无人驾驶直升机的技术瓶颈，率先研制出商用自主飞行控制系统，并完成必要的平台配套工程，填补了国内空白。经过多年的合作研发，研究小组掌握了从底层硬件开发、飞行姿态估计、飞行姿态控制算法到飞行平台整合等一系列核心技术，开发出了成熟的飞行控制器产品，实现了自主悬停、姿态航向保持和 GPS 定点飞行等在内的常规飞行控制功能，在汶川大地震等救灾现场航拍中发挥了作用。

为了将无人直升机技术的研发和应用提高到一个新的高度，研究小组于 2009 年 6 月策划了第一次对西藏高原部分地区的飞行测试和科学实验。针对西藏高海拔地区空气稀薄和气候恶劣的条件，研究小组对无人直升机的设计进行了全新的改进,并将其命名为"珠峰号"。"珠峰号"在动力方面采用了零污染的电动技术,增加了留空时间,在高海拔、强风、低温、低气压的恶劣自然环境下,表现了出色的稳定性,这是大疆创新在专项技术攻坚上的一个重要里程碑。

追求卓越:做全世界最好的无人机!

创业之初,汪滔就已经确定了无人机的定位和目标,"当初每个月只卖几十个产品,也要成为全世界最好的。我们已经不太习惯再去做一个达不到全世界最高水平的产品了。"

汪滔带领大疆创新技术团队攻坚克难,先后研制生产出全球领先的御 Mavic 系列、晓 Spark 系列、精灵 Phantom 系列、灵眸 Osmo 系列消费级产品;集成系统、相机云台、摄像增稳系统等专业级产品。广泛应用于以下领域。

农业:用航拍数据提升作物产量,让农业信息采集更高效,帮助农户精细调节投入,快速排除病害,精准掌控作业效果;

能源:安全高效巡检作业,通过无人机行业应用平台,实时掌控偏远地区的设备状况,及时排除故障隐患;

公共安全:在突发事件中,进行大范围监控和搜索,迅速传递现场情况,提升反应效率,及时掌控拯救生命;

媒体:便携易用的无人机平台为记者、摄影师、视频博主等创作者提供独特的视角,将内容制作提升至全新高度,以全新视角展现精彩故事;

基础设施:施工现场尽收眼底,通过灵活的影像形式对工程进展进行监控,及时发现问题隐患,保障工程进展顺利;

建筑:用航拍数据改进工程管理,通过无人机测绘追踪工程进展,管理人员对拥有多个承包商的大型工程也能了如指掌。

产品畅销全世界,并牢牢占领全球消费级无人机 70% 以上的市场。据了解,大疆创新有研发人员近 2000 人,全球没有任何一家无人机企业,具备这样的技术实力。

汪滔和他的大疆创新致力于技术革新,将科技应用于更高的追求,主动履行社会责任。通过"善飞"计划,他们与志同道合者在应急救援、保护环境和义务教育等领域展开密切合作,共同为促进经济社会发展作贡献。

汪滔和他的大疆创新不断开拓进取、拼搏奋进、争创一流企业,在市场竞争中勇立潮头、脱颖而出,终将成为具有国际影响力的领军企业。祝愿汪滔和他的大疆创新用"螺旋桨"谱写新的辉煌。

点评:

汪滔和他的大疆创新致力于技术革新,将科技应用于更高的追求,主动履行社会责任,与志同道合者在应急救援、保护环境和义务教育等领域展开密切合作,共同为促进经济社会发展作贡献。

创业企业家要搞好技术创新活动,不仅要面向技术的空白领域,还需要面向社会的空白领域,从而为企业的技术创新提供技术来源和市场来源。企业创新还需要与企业的产品结构、产业结构调整相结合。根据市场的变化和技术的发展,通过创新不断优化产品结构,增加品种、保证质量、提高效益。

【思考作业】

1.创业学作为一门交叉学科,它的基本研究内容有哪些?

2.大学生创业学是教大学生创业的学科吗? 为什么?

第三节　大学生创业学的意义

【理论讲授】

随着时代和社会的发展,高等教育中的创业教育需求日益凸显。创业教育是以专业教育为主的高等教育的有效补充,因此与现行教育体系并不相斥,能够进行融合。通过创业教育的开展提升大学生的创业能力,培养大学生的创业精神、创业教育和专业教育的融合让帮助大学生对本专业的学习目标、未来应用等内容有更全面的了解,使专业学习更加高效,学习效果更容易固化。

一、创业教育与专业教育

(一)创业教育与专业教育的内涵

经过几十年的探索和实践,我国高校开展创新创业教育取得了一定的成绩,主要包括创业基础课程的设置和普及、学生课外活动的丰富和小部分群体的创业实践,也涌现了一批大学生创业典型。但是,从高等教育人才培养的角度来看,创业教育的规模和内涵还远未达到预期,目前开展的形式主要以课堂讲授为主,辅之以社会实践、企业实习、企业家讲座、创业计划大赛等第二课堂活动,高校创业教育尚没有形成系统完善的创业教育理论与实践体系,还存在一些亟待解决的困难与问题。专业化教育是我国现行高等教育体系的主要模式,创业教育和专业教育的有机融合,一方面能让专业教育焕发新的活力,加速从专业到实践的转化,另一方面也能促进创业教育的成果升级。

在当前的高等教育中,"专业"按学科划分为不同层次的几个类别。以学科专业知识体系为基础,注重培养学生在某一专业领域的能力和素质,使学生在掌握所学专业的基本理论知识前提下,践行实际的应用并不断进行文化和技术创新。通过专业教育为国家培养高校专门专业人才。

创业教育涉及多种专业学科的内容和方法。理论学习和实践学习的结合,对学生的创业能力培养非常有利,从而使他们成为未来职业生涯的开拓者。创业教育作为培养具有创业能力的高层次人才的培养体系,旨在帮助大学生树立创新意识和合理的创业意识,帮助学生将个人能力与社会需求、国家需求联系起来,实现个人价值;培养大学生的创业精神,树立坚强的意志品质,能够理性地分析和面对挫折;传授创业知识,培养大学生的创业能力,丰富大学生的创业知识,通过实习、培训、创业基地等方式,让学生实现自主创业。

(二)创业教育与专业教育的异同

1.实现形式和功能效果的差异

创业教育不是一项独立的教学活动,而是贯穿于高校的教育教学活动中,服务于高校人才培养的过程。① 目前,传统学科的优势贯穿于大学生的专业教育,例如专业理论基础成熟、课程体系全面等。创业教育是一种过程分散和孤立的方式,作为对大学生就业指导的一部分,现在仅限于为大学生提供创业类选修课程、创业讲座或创业计划竞赛等,并没有真正将它们集成到专业课程和专业实践中。创业教育和专业教育各有侧重。专业教育的功能效果更有针对性,根据学科的培养目标,培养学生专业技能,培育学生的专业素养和锻炼专业实践能力。而创业教育可以培养学生的创新思维,提高学生的观察能力、创造力、解决问题的能力和管理能力等,有利于学生社会人格的形成,促进学生就业,这对促进社会发展具有积极意义。

2.目标定位与内容设置的一致性

创业教育是高校在人才培养过程中产生的一种新的教育理念。以受教育者的素质和能力为导向,旨在培养学生的创新创业意识、自主创业和创业能力,以及建立和管理企业的能力。专业教育侧重培养基础理论扎实、创新能力强、实践能力强的复合型人才。通过比较可知,这两个目标都体现了较强的"专业性"和"实践性"的特征,强调学生创新创业精神和实践能力的培养。从内容上看,创业教育包括创业精神、创业知识和创业实践三个模块。其中创业精神是核心,创业知识是基础,创业实践是关键。② 它突破了传统的灌输式教育方法,强调创造力和主体性的培养;专业教育还注重培养学生的实践能力和创新能力,为未来进入社会开展工作或继续科学研究提供全

① 宋华明、刘泽文:《大学生创业教育与专业教育耦合研究》,《江苏教育》2017 年 2 月 5 日。
② 宋华明、刘泽文:《大学生创业教育与专业教育耦合研究》,《江苏教育》2017 年 2 月 5 日。

面锻炼的机会。

（三）创业教育与专业教育的继承与融合

1. 目标集成

在学生意识层面上，通过"普及"教育的方式，培养大学生的创新、创业和实践意识，培养大学生的创新创业精神；在理论层面上，通过"大众化"教育的方式，向学生传授专业与创业教育相关的知识，使有创业兴趣的学生能够掌握一些基本的创业方法和理论；在实践层面上，通过"精准"教育，对有着强烈创业欲望、坚实的理论基础和实践能力的学生，进行有针对性的指导和支持，促进这部分大学生积极参与科技成果的有效转化。

2. 内容集成

创业教育融入专业课程，这不仅可以作为个人知识实践的一部分，还可以形成一种创新意识、创新思维和创新方法。创业教育以必修课的形式，开展意识层面的基础课程，开设与创业意识相关的专业课程和创业态势与政策课程，开展大众化创业教育。对于有创业兴趣的学生，可以开展选修课，例如创业基础理论、创业方法、创业政策等。创业知识课程与专业课程应该有效融合，可以在传授专业知识的过程中加入创业的元素。实践课程教授创业技能与创业意愿，组织创业活动，安排实践课程，如启动创业模拟、商业计划设计大赛、创业项目申报等，这些活动都可以帮助大学生实现创业的期望，提高创业成功率。

3. 教师集成

教师层面的教师整合主要通过"引进来"和"走出去"的方式整合和发展大学生创业教育教师，从而打造多元化的教学团队。不仅仅要培养专职教师，对优秀的兼职教师也要积极引进。教师是桥梁，能够与企业、科研机构和政府等建立专业合作关系。另外，根据高等教育国际化的发展趋势和规律，应该加强国际化的创业教育教师发展。

4. 管理集成

要保证大学生创业动机转化为创业行为，有一个重要因素就是建立具有专业特征的创业教育管理组织。该机构的主要任务是:指导大学生创业实践、规划创业、实施创业、评估与反馈,还能为大学生提供技术咨询和创业援助。

二、培养大学生创业技能

创业能力是多种能力要素的有机综合,是多种能力要素共同作用的结果。授课和培养方式也需要多样化。

(一)学习创业知识

创业是一项复杂的活动,创业知识是决定创业成功的关键因素。扎实的创业知识有助于大学生正确认识自己,理性认识创业活动,从而做出理性的创业决策。

1. 创业知识具备理论指导地位

基于创业知识,大学生可以对创业有一个全面正确的认识,从而为大学生创业意愿的形成奠定基础。如果一个学生不理解什么是创业,创业的模型是什么,如何创业,创业的优势和劣势,以及如何应对创业风险等这些问题,那么将无法进行成功的创业。

2. 创业知识是识别创业机会的先决条件

基于创业者对创业知识的积累,会导致其存在来自对外部环境的认识和自身的警惕性条件下的对创业机会的认识、评价和利用。创业知识可以帮助创业者评估创业机会的潜在价值和经济效益。只有拥有丰富而全面的创业知识,才能有效地判断创业机会,从而更好地识别、评价和利用创业机会。[1]

3. 创业知识是创业资源整合的关键

一个初创企业能否生存和盈利,很大程度上取决于创业资源。理论知

---

[1] 马世洪:《创业素养:大学生创业成功的必备素养》,《创新与创业教育》2020 年 2 月 25 日。

识为创业资源的整合提供信息,包括获取渠道、成本和可行性。创业知识是整合创业资源的关键,理论知识是特殊资源,它隐藏在企业家的人力资本中,对其他创业资源的配置和开发有着积极的引导作用。

4. 创业知识是创业信心的来源

创业信心的建立离不开创业知识的学习和积累。如果创业家不能掌握基本的创业知识,如市场环境、行业发展、企业管理、人力资源管理、财务管理、创业政策和法规,就不会有一个全景的规划,所谓创业信心更是无从谈起。大学生创业者必须以扎实的创业知识为基础,从而增强创业信心。

(二)积累创业经验

大学生在校期间,除了学习创业知识外,还需要积累创业经验。积累经验的方式主要有以下几种：

1. 创新创业协会

在这个组织中，学生通过参加各种创业大赛，可以提高创业模拟与实践水平，提高创新意识和能力。

2. 教师科研平台

在高校中，教师科研项目具有很强的创新性、专业性和前瞻性。通过参与教师科研项目的研究，大学生可以锻炼和提高自己的创新创业能力。

3. 生产、学习、研究基地

产学研基地是校内外为产学研服务的企业实体，是一个真正的创业实践平台。在这样的平台下，大学生在教师的指导下自主经营，开展市场活动，向创业者、企业家学习，通过交流、启发、影响，找到创业的灵感。

4. 校企合作

高校利用校外资源，为大学生创业创造了肥沃的土壤。它是校内实验、校外培训和社会实践相结合的产物。大学生可以通过访问和调查，参与企业的管理和服务，直接获得创业经验和创业知识，从而激发创业意识和创业动机。

5. 大学生创业园

创业园是各类型创业人才的孵化器。例如，科技创业园为科技初创企业提供了良好的营商环境和便利的经营条件，以文化创意为核心的创业园，提供了文化交流和展示的平台等。各类创业园为学生提供了一系列优惠政策。通过在各级创业园中的实践，大学生可以有效地提高自己的创新能力和实践能力。

（三）建立创业人脉

创业社交网络对创业能力有着正向的影响。创业者不仅要积极建立各种社会联系，利用规模效应拓宽学习资源的广度，还要通过规划、运营、动员等有目的的行为和过程，提高关系管理能力，拓展创业人脉。个人网络资源的激活已经成为创业者不断吸收创业能力的宝库。可见，社交网络是创业学习的重要平台。创业者应在合适的时间选择合适的网络与机会,创建自己的创业社交关系。

同时,应该意识到,高度异质的人际关系更有利于创业者的模仿学习,也更有利于创业者的引导和沟通学习。创业者应根据人际关系的不同特点,及时采用匹配的沟通方式。通过观察和模仿他人的行为、行动和结果,有利于提高创业者的经营能力;通过正式或非正式的沟通与合作进行沟通与学习,更有利于抓住创业机会;接受他人的指导,接受有说服力的引导学习有利于提高创业者的构想和操作能力。

三、培养大学生创业精神

创业成功的先决条件是创业者必须具有很强的创业精神和良好的创业素质。特别是大学生创业者,首先要培养和塑造创业精神。

(一)创业精神的内涵

创业精神通常是指创业者具有的那些开创性的想法、概念、个性、意志、风格和品质等,由这些品质合并后的高度综合形成多个精神特征的影响,如创新精神、冒险精神、合作精神和意志品质都是创业精神的反映。要使创业立于不败之地,必须要有从零开始的创业魄力。

(二)大学生创新创业精神的培育

弘扬当代大学生的创业精神,就是要培养大学生的勇气、自信、独立、勤奋、毅力等素质,使大学生树立创新的思维、广阔的视野、创业精神以及意识等。[①]

创新作为创业精神的核心,是一个民族进步的灵魂,是一个国家兴旺发达的不竭动力,是中华民族最深厚的民族精神。如今,我国形成了以改革创

---

① 王萌:《大学生创业精神培养研究》,硕士学位论文,南京理工大学,2015年。

新为核心的时代精神,培养创新意识和创新思维的基础是尊重事实、解放思想,这就需要有广阔的视野和独到的见解。创新的意识和理念是先突破再立足。打破旧的思维观念和习惯,是创新创业的基础。创新创业本身就是对现实的超越和改造。

(三)学习创业课程

学校是一个能够为社会的生存和发展提供动力的场所,其主要职能是人才的培养。它的价值由学校课程表述,其目的是通过教学活动实现的。完整而科学的创业课程体系有利于提高创业教育的效果,主要体现在以下几个方面:

1. 选择优秀的创业教育教材

依据中国经济和文化的特殊性,考虑到不同学科大学生的专业特点,应聘请具有深厚理论基础和丰富创业经验的专家学者进行编写,创业教育教材应该具有实用性和针对性。

2. 建立健全培养企业家精神的课程体系

在高校中的基础知识、专业知识、技术推广、实践操作等方面建立不同类型、不同层次、彼此之间更加紧密的联系,结合我国的实际情况不断完善,逐步改变企业家精神松散化培训课程在我国的地位,将该模块的创业培训课程系统化完整化,有效地实施大学生创业培训。

3. 促进与创业培训有关的课程的普及

以课程为载体的创业培训应渗透到教育、教学、科学研究等其他学科,将创业培训扩展到高等教育的各个方面,提高创业培训成绩,为未来的创业活动打下坚实的基础。

4. 增加大学生创业培训课程的时间

高校应该根据自身特点和经济条件,开设突出特色课程,增加与培养创业者有关的选修课,以计划和科学的方式开设创业精神的课程。高校具有学习方法开放和教学方法灵活的特点,大学生可以根据自己的兴趣以及自己的创业发展需要选择选修课,有针对性地弥补自身缺乏的创业知识、技能和精神,不断提高自身创业能力。

(四)参加创业实训

课堂教学可以提高教育效率,扩大教育范围,但仅靠课堂并不能满足大学生参与创业的需要,结合创业实训,可以将创业精神的培养付诸实践。

与传统的课堂教育不同,创业实训通常是在校园内的教室外进行的现场创业培训。它包括创业竞赛、特殊培训、创业模拟等许多方面。

创业培训可以帮助大学生接触创业项目,从而避免盲目创业的风险。通过创业实践来培养大学生,其实质是基于学生的认知水平和心理规律的发展,有效地控制和调节商业行为,并以各种实际问题在创业实践中作为案例出现,帮助大学生在智力、情感、意志、人格发展和集体主义精神的发展过程中,解决学生可能存在的实际问题,激发学生学习活动中的主动性变化,形成良好的身心素质。

创业实践为大学生提供了一种真实的创业环境,并在其中形成了一系列的实践活动。这种实践活动是由大学生进行操作和控制的,并且尽可能地接近他们的经验水平,从而使他们具有操作和控制的能力。在实践活动中,会存在真实有趣的问题,而这些问题恰恰能激发大学生形成学习的需求、动机和兴趣,也能促进学生形成积极思考的习惯。大学生可以通过这个过程主动学习新知识,尝试各种解决问题的方法,并最终解决问题。创业实践活动是紧密联系着社会、学校、师生的,是创业教育主体与客体的有机灵活结合,让大学生的创业理想和意图转向现实成为可能。所以说,创业实践具有非常明确的教育意义和价值,是实现创业培训目标和任务的重要途径。

(五)承继前人精神

对于那些充满梦想、渴望成功的年轻大学生而言,榜样的力量是个人成长不竭的动力。正确认识榜样,可以让大学生将外部偶像的力量转化为内在精神的直接力量。现阶段,有很多大学生成功创业的例子。通过分析我们不难发现,很多成功案例都是大学生通过在大学学习中的积累和自己的努力而取得的成就,也得到了社会和公众的认可。这些创业者中有一些是高校的优秀学生,有一部分则不是,但这并不影响这部分学生的创业热情,他们有着共同可贵的理想和加倍的努力,他们也同样在专业或非专业领域取得了显著成就。因此,这些平凡而又不凡的例子,一个人,一个故事,看上去平凡而简单,实际上比课堂上的知识讲解更具有说服力。

这些前人的例子提供的成功经验和失败教训不仅是一面旗帜,也是一面镜子,不论是在精神上还是在实践中,都为即将创业并且想要创业的大学生提供了有益的指引。创业者精神是社会整体文化环境的重要精神支柱,继承这种精神对社会的发展也起到了积极的作用。

（六）提供创业资源支持

高校要不断探索自身资源、政府资源和社会资源,通过整合大学生的商业实践、商业解决方案、商业培训和商业服务等方面,建立"一校多园"的商业实践平台模式。

1.挖掘现有校园资源,为大学生建立创业孵化器

很多高校都有类似于创业孵化器的场所,孵化器可以为大学生提供开展创业所需的空间,包括办公桌和椅子,电话和宽带上网以及优惠的租金等。这大大缓解了大学生创业时面对的经济、场所的窘境。为了促进大学生创业团队的创业活动,学校还为孵化器配备了专门的会议室、接待室、打印机、复印机、传真机和投影仪,以进行团队培训、会议、接待和日常办公室工作等。

2.依托孵化园,为大学生搭建企业孵化器

针对大学生的商业园区为他们的创业提供硬件(办公空间、网络设备、办公设备)和软件(系统培训、政策法规咨询、工商税收咨询、投资和融资咨询等)支持。对于企业孵化器园区中成熟的孵化团队,还为他们提供技术升级、产品改进、公司注册、优惠政策申请和其他业务转型服务。

3.协调政府的社会资源,优化大学生创业园建设

创业园区应该引进专业的管理服务团队和投资公司,并以市场需求为

导向,整合政府的政策优势、企业的资本优势和高校的人才技术优势,促进科技型企业的快速成长,并进行创业项目推荐、创业行业知识培训、技术咨询等活动。同时,可以为大学生提供市场指导服务,以开拓创业支持渠道。

【案例分析】

三国杀:中国式创新①

"同学们,今天我们上《探索三国:中国经典小说》,请大家拿出'三国杀'。"——别以为这是梦境,这的确是美国加州大学伯克利分校秋季学期的一门可算学分的选修课。更有意思的是,这门课的授课形式居然是让学生分组进行"三国杀"游戏,在游戏中听老师讲解三国时期的重大历史事件。

三国时期是一个"时势造英雄"的年代,那么,又是什么让"三国杀"红遍大江南北,甚至在美国大学课堂上出现? 在创始人黄恺的眼中,是天时地利人和造就了"三国杀"。

创业者中的艺术家

近年来,有相当多的年轻人改变了沉溺于电脑的生活模式,他们走出网吧,来到了桌游店玩起"三国杀"。游戏中,他们告别了线上游戏的冷漠,重拾了面对面交流的快感。这种改变,与一个"85 后"的名字密不可分——黄恺,"三国杀"的创始人和开发者。

随意裹在身上的大棉服、普通的运动鞋,如果在街上遇到黄恺,你会以为他是中关村某公司做开发的小伙子。谁能想到,这个表面上毫不起眼的年轻人,在 2012 年 12 月底出炉的《福布斯》"中美 30 位 30 岁以下创业者"名单中,和 Facebook 创始人扎克伯格、Dropbox 创始人豪斯顿等人一起登上了榜单。"游戏太艺术了,和创业者相比,我更承认自己是一个艺术家。"面对提问,黄恺往往思忖良久后才慢慢作答,"如果非要贴一个性格标签的

---

① 柳中原:《三国杀:中国式创新》,《沪港经济》2013 年第 2 期。

话,我觉得'低调'可以算一个。"的确,提起"三国杀",市面上无人不晓,但对黄恺的名字,却没几个人知道。

黄恺从小就爱涂涂画画,初三时就模拟过一款游戏,画了 1000 多张卡片。2006 年,当时在中国传媒大学读大二的黄恺,因为对课上内容"不感冒",一次上课走神时,脑海中突然闪出三国人物游戏的创意,于是,"三国杀"的第一张牌随即被他画下。

熟读三国故事的他,以三国人物为游戏蓝本,受美国流行桌游"BANG!"的规则启发,将日本游戏"三国无双"的人物和武器造型用电脑重新制作,打印成扑克牌大小贴在硬纸壳上,开始设计一套全新的"杀人"游戏,而这就是"三国杀"卡牌的雏形。

刚开始,黄恺亲自教身边的同学玩,通过同学们的口碑相传,玩的人逐渐增多。2006 年 10 月,黄恺和同学李由在淘宝开了个店,售卖自制的卡牌,本是小本经营的买卖,直到遇到了杜彬这一位光顾黄恺淘宝店的第九个"亲",才使得 2006 年诞生的草图,最终成为 2010 年后每年都狂销 200 多万套的真正商品。

"亲"引发的创业

2006 年底,清华大学计算机专业的博士生杜彬第一次接触到"三国杀"。那时他对国外的桌面游戏一直很感兴趣,抱着看看国内是否有同类产品的心理,杜彬在淘宝上一搜,没想到在黄恺的店铺还真有卖,杜彬极为兴奋。"黄恺,我们开一家公司吧,专门经营自己开发的桌游产品。"杜彬联系到黄恺,自信地告诉他,"三国杀"将成为中国第一桌游产品。

"说服黄恺不难,反倒在自己爸妈那里费了不少口舌。"杜彬回忆说,自己当时即将毕业,面前有两个选择,一是去 IBM 做研发人员,二是选择成长型较好的初创企业。"品学兼优的儿子突然要放弃所学,转行搞桌游创业,让父母纠结了好一阵子。"

在正式成立公司前,杜彬、黄恺、李由先做了 5000 套纸牌"探路"。当时黄恺、李由还是在校学生,两人的主要任务是完善产品,即原创出一套卡牌并正式改名为"三国杀",而产品制作和市场推广的任务就落到了杜彬身上。高学历带给了杜彬不少尴尬,纸牌印刷厂的工人得知他的学历后诧异地问:"清华的博士怎么会做纸牌来卖?"根本没人相信游戏纸牌能赚钱。当时"三国杀"纸牌基本上还是"手工制作",先在喷绘店喷绘图片,然后把图片贴到卡纸上,再用切卡机切割成纸牌。由于工作量大,杜彬把妈妈也拉来切纸牌,母子有时闹矛盾,妈妈就说:"我还不给你切了呢!"

杜彬开始有些动摇,"我在思考为什么学历越高,很多事情反而越做不了?"杜彬感慨,"创业不简单。"他曾跑到北京南五环的货场,挽起袖子拉板车和一箱箱搬运货物,还得一家一家"死磕"销售渠道。随着口口相传,玩"三国杀"的人越来越多。2007年底,杜彬、黄恺、李由三个人凑了5万元,"游卡桌游工作室"在北京城南的一个居民楼里诞生了。

互补就得借力使力

由于没有太多资金,杜彬只能寄希望于口口相传。第一次推广活动是在北大校园,2008年2月,游卡在北大卖了三天"三国杀",共销售了130多副。随后,他们尝试到一些公司里,现场教白领们怎么来玩这个游戏。2008年7月,在上海举行的中国动漫产业博览会,杜彬携"三国杀"参展。会上,他向前来参观的客人免费送出了几百副牌,而这或许就是点爆口碑传播的爆炸点。2008年底,没有做任何市场宣传,"三国杀"开始北上。一走红,许多粉丝找上门希望代理销售,其中包括在游戏产业打拼了十几年的黄今和尹龙,他们干脆带着200万资金加入了游卡。2008年11月,北京游卡桌游文化发展有限公司正式成立。

杜彬认为,在网络时代,"三国杀"必须拥有与线下版相辅相成的网络版。"通过线下版来引爆市场,突出依附在娱乐上的社交性,而网络版则增加用户黏度并解决玩家一个人不能玩的难题。"然而,从2009年上半年开始,尽管"三国杀"的用户与口碑俱增,但寻求合作的事情却四处碰壁,原因在于"三国杀"复杂的规则让不少网游大佬望而却步——据他们的经验,一个上手如此之难的网游,几乎毫无市场前景可言。不过,在2009年4月的一天上午,杜彬突然接到一个自称是盛大"18基金"经理的电话:"我们想投资你们,你们有什么要求?"他意识到:"伯乐到了!"

在盛大"18基金"的一次策略会上,桌游被盛大视为非常值得投资的新兴热点行业,而游卡和"三国杀"成了最值得投资的桌游项目。2009年6月和2010年初,两笔合计超过2000万元的投资先后到位,盛大获得了游卡桌游的控股地位,初具雏形的《三国杀Online版》的研发和运营重心,也逐渐向盛大的专业网游团队倾斜。"网络版的运营最终会交给盛大,游卡则从收入中分成。"杜彬表示,"毕竟游卡是专业的桌游公司,而不是网游公司。"

时势造就的扩张

借力盛大后的公司发展到数百人。2009年,"三国杀"销量迎来了爆炸式增长,共售出游戏40余万套,销售额超过1000万元。而在欧美地区,一款桌游产品成功的标准是销售能否超过2000套。2011年,"三国杀"的年销售额超过了5000万元。此外,游卡开始学习网游的"资料片升级"模式,持续推出"三国杀"的后续升级版本,即所有的升级版都以标准版为基础,既提升了标准版的可玩性,又延长了产品寿命,使得"三国杀"的商业价值再度提升。同时,有了盛大的资金支持,游卡成立了开放性的"设计师俱乐部",面向热爱桌游的人征集创意并组织培训,甚至开始投资一些拥有出色创意的小型桌游工作室。

"'三国杀'大热,是天时地利人和的结果。在2008年推出时,国内桌游业才刚刚起步,有着广阔的发展空间,这是'天时';它依托有着广泛群众基础的三国文化,这是'地利'因素;而一班志同道合的同事,积极地把业务推向前进,这就是'人和'因素。"黄恺总结着游卡的发展。

中国式创新的典型

"所有的人都知道珠峰是世界上最高的山峰,但有人记得第二高的山峰吗? 创新的品牌要做就做中国的第一。"著名策划人路长全表示,"品牌的高度决定了吸引力,平时我们都会说在某棵大树下见面,从没听说在某根小草上见面,就是因为小草没有高度。"

创建一个标杆,开辟一个行业——这是许多人企盼的商业模式,也正是杜彬、黄恺、李由等人用"三国杀"所践行的事业。这款没有经过任何正规的广告宣传的桌面游戏,目前已风靡北京、上海、广州等一线大城市并迅速向全国渗透,甚至开辟了一个崭新的行业,即上千家"桌游吧"的发展。

"三国杀"的商业模式,其本质是将国外文化品类进行中国式改良,该模式已在互联网造就了不少暴富神话。在进行中国式创新改良的过程中,选择一个适合民间风俗的故事成为了核心的焦点。黄恺并不否认当初对美国纸牌版"杀人"游戏"BANG!"的模仿,然而,在"BANG!"的世界中,活跃的是知名的牛仔、探险家、罪犯、警长、歹徒、叛徒,对于中国人,这样的世界实在太陌生。于是,用三国将领代替那些冗长的英文名字,成了黄恺最佳的选择。此外,中国式改良的另一个目标是让"三国杀"彻底走出"BANG!"的阴影。为此,游卡改变了"BANG!"以出牌策略为核心的游戏模式,强化了武将技能的作用,使"三国杀"拥有了更多的人物和更多元的技能。此外,优化客户体验、塑造品牌形象的计划也已悄然展开,通过品牌认证、渠道改良和客户体验创新,游卡继续着行业的开创者和领导者的前进步伐。

2012 年,杜彬推出英文版"三国杀",目标锁定在"BANG!"游戏诞生的美国市场。

点评:

培养大学生创业能力不仅是为了解决就业问题,对于大学生成长成才也具有重要价值,如培养大学生创新精神,将专业教育与创业教育结合起来,锻炼大学生创业技能。这既为创业打下基础,也有助于大学生的全面成长。

黄恺创作桌游"三国杀"并创业成功充分体现了大学生创业的意义。将三国故事以手牌的形式展现出来,具有很高的创意性;在创业过程中,通过在小范围内试行后,逐步扩大规模的方式减少了创业风险;作为一种全新的游戏,获得的收益又很高,充分展现了大学生创业的高创意、低风险、高收益的特点。

【思考作业】

1. 列出创业教育与专业教育的共同点和不同点。

2. 大学生创业,既要接受创业教育,又要接受专业教育。这个说法对吗?

3. 大学生创业需要具备哪些技能?尽可能多地列举出来,然后按重要性进行排序。

4. 制定一份提升自己创业技能的学习计划。

【综合案例分析】

争议余佳文[①]

余佳文团队 2011 年开始研发软件"超级课程表",2012 年注册了公司并获得第一笔天使融资。这个将课程表导入用户手机的 App,在此前的公开报道中,被描述为是一款覆盖全国 3000 所大学,拥有 1000 多万注册用户,日均登录量为 200 多万的软件。

在余佳文火了之后,"超级课程表"这款 App 一度冲上了 App Store 免费排行榜的第四名,教育类免费排行榜的第一名,截至发稿前,"超级课程表"仍在教育类免费排行榜上位居第二。

余佳文显然对此感到欣慰,他告诉中国青年报记者,"超级课程表"现在的下载量是 1500 多万,在参加《青年中国说》之前是 1300 万,每天登录用户数量达到 300 万,"这几天增加了 200 万,每天还在增长。"

但质疑者声称,"超级课程表"的用户活跃度实际上很差。"和他们做过流量互换的就知道,超表的数据低得可怜,也就刚刚百万级,而且活跃度低得吓人,一个学校一个活人都没有。"前述匿名网友称。

"超级课程表"的软件界面大致分为课程、社交两个部分。在课程界面中,用户可以根据学校、专业读取到课程数据;在社交功能界面中,同一所学

---

① 卢义杰、刘星:《争议余佳文》,《中国青年报》2014 年 12 月 1 日,第 4 版。

校的用户则可以在名为"下课聊"的板块发布类似微博的内容,供其他用户评论、转发。

记者将身份标注为武汉大学并导入相关的课程表后,在一些公选课中能看到20人左右的用户。但"下课聊"中的社交活跃度并不高,除去留言称因为看了节目来体验的用户外,还经常能看到留下微信号的朋友圈代购。这些用户的留存率能有多高,尚需观察。

一名用户告诉记者,课程表本身还是比较实用的,但是安卓手机可以直接把课程表调到桌面的小工具栏,所以她基本不打开软件,社交功能更是从来没有用过。

不过,余佳文向中国青年报记者表示,"超级课程表"的用户数据绝对没有造假。他称,最近几天,"超级课程表"每天的用户登录数是300万,"能超过10%就不错了,超表是一个优秀的层级。"

在余佳文看来,"超级课程表"的亮点在于"可以蹭课",可以把课表放上去,可以彼此共享、旁听课程,我们有个"下课聊"的社区,有三个板块,可以分享里面的东西。

"你玩过会很兴奋,一家公司要做假不可能的,每天有大概100万帖子加评论量,显然不是造假。如果是水军,每天都要写今天干什么、最近干什么。"余佳文说。

余佳文的好友、另一家公司的创业者付彦军说,2014年4月,经湖南省一个教育部门的朋友介绍他认识了余佳文。付彦军傍晚到了广州之后,与余佳文聊到夜里1点多。

付彦军说,当时,他听余佳文介绍"超级课程表"有1000多万的下载量,他表示不相信,余佳文就带他看了后台。

朱波表示,用户数是真实的。他称,机构投资者都会对用户数进行详细的调查。

"我们投行都知道,互联网企业用户数的真假,还有每天活跃值的真假,标志着公司的价值和估值,我们不会听一个人说我有50万、100万就认了,公司会派专业的人进行尽职调查。"他说。

朱波称,通常 B 轮的融资,会有一个团队在他的公司入驻至少 3 个星期,确定用户数据等内容后才会给钱,"其实投资界的都很明白,阿里等公司都是最顶尖的投资人,没那么傻。"

靠什么盈利发给员工一个亿

明年给员工 1 亿元的说法,也让余佳文走上风口浪尖。对于这一说法,余佳文和朱波均表示这是一个"期望""目标"。

在前述网帖中,网友对明年给员工 1 亿元提出质疑,甚至表示,"超级课程表"整家公司,最高的一个月利润只有 5500 元。

余佳文回避了盈利模式的问题。余佳文表示,作为老板,是寻找到了盈利方式的,但是在节目里他不提怎么赚钱。"第一,央视的这个节目是青春的节目,不是商业性节目;第二,你如果想到一招,会给别人说怎么赚钱吗?真正懂得赚钱的,谁会给你说?"

"一家企业每个月只赚 5500 元,会去赚吗,谁会花精力做这个业务?"余佳文向中国青年报记者回应。

余佳文也表示,"1 亿元"可以被认为是夸张,也可以说是一个"期望"。

不过,无论是"超级课程表"还是其竞争对手"课程格子",都确实面临着核心功能单一及盈利模式尚不清晰的问题。在此前的一些采访中,"超级课程表"的相关人员曾表示,他们目前的任务还是做好产品。

朱波认为,这也是"90 后"的张扬,放在一些"70 后"创业者的身上可能不说了。一些企业家也曾经说每天能有多少钱,当时全中国都认为是吹牛,但最后实现了。"有梦想,鼓励他,真做到了,余佳文牛。"

余佳文表示,他早期的核心团队成员是 8 个人,一个来自华南师大,另外 7 个来自广州大学华软软件学院,创业不到一个月,其中一个人离职了,原因是生活压力大。除此之外团队的核心成员均很稳定。

他补充说,关于他所说的"员工自己开工资",是今年 8 月获得 B 轮投资之后,并非公司一创立时就采取这样的做法。另外一个前提是,必须只有入职半年以后才可以这么做。

"B 轮融资之后,我们觉得足够了,可以更自主地决定薪水。这是有道理的,是符合人性的。"余佳文说,"如果员工开的薪水比实际能力高,就炒了。"

"这是我的管理方式,不一定在其他公司是可行的。"余佳文说,"公司100来人的时候,这是可行的方案,但不敢保证1000人的时候也可以这么做。"

点评:

对大学生而言,创业具有先天的优势,首先大学生基本都是社会中的佼佼者,在接受了系统的高等教育之后,眼界、知识和能力都有很大的提升,渴望成功,创业是其获得社会价值的重要途径之一。在具有很高创业意愿的情况下,大学生在创业的过程中,更需要掌握具体的创业技能、管理经验,熟悉市场规则,才能让大学生的创业不会是昙花一现。

案例中,余佳文的创业动机和项目都比较符合大学生创业的特点,"超级课程表"既是大学生熟悉的,也是大学生需要的,创业项目的选择很好。但是在创业过程中,余佳文并未找到这一项目的盈利方式,忽视了市场规则。在"拿一亿元给员工发工资"的噱头下,虽然能够获得市场的关注,却无法形成持续发展的动力。因此,这样的创业在获得初步成功之后,更需要加强公司管理,找到公司的盈利方式,以保持企业的持续成长。

【商业游戏】

游戏——拿错的姓名牌

目的是使全体学员在一种热烈的氛围中认识。

操作步骤

1. 大家进场的时候发给每个人一张台卡,上面写着别人的名字。

2. 告诉大家在5分钟内找到你自己的台卡,并和持有你的台卡的人简单地交流认识。

3. 每个人都找到自己的台卡后就开始进行小组介绍,你负责介绍刚才持有你的台卡的朋友,介绍的开头句是"我很欣赏我的伙伴×××"。

小提示

此游戏学员彼此越陌生效果越好,游戏的目的并不是要记住每个人的名字,关键在创造一种热闹、友善的氛围。

【现场体验】

本校创业状况调查

通过学校就业网站或网络搜索、电话或亲身访谈等方式,对本校创业状况做调查分析,将结果填写在表1-1中。

表1-1　本校创业状况调查

创业项目	创业团队	创业领域	创业状况	创业特点

【本章知识小结】

1.创业是不拘泥于当前资源约束,寻求机会、进行价值创造的行为过程。创业的关键要素包括机会、团队和资源。

2.大学生创业学,就是以大学生的创业活动为研究对象,展示大学生创业活动潜在规律的学科。

3.大学生创业学的主要研究内容包括创业者概念、素质与能力,基于创业的创新及其管理,创业融资问题,初创企业的管理,创业机制等。

4.创业教育必须依赖知识教育与专业教育,所以处理好创业教育和专业教育的关系很重要。

5.创业精神是创业者在创业过程中的重要行为特征的高度凝练,主要表现为勇于创新、敢担风险、团结合作、坚持不懈等。创业精神将在新时期发挥更大的作用,有利于加快转变经济发展方式,促进经济社会又好又快发展。

第二章　初创企业的筹建

【本章知识要点】

1. 了解创业机会的概念与来源；

2. 掌握识别创业机会的方法与技巧；

3. 了解企业及其法律形式；

4. 掌握企业的基本注册流程；

5. 学会撰写商业计划书。

第一节　创业准备

【理论讲授】

对于一个创业者来说,创业的过程不仅充满了激情、艰辛和希望,同时还需要付出不懈的努力,做好充分的准备,创业者除了要具有坚韧不拔的意志品质,更应该了解创业的知识、流程,借鉴创业成功者的经验,抓住机会,才能更为科学和高效地创业。

一、创业机会的寻找

(一)创业机会

创业机会是指未明确市场需求或未充分使用的资源或能力,与成熟的商业机会不同,其特点是创造出新的"手段—目的"关系。"手段—目的"理论认为顾客购买产品和服务的出发点是为了实现一定的价值,为了实现这个价值,他们需要获得一定的利益,为了实现这一利益,他们需要购买某些产品和服务,这就形成了一个"手段—目的"的链,即以"产品属性—产品利益—个人价值关系"来实现创业收益。由于在产品、服务、原材料或组织方法方面有极大的创新和效率提升,因而能够不断创造超额的利润或价值。①

从商业实践角度来看,创业机会通常是指狭义上的机会,包括创业者拥有商业知识和利用这些知识的机会,而且是其他创业者不知道、不积极或者被隔离而不能利用的机会;要从广义上来理解创业机会,则指源于资源差异

―――――――――――

① 唐德淼:《创业机会内涵、来源及识别》,《合作经济与科技》2020 年 1 月 1 日。

的产品差异和市场需求。创业机会存在于未被充分利用的资源。通过充分利用和整合,以形成新的产品和服务,满足市场需求。

创业机会与商业机会之间其实并不存在鲜明的界限,创业机会强调独有的价值或者利润创造,具有创新性、变革性;商业机会包括可能的、可行的和可实现的三个层次。可能的机会存在于市场中,可行的机会需要与资源整合能力相匹配,可实现的商业机会则与创业团队的能力优劣直接相关。创业机会的好坏取决于产品的好坏、市场的大小、团队的配合度和收益的高低。

(二)创业机会的来源

机会源于变革。产业链上游的供应商、竞争对手、企业内部,下游的客户和销售渠道的改变,以及技术因素、方式方法的改变都会带来机会。供应商的改变会带来差异性新组件、新原料,可产生新产品;下游顾客需求的改变则会产生新的市场;技术因素的改变则会形成新的技术和设备,从而改善企业运营。但是并非市场中的任何改变都能形成创业机会,须由上游、下游以及企业间互补因素共同作用才能构成创业机会。

在市场约束条件出现改变的情况下,大部分创业机会来自变化了的市场环境。当环境改变时,市场需求和结构就必须发生变化。这种改变主要来自产业结构的改变、消费结构的升级、城市化的加快、消费者观念和价值观的变化、政府政策的调整、居民收入水平的变化和经济全球化趋势的加强等。

从技术进步的角度看,新技术会产生新的产品和新的运营方式,能更好地满足市场需要,从而形成新的创业机会。

创业者通过为上游供应商提供新组件和原料,为下游市场消费提供能够满足其需求的新产品的方式获取收益。可见,创业的本质就是初创企业做出新价值的活动与新产品,填补产业链中的一个空白或未填满的市场。

（三）创业机会的识别

识别创业机会是创业的关键问题。创业机会的识别过程是一个反复衡量机会的潜在预期价值与创业者能力的过程，一般包括机会搜寻、机会识别和机会评价三个环节。

1. 机会搜寻

创业者在整个经济体系中寻找可能的创意，如果意识到一个潜在的创业机会有可发展的潜力，就进入了机会识别阶段。要具备寻求价值的能力，以获得优质的商业信息，而这些价值应该是其他人难以获得的。

2. 机会识别

这里的识别过程应该是狭隘的，是指通过对整个市场环境和一般行业的分析，确定机会是否是一个有利的创业机会；同时确定此机会是否对某些企业家和投资者有价值。

3. 机会评价

评价的内容主要是各项财务指标、创业团队构成等，创业者通过评价决定是否正式组建企业吸引投资。因此，评价需要规范，主要集中于考察这些资源的特定组合是否能够创造出足够的商业价值。

要做好创业机会的识别，首先要能够发现价值，即获取高价值的商业信息，而这种信息往往是他人难以接触到的；其次要能够分析价值，即分析出商业信息的价值所在并做出准确的判断与决策。当然，影响信息分析能力的因素有很多，如创业者或团队的智力结构与先前经验、创新思维能力、创业者是否拥有乐观的心态、创业者是否具备敏锐的洞察力等。①

二、商业计划书

一个好的商业计划是创业项目融资的必要条件。商业计划书是一份商

---

① 唐德森：《创业机会内涵、来源及识别》，《合作经济与科技》2020 年 1 月 1 日。

业计划的书面文件,由创业者提供给投资者和有意参与企业创办的合伙人以展示项目的潜力和价值。

(一)商业计划书的含义

一份商业计划(Business Plan)是吸引投资的工具,是制定创业目标和计划的参考,是创业管理的指南。制定商业计划书是实施创业的第一步,创业过程中若无规划和目标,风险也将相应增加。尽管商业计划未必能保证顺利获得投资,但有助于提高获得投资的可能性,因此商业计划书的制定需要投入足够的时间、精力和资源。

制定商业计划书的基础是有效地收集和分析市场信息、评估创业机会的价值、确定创业的目标和方式,因此,制定商业计划书也是创业者学习如何收集和分析市场信息以确定业务是否可行以及目标如何实现的一个过程,通过分析创业机会的价值并确定实现企业价值的创业战略,这有助于提升创业成功的可能性。

为了分析创业机会的价值,需要注意对市场信息的收集、分析和运用。信息是被用来解决不确定性的,拥有必要的信息意味着降低创业的风险并增加成功的可能性。创业者在面临创业风险时,必须重视市场信息的收集和分析,以确定创业机会的价值和自身能力,明确实现这一创业机会的可能性,即澄清创业机会的价值是高于所面临的风险,是值得追求的。

制定商业计划书有助于澄清企业战略,包括创业的目标和执行的程序。因为商业计划书的制定过程反映出创业者的信息收集能力,以及对市场、客户和竞争对手的分析是否准确,在此基础上形成一个创业战略决策,这有利于进一步明确初创企业的发展战略和方向。

(二)商业计划书的目的

商业计划书也可称为是创业计划。一项好的商业计划,由创业者策划,描述了启动风险投资以及风险投资活动的所有相关的内部和外部要素。作为风险资本与初创企业之间的桥梁,商业计划书对风险资本和初创企业都至关重要。

1. 商业计划书有助于将创业项目推介给投资人

初创企业往往是新成立或成立不久的企业,既没有历史记录,也没有进行评估所需要的相关材料。对初创企业的评估则主要基于其商业计划书。因此好的商业计划书是初创企业获得风险资本的基石,是提高自身价值的重要保障。

2. 商业计划书是对初创企业未来生产和运营的指导方针

商业计划书中,初创企业对当前和未来状况所进行的自我评估应有详细的计划。对于获得风险资本以后的初创企业,商业计划书就成为初创企业生产经营的重要参考文件。

3. 商业计划书是风险投资了解和评估创业公司的重要依据

风险投资者通常从商业计划书中首次了解创业项目,并将它作为对选中企业进行评估的依据。因此,风险投资者都重视商业计划书,并期待创业者们能做出真正有质量的计划书。

（三）商业计划书的功能

商业计划书是获得人力和资本的有效工具,可以就创业项目的潜力、由此产生的机会和备选方案等问题进行交流,以明确和有效地开发这些机会,并获取必要的支持。因此,创业者必须运用商业计划书,以便与重要的相关者进行交流。

1. 投资者

在企业的创办和早期发展阶段,外部融资对于创业者来说是很艰难的任务。商业计划书不仅应该公布创业项目的潜力和回报,还应该公布相关的风险。由于创业者必须与其他创业者和项目进行竞争,希望获取相应的投资,因此必须对商业计划书给予重视,因此,在向投资者阐述创业项目时,不能仅仅是例行公事,因为投资人都是选择投资项目的专家,有着丰富的经验。

2.员工

员工是创业者所需要的重要人力资源,他们将自身的人力资本投资于新兴公司,从而期待获得回报和实现个人发展。因此,商业计划书应该对项目发展前景和增长潜力有一个明确的预期,让员工对企业和个人的未来充满信心,并为未来辛勤工作。

3.重要的客户

商业计划书还必须向重要的客户提供足够的信息,让他们了解该产品的创新性,以便购买这种新产品,并建立长期和稳定的合作关系。因此,商业计划书的质量、吸引力和信誉至关重要。

4.重要的供应商

供应商是否以及如何提供资源,将取决于其对初创企业及其前景的信任和信心。因此,创业者要通过商业计划书使供应商对初创企业充满信心,这不仅会给企业带来所需要的资源,而且还可以获取较好的供货条件。

(四)商业计划书的内容

对一家卓越的初创公司来说,在对创业机会评估完成后拿出一份完美的商业计划书非常重要。商业计划书通常都是创业者用来寻找投资的基础材料。

1.摘要

好的商业计划书通常会在开头将公司的经营目标用一两句话总结出来,并用最能吸引人的一句话来解释:公司能给投资者带来多少价值;为什么公司很值钱;有什么办法解决大问题;有哪些主要客户;吸引了哪些投资者;等等。

2.企业介绍

介绍公司的主要业务、企业发展和其他基本信息,并总结企业管理史,解释公司的基本问题,例如商业目的、商业目标、价值和长期规划,以及公司的独特性等。

3. 管理团队介绍

描述整个商业计划中团队背景和公司出色的业绩,以便投资者能初步理解公司团队。但是切记不要过于夸大事实,不管是商业规划展示还是项目发展历程。因为,说谎将证明你的团队没有诚信,而一个没有诚信的团队是任何投资人都不会投资的。

4. 技术产品(服务)介绍

创业公司提供的主要产品和服务是为了解决问题的。商业计划书的核心则是解释企业可以解决哪些问题。不管创业公司自身的核心特征是什么,都必须确保你的投资者明白你的公司在做什么。

5. 行业、市场分析预测

当创业公司对市场进行分析时,必须对公司所在行业的当前状况做出描述,以明确公司的市场能力。市场能力并不是市场份额,而是未来公司面临的整体行业状况和所能占据的市场份额。商业计划书除了描述公司的市场能力之外,还应该描述公司的市场规模、公司的未来、行业的未来和市场增长的原因等。

6. 市场营销策略

第一,公司的客户定位是什么,即企业究竟在赚谁的钱。第二,公司应该准确地总结其在行业和价值链中的地位,以显示公司所在行业的利润和正常资本回报。第三,需要确定公司的合作伙伴选择与公司合作的原因,即企业和合作伙伴、渠道和不同行业链条之间的利益关系。第四,明确公司是否拥有自己的利润模式,如果公司正在形成收益,就需要准确描述收益的来源和规模;如果公司没有收益,就有必要预测公司未来的收益。

7. 生产计划

生产计划即供应链管理,在满足一定的客户服务水平条件下,以实现公司整体经营成本的最小化和整体利润的最大化,以及如何对公司和产业链上、中、下游链接之间的原料供应、产品制造、物件配送、成品销售等运营活动进行管理。

8. 财务分析与预测

在商业计划书中,要客观描述公司历史财务记录。如果公司还未形成财务数据,则不需要这部分内容。如果已经创办了 3—5 年,那么就需要总结一下以往的财务数据,包括公司收入、利润等数据。

9. 融资计划

在规划商业计划书时,公司需要很明确地说明融资的预估金额是多少,公司的估值是多少,释放的股本是多少,以及它需要筹集多少资本。同时明确描述公司采取了哪些步骤来筹集资本。因此,在描述融资金额与用途部分,要写明公司计划的融资金额、估值以及释放的股权度,要准确地描述公司吸纳资金的步骤与计划,描述融资金额的投放计划以及投放步骤,最后给予投资人清晰的退出路径。

10. 风险分析

风险无处不在,而忽视这一点的公司迟早会陷入麻烦。在商业计划书中提供的风险分析和控制部分,可帮助公司清楚了解风险,采取积极的预防风险措施,并减少风险出现后的风险损失。风险控制和行动不应是纯粹的程序,应有可操作性。如果可能,应该设计几个风险控制系统来减少风险发生的可能性。

三、创业项目模拟运营

(一)创业大赛

创业大赛,也称为创业计划大赛、商业计划大赛等,是借用风险投资的实际运作模式,具有优势互补和共同愿景的竞争团队提出具有市场前景的技术产品或服务,通过这种方式,在风险投资的支持下,完成一个完整、具体和可行的商业计划,最终建立知识与资本相结合的初创企业。创业大赛赛程非常短,但随着积极创业的发展趋势,已经出现了一系列的初创企业、大量成功的风险投资者以及大量杰出的创新性人才。在风险资本的培育下,创业大赛的贡献日益受到关注。

在参与大赛的过程中,可淘汰那些对创业缺少认知、意志不够坚定和仅仅为了比赛而比赛的人;同时通过大赛可筛选出有创意、构思严谨周密的商业计划书;更为重要的是通过比赛,能够发现优秀的学生创业团队,经过打磨使之成为真正的项目管理者。创业大赛存在着以下效应:①

1. 评估效应

对参赛项目进行淘汰和评价,其实质是对项目进行评估和检验,而且是通过具有社会能力的评委完成的,在知识层次上有广泛性,不受创业机会评估时原来的商业能力和评估者专业背景的影响,评估结果会相对公正。由于是由投资者进行评估,评估成本由大赛支付,对风险投资而言,项目评估成本最为低廉。

2. 项目展示与问题纠正效应

创业大赛通过文本和口头介绍项目,厘清创业项目的所有细节,并向评委展示,通过评委评审和答辩,可以发现项目中存在的问题,并形成一些纠正机制。

3. 要素组合效应

如何建立知识与资本的结合途径,创业大赛在一定程度上可以完成这一工作,其公开答辩过程是风险投资家与创业团队的公开结合过程。

(二)商业经营模拟

通过模拟或虚拟业务来保证创业项目和执行计划的成功,这是保障创业成功的一项重要途径。

1. 通过软件模拟经营

企业经营模拟实战训练系统是一种新型的实验培训课程,系统使用计算机软件和网络技术,结合系统密切和精心设计的商业模拟管理模式和企业决策博弈理论,全面模拟真实的业务经营环境,完成企业经营虚拟商业社

---

①　陈海滨:《创业大赛的作用分析》,硕士学位论文,暨南大学,2007 年。

会中的各种管理决策。

创业者在模拟的商业环境中,进行虚拟的企业运营管理,全面参与企业的运营管理、责任分工、战略规划、市场研究、产品规划、研发、销售、市场开发、报表分析、决策等,会遇到各种各样的实际业务问题,在此过程中,将问题和操作结果进行有效的分析和评价,从而对企业管理中的各种知识技能有更深刻的体会和感受,能有效地将知识转化为实操能力,提高实际分析问题和解决问题的能力,全面提升创新创业能力。

2.组建商务模拟公司

运营公司仅仅停留在书本层面或是通过软件模拟仍是"纸上得来终觉浅",组建"商务模拟公司"是一个不错的做法。

在教师的指导下,学生们在不同行业寻找合适的创业机会,为"创建一家赚钱的企业"提供一个良好的开端。

选定行业以后,自己组建一个团队,拟设公司一周内完成成本核算,通过调查等,最后提交所需的资金数额,包括装备清单、原材料、劳动力、注册费和其他有关联的支出,目的是标准化和限制学生的盲目行为。

基本上通过以上两步,学生就可以找到自己的位置,并组织第一次大会,选出董事会的所有成员,成立公司的管理组织,竞争获得职位,并理智地分配工作,然后是企业名称和标志的设计、企业文化的公告、商业计划的创建、企业章程的说明、企业组织图表和企业封闭的管理系统,同时完成企业注册全过程,完成公司登记。

在公司成立的基础上,学生进行模拟公司经营,主要锻炼的是学生公关礼仪、商业谈判、签订合同、布置展区、财务管理、仲裁和其他方面的能力,以及如何购买商品、组织生产、进行市场营销、财务账目整理、纳税等运营管理能力。学校还可以在适当时候扮演最终用户和第一个供应商的角色。

为了培养学生的商业动机,并对每个学生进行公平、公正的评估,主要采取商业业绩评估、工作技能评估和商业计划评估等方式。

【案例分析】

作业盒子找到"引爆点"①

2014 年 8 月,刘夜和作业盒子两位联合创始人王克(作业盒子 COO)、贾晓明(作业盒子 CMO)一起,合伙创业,拿到了联想之星 100 万美元的天使投资。

2014 年暑假前,作业盒子创始人团队通过学生家长找到一所培训机构的张老师做市场调研,中午在中关村聊了近三个小时。之后过了两三周,刘夜三人跑到张老师上课的地方测试产品,后者也成为了作业盒子的第一个用户。当时手机的普及率还不高,他们找了 30 多部安卓手机,给学生每个人配了一部,用一个假期来收集数据,形成了作业盒子里最基础、最原始的一些功能。后来张老师与作业盒子一直保持联系,提供他作为教师方的思路和想法,直到 2015 年 9 月加入了教研团队。

当时作业盒子将产品一分为二,分为小学和初中,同时试验。在题库还未成型时,主要由老师把作业放到平台上,客观题由机器批改,主观题由学生拍照,老师在手机上批改。最初,作业盒子花了很大力气做中学端产品,题库积累到了 2000 万道,也有一批忠实的用户,但是传播能力有限。后来他们发现中学主观题目较多,往往需要学生拍照上传,学生有时候拍不清楚,需要反复拍照上传,对于照片机器没有办法自动识别。从用户体验来讲,效率提升不明显,甚至增加负担,自然没有很好的口碑传播。小学端则相反,因此口碑传播力要大得多。作业盒子切入小学是从一个很小的点开始的——速算。这个切入点是小学老师告诉他们的。

"速算盒子"由此诞生。它自动批改速算题目,减轻老师批改作业的负担。"一个月之后家长的支持率从 50% 到了 90%,因为孩子原来做作业是被动的,要家长逼着他写作业,现在孩子特别主动,回到家就吵着要写作

---

① 贾宁:《作业盒子找到"引爆点"》,《经理人》2018 年第 10 期。

业。"王克说道。

一方面是因为移动端对孩子有天然的亲和力,做作业的方式改变了,孩子感觉很新鲜;另一方面,作业盒子把作业设计成游戏闯关一样,孩子很有成就感。将速算这个点打通之后,作业盒子开始增加应用题、连线题,甚至把主观题以分步解析的方式做出来,基本涵盖了小学数学90%的题型。之后,科目从数学扩展到了语文和英语。"它不是要替代学生的线下作业,只是那些能提高老师、学生效率的,我们把它搬到线上来。像语文的练字就应该在纸上。"王克说。

点评:

创业者一旦具备了创业意愿,就需要寻找适合的创业领域和机会,而这样的创业机会并非已经形成了成熟市场,是需要去创造的,因此创业准备首先需要将市场需求与提供的产品对接起来,发现市场需要的新产品,或者发现产品的革新能够创造新的市场。在此基础上形成详细可操作性的商业计划书,才是创业之前需要的准备工作。

作业盒子之所以获得了成功,在于找到了中小学教育中学生做作业压力大和教师批阅作业任务繁重的关键点,为市场提供了提高学生做作业兴趣和减轻教师繁重批阅工作的产品。在产品推向市场的过程中,及时调整了市场切入点,才找到了市场的"引爆点"。

【思考作业】

1. 创业机会的识别包含哪些内容?

2. 你能看到微信上的创业机会吗? 至少列举出三个进行说明。

3. 一份好的商业计划书,主要包括哪些方面的内容?

4. 向投资者陈述你的创业计划,在准备、技巧和现场这几个方面,有哪些需要注意的问题?

第二节 企业常识

【理论讲授】

社会经济运行的主体是企业,对企业有基本的认知是创业者必须具备的基本素质。

一、企业概述

将企业与其他社会组织区分开,明确企业的内涵、外延及其社会价值是必要的。

(一)企业的含义

以社会分工为基础,就产生了企业,即企业以实现高效率生产和价值创造为目的。现代企业是根据需求提供商品和服务的主要经济单位,学习型组织是现代企业的基础,具有高度的分工和协作,以获得最佳的综合经济效益和社会效益为目标。它们是根据相关法律设立的,承担一定的社会责任的组织。

1. 组织性

企业是一种有名称、组织机构、规章制度的正式组织,它是由所有者和雇员通过契约关系自由组成的开放的社会组织。它可以分为两种类型:自然人企业和法人企业。

2. 经济性

企业首先是一种经济组织,经济活动是企业的直接中心,达到多方面的经济核算的目的,进一步形成并不断提高社会的经济效益。

3. 商品性

企业是商品经济的组织、生产和管理的市场主体,其经济活动是围绕市场进行定向开展的。企业的产出(产品、服务)和投入(资源、要素)不仅是商品,企业本身(有形资产和无形资产)也是商品。

4. 营利性

企业是市场经济的基本单位,是单一功能性资本的经营主体。它以利润为直接和基本目的,以生产和经营某种商品的手段,通过资本管理来追求资本增值和利润最大化。只有运行有了正常的利润,企业才能满足市场、服务社会的结果和回报,正常利润是支持和促进各项社会事业发展的主要财政基础。

5. 独立性

企业是完全独立的社会组织,在法律上和经济上都是独立的,依法独立享有民事权利,独立承担民事义务和民事责任,有独立的边界明确的财产权,有独立的经济能力和独立的经济利益。

(二)企业的功能

为了实现企业的特定目的而进行一系列有序而有效的活动,这是企业的职能。企业职能是通过企业各部门管理职能的履行和企业各岗位所承担任务的完成来实现的。

1. 融资功能

现代企业具有技术密集和资本密集的特点,其经营需要大量的资本投入。融资功能是企业成功经营的前提和基础,通过调动国内外资金,保证企业对资金的需求。

2. 要素整合功能

对生产要素进行科学组合和合理配置,以达到以最少的投入,取得最佳产出的目的。在特定的生产经营环境中,投入所需的各种原材料、燃料、资金和劳动力,形成物流。在计划、指令、订单、账单、账户、信息流的轨迹上,供应、生产、销售环节紧密相连,充分、合理、有效地配置产品,实现一体化生产。

3. 市场竞争功能

企业通过产品、服务、商誉、实力等因素在市场上取得优势,增加市场份额。要想公司将产品销售给市场上的消费者,保证公司的最大利益,必须要提高竞争力。

4.效益功能

在企业生产经营的整个过程中,其目标是利润最大化,在经济因素和非经济因素的利益基础上整合自己的利益。经济因素的效益表现为产出效益,非经济因素的效益包括系统效益、机制效益、组织效益、人才效益、管理效益、商誉效益等。这些要素的表现形式是无形效益,为经济效益的形成和逐步最大化奠定了多方面的基础。

5.文化功能

一个企业的文化是在一定的社会历史条件下,在生产经营和企业经营过程中逐渐形成的观念、文化形态和价值体系的组合。企业按照一定的方法和层次把物质文化和精神文化构建成一个有机的结构,使企业具有高层次的文化能力。

(三)企业的生命周期

企业生命周期理论认为企业是一种有生命的有机体,企业的发展和成长阶段是具有明显的周期性规律的,而企业的生命周期具有多阶段特征。

在初创期,已完成企业注册,可以生产出可供市场出售的新产品(服务)或新工艺,企业的主要目标是实现各种资源要素的合理组合,解决公司的基本生存问题。关于资金需求和来源方面,风险资本的介入和企业自身的融资是主要来源方面,一般是通过政府或民间担保机构完成资金供给,资金压力较大。企业初期员工规模较小,创业团队负责各项任务,相互协调,决策权集中在高层管理人员手中。决策集中,责任明确,执行效率高,有利于技术创新战略的实施和优化创新资源分配架构。

如果企业渡过了艰苦的创业期,生存问题得到解决,就能进入上升期。在市场导向的基础上,以扩大市场份额为目标,因为此时的企业有了自己的主导产品,生产能力已经形成,销量开始出现大幅增加,开始盈利,市场前景日益明朗。此阶段为了适应市场需要而出现快速增长,需要大量追加资金的投入,企业可以从各种资金来源渠道筹措资金,如大型的风险基金、投资银行,以致上市融资都成为可能。①。

稳定期是一个企业最辉煌的时期。由于发展过程中的不断成长,企业产品的技术更加成熟,企业已经形成了自己的特色产品甚至品牌产品。大多数消费者已经可以接受生产、销售和服务这些流程。价格和销量已经稳定,利润已经达到顶峰,市场需求开拓也逐渐饱和。随之而来的是企业进入规模化生产阶段,整体生产能力达到顶峰,企业发展相对稳定。此时,公司拥有稳定的现金流和利润,融资环境大大改善,财务状况也处于最佳状态。

一旦企业进入衰退期,企业和员工就会进入自我保护增强的阶段,随之而来的是员工与客户的距离越来越远,体现企业生命力的行为就会消失。衰退时期,企业开始以自我为中心,给人一种自以为是的感觉。其特点是:越来越多的钱花在控制系统、福利措施和通用设备上;员工不去考虑事情的内容和原因,反而越来越重视做事的方式,关注形式;公司内部的创新机制越来越少;越来越多的人信奉"勿惹麻烦,少惹麻烦"的理念。在官僚主义早期,最明显的行为特征是:不断的内部冲突和谣言;公司各部门重点处理内部状态纠纷;员工更纠结于是谁造成了问题,并不考虑解决问题的补救措施。如果官僚主义早期爆发的问题变得更加严重,企业发展就会进入死胡同。

二、企业的社会责任

企业的社会责任是指企业在创造利润、对股东利益负责的同时,还必须对员工、消费者、社区、环境等利益相关者承担社会责任,不局限于遵守

---

① 章卫民、劳剑东、李湛:《科技型中小企业成长阶段分析及划分标准》,《科学与科学技术管理》2008 年 5 月 10 日。

商业道德、安全生产、职业健康、劳动保护等。对人民的合法权益进行保护、保护环境、支持慈善事业、捐赠社会福利、保护弱势群体等都是企业社会责任。

（一）对员工的责任

员工是企业众多利益相关者中最重要的一部分。企业对员工有多方面的责任，其中有确保员工意识到就业受到劳动法和社会保障的保护的权利、获得劳动报酬的权利、休息休假的权利、劳动安全卫生保护的权利、职业技能培训的权利、有权获得社会保险和社会福利，还有企业按照高于法律规定的标准对职工承担的道德义务等。

（二）对消费者的责任

消费者是企业重要的利益相关者，是企业产品的接受者和使用者。企业对消费者的责任就是保障和保护消费者的利益。消费者需要享有安全、优质、价格合理、完善的产品和服务的权利，这也是企业应该做到的。

（三）对债权人的责任

企业对债权人的责任有很多，不仅有民事义务，还包括对整个债权人集团的责任，以保证交易的安全。这一责任要求企业与所有债权人合法、诚实信用、无过错地进行交易，并认真履行依法签订的合同。

（四）对环境和资源受益者的责任

保护和合理利用环境和资源是一种典型的社会责任，是企业对所有环境和资源的实际和潜在受益者所承担的责任。资源短缺、能源危机和环境恶化等都在限制经济发展。因此，企业不仅要执行国家的强制性标准，还要努力提高生产环保技术和环保标准。

（五）对所在社区的责任

公司与社区所在地有不可分割的联系，它承担了无法逃避的责任，包括经济发展、社区规划、交通条件、教育和文化、环境卫生和社区的公共设施等，主要体现在由公司有意识地建立良好的、和谐的社区关系，维护社区利益，参与和资助公益事业建设，建设社区生态环境等。

（六）负责社会福利和公共福利

企业是一个有经济实力的组织，承担回报社会的责任，所以应该积极参与公益和社会慈善活动。这种企业社会责任包含的内容最为广泛，包括对养老院、穷人、病人等的慈善捐赠，为残疾人安排就业，关爱社会弱势群体，为教育机构提供奖学金,举办公益社会教育宣传活动等。

【案例分析】

鲨鱼公园:幼儿素质教育的"鲶鱼"①

张永琪,这个环球雅思英语培训的创始人,在成功退出环球天下之后,又做起了幼儿素质教育,成为搅动这一行业的"鲶鱼"。

从"雅思教父"到"鲨鱼叔叔"的变身,张永琪依靠环球雅思十几年的创业经历,又在幼儿素质教育领域开辟了一个巨大的蓝海市场。然而,相比于英语培训这片"红海",3—12岁幼儿素质教育可称得上是"蓝海"。所谓"蓝海"就是创造一个全新的无竞争的但是有充分需求的市场。

事实上,能够着眼于3—12岁幼儿素质教育领域,正是依托于高屋建瓴的国际化市场眼光。在欧美发达国家,素质教育已经是教育常态,并且有着成熟的教育体系和教育经验支撑。我国已经出台了高考改革的新措施,其目的就是逐渐改变应试教育所产生的"万人过独木桥"的现状,着重于全民素质教育。

张永琪在具备市场眼光的同时,退出环球天下之后的庞大资金积累,也为其市场培育期打下了雄厚的基础。可以预见,一旦张永琪成功撬动3—12岁幼儿素质教育市场,携其成熟运作团队和迅速发展的全国分校优势,再吸引国际金融机构介入,"鲨鱼公园"将毋庸置疑地成为市场的领先者。

按照张永琪的设想,鲨鱼公园的教育核心是针对小学至高中阶段200多个科学知识点。与应试教育说教方式不同的是,鲨鱼公园将这些零散的知识点用循序渐进、互为补充的方式,有机地编辑成为期3年的课程体系,孩子们来实体分校上课时,不是正襟危坐,而是在授课教师指导下亲手通过实验学具做各种科学实验。

---

① 徐勇:《鲨鱼公园:幼儿素质教育的"鲶鱼"》,《中国连锁》2014年10月1日。

张永琪信心满满地预言:"如果孩子能够坚持上满 3 年的课程,不仅能够掌握小学到高中期间科学的 200 多个知识点,而且通过动手、动脑的学习,其观察、思考、辨识,甚至在日常生活中的运用能力,将得到很大程度上的提高。那时,素质教育的魅力就会逐渐显现。"然而,在应试教育的大背景下,周一到周五,很少有孩子能来鲨鱼公园的实体分校学习,于是,张永琪的办法是,家长购买几十元的实验学具,在免费线上视频的指导下,到家里亲手做实验,周六、日再来实体分校学习。

线上销售实验学具,线下销售课程体系,张永琪很快找到了赢利模式。谈起未来构想,张永琪信誓旦旦地说:"鲨鱼公园计划在 3 年内拥有 5 万个学生,只要有五分之一的学生完成为期 3 年的课程体系,我们所倡导素质教育魅力即可展现出来。"

点评:

创业者创立的企业,按照不同的标准有多种不同的类型划分,企业对于社会而言,它是一个独立的经济性组织,有着特定的经营目的,通过市场竞争,以实现生产要素的再组合,获得利润的最大化。当然,企业在实现利润最大化的同时,还肩负着广泛的社会责任。

鲨鱼公园的成功就在于在应试教育的围城之中打开了一扇素质教育的窗,将应试教育的知识点通过科学的组织和教学,使学生在掌握知识的同时,提升动手能力,这既符合国际教育发展的趋势,也符合国内教育改革的趋势,企业在获得相应收益的同时,顺应和推动了社会发展的潮流,体现了企业的社会价值和责任。

【思考作业】

1.什么是企业,企业有哪些类型?

2.企业生命周期可分哪几个阶段,每个阶段有何特点?

3.新企业为什么要获得社会认同,获得认同的方式有哪些?

4.创业就是创办一个新企业,这样说对吗,为什么?

第三节　企业注册

【理论讲授】

创业者在注册企业的时候,需要根据创业项目的实际情况,选择合适的企业法律形式,完成相应的企业注册流程,必须了解和遵守有关法律法规。

一、企业法律形式的选择

根据我国现行法律,大学生创业可以采用的法律形式有个人独资企业、合伙企业、公司(有限责任公司和股份有限公司)。这几种企业法律形式各有利弊,大学生在自主创业时应具体分析,并做出慎重选择。[①]

(一)个人独资企业

那些具备一定技术技能的大学生,可以选择个人独资企业这种形式。创办个人独资企业的大学生对企业对外债务以其个人财产承担无限连带责任,当独资企业财产无法清偿时会追及至大学生个人,并且这种创业者与企业"你中有我,我中有你"的模式给创业者以较强的归属感,更容易激发创业热情。企业成立后,对基础资本没有明确的要求,对软硬件条件也没有很高的要求——"有投资人申报的出资;有固定的生产经营场所和必要的生产经营条件;有必要的从业人员",即只要大学生提交相关申请,并租用办公室和电脑,雇用一两个员工,就可以成立相关的技术服务公司,如图像设计、信息咨询等。个人独资企业经营方式灵活,可以聘任有管理经验的人员进行管理,无需缴纳法人所得税,只需缴纳个人所得税,因此适合资金较少、缺乏一定经营管理经验的大学生创业者。

---

① 　许晓辉、李龙:《大学生自主创业的企业法律形式选择》,《高等农业教育》2009 年 6 月 15 日。

（二）合伙企业

合伙企业,是指自然人、法人和其他组织依照相关法律在中国境内设立
的普通合伙企业和有限合伙企业。普通合伙企业由普通合伙人组成,合伙
人对合伙企业债务承担无限连带责任;有限合伙企业由普通合伙人和有限
合伙人组成,普通合伙人对合伙企业债务承担无限连带责任,有限合伙人以
其认缴的出资额为限对合伙企业债务承担责任。大学生如果采纳普通合伙
企业的方式,就将以其全部个人财产对外承担无限连带责任,这对大学生来
说存在较大的创业风险;对于一些拥有专利技术的大学生可与社会上一些
有着较雄厚资金的个人或企业成立有限合伙企业,成为有限合伙人,因为有
限合伙人可以用知识产权作价出资,且一般情况下不用承担企业事务的管

理,大学生既发挥了自身的聪明才智又可以克服自身管理经验缺乏的弱点,同时对企业对外债务只以其出资承担有限责任,可谓"一举三得"。由于合伙企业是非法人组织,所以无需缴纳法人所得税,大学生创业者只需缴纳个人所得税即可,再加上国家、地方政府对大学生自主创业的优惠税收政策,大大减少了大学生创业运营的税收成本。

(三)有限责任公司和股份有限公司

有限责任公司分为一人有限责任公司和普通有限责任公司。一人有限责任公司是由一个股东成立的有限责任公司,营业执照会标明"自然人独资"。普通有限责任公司是指由2名以上50名以下股东组成的法人,包括对公司负债具有有限责任的自然人或法人。一般来说,因为大学生创业都需要组建团队,普通有限责任公司适用于由2—50名大学生组成的创业团队,这2—50名大学生成为所设立的有限责任公司的股东,以他们的出资额为限对公司债务承担责任,公司则以其全部资产为限对公司债务承担责任。

有限责任公司要求具有较为完善的公司治理结构,如股东会、董事会、经理、监事等。这意味着,创业团队应该大规模吸收不同种类的人才作为行为发起人,不但要有拥有资金、掌握专利技术的大学生,还要有拥有管理、运营财会等多方面专长的人加入。

股份有限公司的所有资本或资金分为等额股份,由购买股份的有限责任股东构成。股份有限公司和有限责任公司之间,一个重要的区别在于,前者的所有资本都划分为等额股份,后者的全部资本并不均分为等额股份或并不完全均分为等额股份。因此,股份有限公司可以向公众募集股款,可以发行股票,股票可以在社会上通过证券交易所或银行公开出售,也可以自由转让,但不能退股,因此它们筹集资金的能力十分强大,资本更为充足。股份有限公司按公司法设立,设立程序严格,公司章程规范,股东人数众多,公司账目公开,是最典型的法人组织。

对于大学生创业来说,一般不直接选择成立股份有限公司,而是选择成立普通有限责任公司。如果公司经营多年,发展良好,可以再通过股份制改造,改为股份有限公司。

二、企业注册程序

创业初期,创业者需要面对的难题是怎么去注册一家公司,需要什么资料？流程如何？

(一)准备材料

1. 公司法定代表人签署的《公司设立登记申请书》；

2. 全体股东签署的公司章程；

3. 法人股东资格证明或者自然人股东身份证及其复印件；

4. 董事、监事和经理的任职文件及身份证复印件；

5. 指定代表或委托代理人证明；

6. 代理人身份证及其复印件；

7. 住所使用证明。

(二)注册流程

1. 核准名称

确定公司类型、名字、注册资本、股东及出资比例后,可以去工商局现场或线上提交核名申请。

2. 提交材料

核名通过后,确认地址信息、高管信息、经营范围,在线提交预申请。在线预审通过之后,按照预约时间去工商局递交申请材料。

3. 领取执照

携带准予设立登记通知书、办理人身份证原件,到工商局领取营业执照正、副本。

4. 刻章等事项

凭营业执照,到公安局指定刻章点刻制公司公章、财务章、合同章、法人代表章、发票章。至此,一个公司注册完成。

（三）后续事项

1.办理银行基本户

注册结束后,需要办理银行基本户开户。基本户是公司资金往来的主要账户,每个公司只能开一个基本户,该账户允许日常资金收付、工资、奖金和现金的支取。

2.记账报税

注册完成后要进行纳税登记,登记时要列明会计的信息(包括姓名、身份证号和联系号码)。公司成立后一个月,需要会计每月记账并向税务机关申报纳税。企业准备好资料到专管所报到后,税务局将核定企业缴纳税金的种类、税率、申报税金的时间及企业的税务专管员。企业日后将根据税务部门核定的税金进行申报与缴纳。

3.缴纳社保

公司注册完成后,需要在30天内到所在区域管辖的社保局开设公司社保账户,办理《社保登记证》及 CA 证书,并和社保、银行签订三方协议。之后,社保的相关费用会在缴纳社保时自动从银行基本户里扣除。

4.申请税控及发票

如果企业要开发票,需要申办税控器,参加税控使用培训,核定申请发票。完成申请后,企业就可以自行开具发票了。

5.企业年报

根据《企业信息公示暂行条例》规定,每年 1 月 1 日至 6 月 30 日,企业应当报送上一年度年度报告,内容包括公司基本情况简介、主要财务数据和指标、股本变动及股东情况等。

三、申请创业孵化项目

（一）孵化器的定义

孵化器,原意是指人工孵化禽蛋的设备,现多引申至经济领域。联合国开发计划署(UNDP)认为孵化器设计可控的环境,用以帮助、培育和引领出成功的企业家和营利性企业。[1] 中国科技部认为孵化器是指旨在促进和实现高科技产业化的经济组织。[2] 鲁斯坦·拉卡卡认为孵化器是具有特殊功能的设施,专门为经过筛选的初创企业提供资源与服务,直到企业能够不用或很少借用其他帮助将他们的产品打入市场。[3]

孵化器是一种新形式的社会经济组织,为企业提供一系列的援助和资源,包括研发、生产管理、通信网络和办公室的共同使用的设施,政策、融资、法律和市场推广等方面的支持,促进初创企业的成长和发展,减少初创企业的风险和创业成本,提高生存和发展的能力。孵化器的主要任务是为高新技术成果的转化提供不断优化的孵化环境和条件,为企业提供必要的市场化和国际化服务。

自 2009 年以来,在北京、深圳、武汉、杭州、西安、成都、苏州创新创业氛围较为活跃的地区涌现出创新工场、车库咖啡、创客空间、天使汇、亚杰商会、联想之星、创业家等多种形式的新型孵化器。这些新型孵化器各具特色,大致可以分为五种类型:投资促进型、培训辅导型、媒体延伸型、专业服务型和创客孵化型。

(二)孵化器的作用

初创企业在经济发展中扮演着不可替代的角色,是当地经济增长、就业和创新的重要来源。但是,由于初创企业在管理效率和资本管理上经验不足,常常面临较高的失败风险。鉴于此,许多国家和地区创立孵化中心作为解决这一问题的重要方式,以提高新企业的存活率。尽管孵化器所要孵化

---

[1] 中经未来产业研究中心:《2014 中国企业孵化器发展研究报告》,《科技创业》2014 年第 10 期。

[2] 中国科技部:《关于进一步提高科技企业孵化器运行质量的若干意见》,《中国高新技术产业》2003 年第 6 期。

[3] 鲁斯坦·拉卡卡:《科技企业孵化器》,上海科学技术文献出版社 2006 年版,第 335、336 页。

的企业具有多样性,但其基本目标是为了成立新公司,并提高新公司的生存能力,这也是"孵化器"的初衷,是孵化中心的基本功能。此外,许多孵化中心也起到了帮助创业者成立企业的作用,特别是在大学科学园中。

高校可以利用自身资源创建创新创业中心,并通过实施全面管理和提供服务建立"孵化器"。因此,将高校大学生创业孵化器定义为指向高校开辟专门场地,设立的具有孵化器功能的机构。在这里,高校开发的孵化器指的不是单一的实体,而是一系列具有相同功能、名字迥异的初创企业。当前,各高校根据实际情况,大学生创业孵化器的名称包括大学生创业孵化基地、创业中心、创业苗圃等在内的综合性机构,为创业大学生提供一站式创业孵化服务。

(三)加入孵化园

原则上,大学生创业孵化园需要入园企业在工商行政管理部门注册登记,并接受创业孵化园的管理。入园项目的负责人原则上为在籍大学生,以及有稳定职业的从业人员和运营企业所需的运营资金。入园的企业按照它们的经营范围制定管理章程。①

1. 提出申请

有创业意图,并且自愿入驻创业孵化园接受创业孵化的大学生,向创业孵化园提出申请,填写《大学生创业孵化园入驻申请表》,同时提交详尽的创业计划书、公司相关管理规章制度、法定代表人简历及学生证、身份证、学习成绩复印件、营业执照复印件。企业委托代办相关手续的,需提供注册登记所需的有关证明材料。

2. 项目受理

受理创业大学生意向申请材料,并将材料整理后提交评审委员会进行项目审查。

---

① 龚萱:《高校大学生创业孵化园项目运行管理研究》,硕士学位论文,南昌大学,2014 年。

3. 项目审批

评审委员会对提交的申请材料进行可行性评估论证,最终做出是否接纳项目入园的决定。

4. 签署协议

通过审批的创业项目,由管理办公室与其签署《大学生创业孵化园入驻企业管理协议》,明确双方责任与义务。

5. 正式入园

办理办公资产移交手续,签署《大学生创业孵化园办公资产移交表》,学习创业孵化园相关管理制度后,创业大学生正式入驻孵化园指定的办公场所办公。

6. 因特殊原因暂时没有能力进行工商注册的创业项目,可先入园孵化,待项目稳定后再办理工商注册手续。

7. 申请者所提交的全部材料,由孵化园管理办公室负责保管,除有约定外其余不予退回。

【案例分析】

3W 咖啡:另类的商业生态[①]

3W 咖啡馆看起来是个异类,不仅它的三个联合创始人有互联网背景,而且股东多达 180 多个;一楼是传统的咖啡馆,接待散客,而且备有 HP 打印机等办公设施;二楼是会场和 VIP 区,主要举办与互联网相关的论坛、沙龙、培训、讲座和活动等,两年时间做了 500 多场,平均下来三天两场;三楼则"蜗居"了 19 家创业公司,是"创业孵化器"。目前,它形成了咖啡馆、3W 创新传媒、互联网垂直领域招聘网站"拉勾招聘",以及孵化器"NextBig"、猎头服务等多元化发展的品牌。

与其说它是个咖啡馆,不如说它更像一个互联网人的"圈子"。

---

① 周再宇:《3W 咖啡:另类的商业生态》,《新营销》2013 年第 11 期。

　　3W 咖啡：互联网人的圈子

　　3W 咖啡馆的三位创始人马德龙、鲍艾乐和许单单都出自腾讯，在做3W 咖啡馆之前并不认识。腾讯的一个离职员工曾建了一个 QQ 群叫作"永远一家人"，当时想把互联网行业的人聚在一起开个咖啡馆，在 QQ 群里发了信息之后，三个志同道合的人凑到了一起。

　　"我们最初的想法是，征召一百个互联网人士开办一个专门为互联网行业聚会沙龙提供场地的咖啡厅。"鲍艾乐说，这个想法提出来之后，立刻得到"很多行业大佬"响应。"当时是 2010 年下半年，是微博最火的时候，在微博上提出这样的想法，就有很多 CEO、高管响应，觉得投个几万块钱做个股东也不错，我们的第一批钱就这么来的。"

　　第一笔钱筹集得还算顺利，但第二步，摆在 3W 面前的是如今咖啡馆普遍面临的困境，就是怎么赚钱，收回投资。"3W 刚开起来时我们很开心，做了很多小清新的事情。开了之后，痛苦与日俱增。3W 咖啡馆亏欠严重。创业初期一个月 30 天，我们至少 25 天待在咖啡馆里，晚上 11 点才回家，几乎一年都是这么干下来的。想努力赚钱，但赚钱很困难。那个时候面临很大的抉择：是继续干下去，还是把它关了。"许单单曾回忆说。

　　当时鲍艾乐在搜狐，许单单在华夏基金，都有着不错的工作。盈利艰难让他们不得不做出抉择：是辞职专心做咖啡馆，还是关掉咖啡馆继续工作，经过不断摸索、调整，3W 咖啡馆走了过来。

　　3W 咖啡馆的第一批股东为 104 人，后来想成为股东的人越来越多，于是三个人商量后，设立了一些门槛，比如最低投入 6 万元，比如职业要求主要是上市公司高管、基金合伙人、初创公司 CEO 和知名媒体人等四类人。到 2013 年 9 月，3W 咖啡馆一共有 183 位股东。

　　"这些股东进来后，很多创业公司的人来咖啡馆找我们，问是不是可以在这里介绍投资人、融资等。其中最突出的需求就是找投资、找人，比如有的人有创业想法，但没人一起干。因为 3W 咖啡馆是互联网人的聚集地，很多人希望我们介绍人脉，包括办公地点、注册公司、做行业交流等需求，针对这些需求，我们整合资源，做了很多事情。"鲍艾乐说。

比如"投资人下午茶",3W 咖啡馆把投资人请来,与创业者聊天,提供指导。再比如开公开课,请大公司高管演讲,与草根创业者接触。3W 咖啡馆还成立了专家俱乐部、股东俱乐部等。"请大公司的高管,每周给创业者们培训一次,比如'如何建立 App 外部渠道''屌丝心理学''律师培训知识产权''产品设计运营'等,已经安排到今年 12 月份了。"马德龙说。

NextBig:下一站大佬

如今,3W 咖啡馆走得更远,开始提供创业孵化服务 NextBig——明日之星,马德龙开玩笑说,缩写就是"NB"。

3W 咖啡馆为一些创业公司提供有限的、相对便宜的资源,比如房租。"我们从房东那里拿下房子是一平方米 3 万块,我就以这个价格转给创业者,你想在中关村找到一平方米 6 万块以下的房子根本不现实。我们这里是公用,一个人就是 5 平方米,如果他自己租的话,怎么着也要 20 平方米,我们这里因为是公用所以就更便宜。相当于 10 万块只需要花 1 万块在这里,9 万块可以花在其他地方。"马德龙说。

再比如一些基本的办公设备。"你知道创业公司初期需要支付的费用有哪些吗,要租一个像样的工作场地,要有网络带宽,要注册公司,要有打印机、云主机等办公设备,要有行政、财务、法律咨询等。但如果只是一个两三个人的小团队,就不值当匹配得那么完善,而在 3W 孵化器里很多东西可以共享。"

为了得到这些便宜甚至免费的资源,马德龙联系了很多办公设施企业,比如惠普。前不久 3W 咖啡馆加入惠普的"打印热商计划",由惠普免费提供一台智能七合一多功能激光一体机,让创业者或顾客即使身处咖啡厅也能享受文印服务,通过无线热点、无线直接打印、云打印、AirPrint 打印文件资料。

"跟惠普一样,我们做这些事情一分钱不赚,相当于做公益,现在我们能够利用 3W 品牌影响企业,让它们以免费的方式响应我们。比如无线设备部署,除了带宽我们花了钱,所有的设备一分钱没花,都是免费从企业拿到的。现在我们的服务供应商有几十个。"马德龙认为,孵化的意义就在于大家一起培养孵化,把蛋糕共同做大之后再划分利益。

对于创业公司来说,除了网络、服务器,还有一个至关重要的问题是法律。马德龙请通商律师事务所的一个合伙人每两周过来一次为创业者解决问题,比如大家都关注的股权问题等。

"初期架构对创业公司是非常重要的,要不然日后做大出了问题会非常麻烦,Facebook 就是个很好的例子。我们找来的人了解大量案例,能够提供非常好的帮助,可以避免未来做大后因股权问题而分崩离析。因此,每当创业者融到资金后都会过来咨询意见。"

"基本上一周给这 19 个团队举办两次活动、一次培训、一次团队创始人聊天,我们希望 3W 咖啡馆三层的这些创始人就像同学会一样。"马德龙笑着说。

对于创业团队,3W 咖啡馆有着自己的挑选标准。

首先,人数严格限定在 2—10 人之间。"10 人以上就要出去。因为 1 个人创业我们觉得不靠谱,而一个团队发展到了 10 个人的话,我们认为它已经具备抗风险的能力了,因为我们是给相对脆弱的团队提供抗风险能力的,而且我们和配套的基金、咨询聊过,一个团队在七八个人的时候,基本上是处在相对稳定的时期,之后就会进入快速成长期,所以说,我们希望一个团队发到到 10 个人就出去,因为 10 个人的团队占用的是两个团队的空间,你出去之后其他人进来,我们希望把这个地方给更需要的人,所以孵化器也叫'早期项目流转中心',进来就是'入孵',6 个月后必须完成孵化。我们希望在创业最脆弱的环节,用我们最优惠的成本、场地帮助创业者成长,完成从鸡蛋变成小鸡的过程。"马德龙说。

其次,要看整个团队的背景是否相符、认知是否相符、趋势是否有问题等。这就需要面试,马德龙曾经在面试中遇到跟自己吵架的。"不合适的创业者有几个共同点,比如不懂创业就是想创业,自我认知不足,或者项目完全是零可能方向,还有一些背景很牛逼但是与其实际背景不匹配等。"

马德龙介绍说,最终有 19 个团队入孵,自 2013 年 7 月开始(创新孵化器 7 月 20 日开始在 3W 咖啡馆运行），其中一个已经成功的团队"似颜绘"，达到了 10 人，"马上要走出去了，它不仅有足够的投资，而且形成了现金流。"

拉勾：不一样的垂直招聘

目前 3W 咖啡有 60 多个员工，设立孵化器、传媒、电脑、拉勾、猎头五个部门，决策通过微信群发出去，"大家庭一样"。

"一直做互联网圈子，预计这个店一年参加活动的为 2 万人次，加上深圳店就更多，还有邮件组、微博、微信、官方 App，所以我们覆盖互联网人士至少 20 万—30 万。"在这个前提下，三个人萌生了做互联网招聘网站的念头，经过一些挫折和"感觉不对"之后，拉勾网（lagou.com）逐渐成形。

说起近几年跳槽频繁的行业，互联网排不上第一也一定能排得上第二（第一大概是基金公司）。"现在互联网行业平均 3 年跳槽一次，流动率太高了。"马德龙说。

"拉勾网的定位和普通招聘网站不一样，第一是专注于互联网，第二是专注于中型和早期公司。"因为主要负责拉勾网事务，马德龙现在被戏称为"拉勾 CEO"。"到目前为止效果非常好，上线才几天，现在有 1200 多家企业在这里招聘，每天能收到 800 多份简历。"

目前拉勾网免费为企业和求职者提供服务，到今年年底将尝试向企业用户收费，"未来是要赚钱，"但马德龙表示具体怎么收还没有想好。

"拉勾网有一个很好的体验，绝对是那些破烂的传统招聘网站没有的。"马德龙举了个例子，以往传统招聘网站登记的都是公司注册名称，而不是企业品牌名称。"比如美团网，你绝对搜不出来美团，你就看美团网的公司注册名称——北京三快科技有限公司，你就想：这是什么公司啊，谁会投简历，这样的东西在传统的招聘网站上比比皆是。再比如，以前我要发一份简历，要填一大堆东西，半天也填不完一份简历。"

"而现在是，我就告诉你是美团网，我还告诉你美团网的创始人叫王兴，你可以去看他的微博，告诉你关于美团网主要的新闻报道，一般选 5 篇，除了王兴，其他创始人都会列在下面，包括这家公司是谁投资的、是不是上市公司……全都列出来,这些都是传统招聘网站没有的。"
马德龙说。

互联网垂直招聘的定位,加上影响力已经有了,拉勾网经常收到一些互
联网"牛人"的简历,比如百度工作 3 年,技术;腾讯工作 3 年,设计师;某知
名公司的运营总监等。马德龙每天都翻拉勾网里的简历,遇见不错的简历
就发给 3W 咖啡馆的猎头公司。

此外,2012 年 3W 咖啡馆在深圳做了第一届互联网企业家年会,2013
年 10 月举办了第二届。"这个年会是封闭的,我们把股东和互联网企业家
全部叫过来,是无听众的聚会。基本上是互联网的大佬坐下来,内部沟通一
些事情。"

目前,3W 咖啡馆创办两年多来,先后投入资金 1000 多万元。马德龙
说:"如果不算装修的硬件投入,今年差不多会实现盈利,其中负责活动的
传媒部分特别赚,活动量非常之大,猎头部分也经营得不错。"

点评:

创业者在注册企业的时候,需要根据创业项目,选择合适的企业法律形
式,完成相应的企业注册程序,这是企业获得法律身份所必需的。对于大学
生创业而言,针对大学生不熟悉企业注册以及其他程序性流程,可以接受入
驻孵化器的支持,由孵化器为初创企业提供相应的支持和服务,帮助创业者
专注于主业。

3W 咖啡馆既不是传统的咖啡店,也不仅仅是一个孵化器,而是将二者
结合起来,既为创业者交流创业想法提供平台,也为投资人与创业者的对接
提供机会,同时为初创企业提供孵化器服务,为创业者提供各类培训和支
持,而且更有价值的是,它自身也是一个创业企业。

【思考作业】

1. 应该从哪些方面去评估一个特定的创业机会?

2. 你知道哪些创业大赛,如何参加这些大赛?

3. 参加创业大赛，对于大学生创业者会有哪些好处？

4. 什么是企业孵化器，你知道哪些针对大学生的创业孵化器？

5. 查询你感兴趣的创业孵化器，看看你是否有资格申请进入。

【综合案例分析】

VIPKID：打磨产品即是打磨价值①

任何大企业都是从小企业成长起来的。对于价值型企业来说，规模领先并不是真正的领先，真正的领先需要聚焦于顾客。创立于 2013 年底的在线少儿英语教育平台 VIPKID，不到 4 年 5 轮融资，预计年收入 50 亿，无疑是投资人眼中的价值型创业公司。

VIPKID 创始人兼 CEO 米雯娟在接受采访时表示："作为创业公司，我们认为价值型企业要为用户创造价值。我们创业的初心，就是希望用互联网的手段改变孩子们英语学习的现状，用共享经济的模式连接中国小朋友和北美优秀师资，实现一对一的英语培训。"

她指出，在线教育对于传统教育的改变发生在如下三个方面：第一，突破空间距离障碍，提高优质教师资源利用效率；第二，多媒体、强交互、娱乐性，增加学生学习的兴趣；第三，数据更快速反馈，形成闭环的个性化学习机制，真正意义上提高学习效率和教学效率。

在投资金额接近 150 亿—200 亿元人民币的中国在线教育市场，在线少儿教育已成为中国在线教育行业中的蓝海。2017 年早教市场规模已经突破 2000 亿元，全国中小学在线教育学生用户已经超过 1.8 亿。这也使得更多玩家加入，但教育行业的终极产品是人。

米雯娟认为，打磨产品是互联网教育创业者的必修课。因此，这个行业不是"有钱任性"的事。对身在其中的创业者来说，花时间打磨高品质的产品和服务才是最本质的竞争壁垒，这也是创业型企业成为可持续成长的价

---

① 石丹：《VIPKID：打磨产品即是打磨价值》，《商学院》2017 年第 12 期。

值型企业的关键因素。

找到商业模式之后，米雯娟带领团队花了 15 个月的时间去打磨产品。那时，互联网教育投资风口正盛，但是米雯娟只让 VIPKID 处于"实验班"状态。他们希望找到全球最好的师资并且找到适合中国孩子学习的方式，但这需要去验证想法。"教育产品有其特殊性，如果不成熟便推向市场，口碑就没有了。"

要打造创业公司的价值，就需要建立足够的竞争壁垒。根据她的从业经历总结而来，米雯娟指出在线少儿英语教育创业有这样几个壁垒：第一，团队要真的懂孩子、懂教育，这是基础；第二，互联网场景下孩子们的学习、教师们教课、内容构建、产品搭建的方式；第三，保证所有人的良好体验；第四，在全球的教师网络中形成的口碑和信任。

真格基金徐小平认为："在线教育的规模，将来一定会成为跟电商一样的规模，淘宝、京东有多大，在线教育就应该有多大。"事实上，在中国乃至全世界，无论是家庭还是社会对教育的重视和投入都是"不计成本"的。这也意味着，互联网教育领域创业者们的未来之路充满竞争。但 VIPKID 的创始人米雯娟的"八字真言"也许能代表更多创业者之于未来竞争的态度——"不忘初心，不惧未来"。

点评：

初创企业既要选择合适的法律形式，也需要规范的法律流程，才能获得合法的身份。对于创业者而言，这些程序性和规范性的法律流程通常是烦琐而不熟悉的。因此可以选择进入孵化器，由孵化器提供针对初创企业的多重支持，这对大学生创业显得尤为重要。

VIPKID 是随着互联网教育的兴起而创立的少儿教育品牌，针对少儿英语教育缺乏外教和语境的情况，通过互联网连通国内学生和国际教师，保证了少儿英语教育的及时性和互动性，闯出了特色，在互联网教育中占据了重要一席。

【商业游戏】

商业价值的挖掘

1. 由主持人将学生分成两组。

2. 其中一组每个人写出人物角色,如医生、警察、白领、司机等,另一组写出某种生活用品,如手电筒、梳子、手表、灭火器等。每个人写的内容不能让他人知道。

3. 主持人从两组中各选出一个学生写的内容进行匹配,如司机与灭火器。

4. 请学生挖掘这个生活用品是如何满足这个角色的需求的,如司机为什么需要灭火器。

5. 最后选择两个学生演示,将该生活用品现场销售给对方,如将灭火器卖给司机。

【现场体验】

体验企业注册程序,学生可以现场角色扮演,模拟下述流程。

企业注册的一般步骤是核名、租房、编写公司章程、办理公司登记注册、办理刻章、去银行开基本户、办理税务登记、申请领购发票。

【本章知识小结】

1. 一家初创企业可以选择的法律组织形式有多种,主要有个人独资企业、合伙企业、有限责任公司(包括一人有限责任公司)和股份有限公司。

2. 创业者在创建和经营企业的过程中,必须了解和遵守有关法律法规,以确保自身和他人的利益没有受到非法侵害。与创业有关的法律主要包括专利法、商标法、著作权法、反不正当竞争法、合同法、产品质量法、劳动法等。

3. 企业注册的一般步骤是核名、租房、编写公司章程、办理公司登记注册、办理刻章、去银行开基本户、办理税务登记、申请领购发票。

第三章　初创企业的目标管理

【本章知识要点】

1. 理解目标管理理论的主要内容；

2. 认识到初创企业实行目标管理的必要性和重点；

3. 掌握初创企业设定目标的方法；

4. 掌握初创企业实施目标管理的方法。

第一节　目标管理

【理论讲授】

彼得·德鲁克认为,目标决定了工作方向,管理者应借助目标管理实现员工管理。初创企业在管理实施过程中,只有制定了科学合理的目标,才能够实现对员工的考核、评价及奖惩,创业活动才能有的放矢。①

一、目标管理理论

(一)目标管理的内容

目标管理也被称为"成果管理"。在实施目标管理时,员工的工作目标

---

① 任晓明:《目标管理在现代企业管理中的作用》,《智库时代》2020 年 3 月 16 日。

应与企业目标相一致,尽管他们的职位、工作环境和个性各不相同。因此,公司常常将员工当作目标管理的对象,而业绩则是目标管理结果的反映。在这一过程中,公司和员工可以实现双赢,这是现代企业管理的方法。

现代企业在实施目标管理时,需要鼓励员工积极的参与到企业的目标管理中,以便实现企业的最终目标。运用目标管理的方法,公司不仅能尽量降低员工各自为政的情况,还能有效地增强公司的向心力。目标管理和传统的管理方法有很大的不同,首先,目标管理更注重人的因素,这不仅反映了管理层与员工之间的平等、尊重和相互依存的关系,也鼓励员工能够积极、民主地参与公司管理;其次,目标管理创建目标链和体系,企业的总体目标通过目标管理,实现逐层分解,最终落实到每一个员工,厘清和明确了权、责、利三者之间的关系,而且形成了相互关联和制约的关系,以确保员工的个体目标与企业总体目标之间的相互依存;最后,目标管理更加重视结果,在企业的目标管理模式下,员工的目标达成度不仅是企业评价员工的基础,也是员工工作绩效的标志,企业并不对员工的工作方式、过程加以干预,而是员工本人不断总结反思过去的工作经验,修正自身行为,从而实现自我管理。

(二)目标管理的特点

目标在一个组织中起着非常重要的作用,没有目标就如同没有方向的船。对于初创企业而言,在关键领域内实现目标管理,因为这些目标可以解释大量的企业现象,检验实践中的工作成效,直接决定企业的未来。作为评价决策正确与否的重要标准,它还可以帮助管理者分析目标的执行情况,积累经验,提高工作绩效。企业的关键领域一般可以区分为这八个领域:市场地位、创新、生产率、实物和金融资源、利润、管理人员的表现和培养、工人的表现和态度、公共责任感。[①]

"确定目标"是目标管理中的一个非常重要而又困难的问题。目标的确定需要遵循如下重要原则:

1.制定的目标要尽量具体化

无论哪个领域,目标都要越明确越好,以保证对目标执行过程进行有效的指导以及对结果进行准确的核查。

2.制定的目标要具有超前性

每个组织都应事先制定出每个方向的发展目标,对初创企业而言,上述八个领域的目标必须具有超前性,才能引领企业的发展。

3.目标间的平衡性

无论初创企业哪个领域的目标,都应该一方面保持长期目标和短期目标之间的平衡、不同领域目标之间的平衡和可以取得的利润之间的平衡,另

[①]　李睿祎:《德鲁克目标管理体系初探》,《北华大学学报(社会科学版)》2007 年 4 月 20 日。

一方面还需要关注目标的变化,需要根据不断变化的内部和外部环境做出相应的调整,以保持目标与环境之间的平衡。

4.目标之间的逻辑顺序

在确定目标时,要定下优先次序,即便是这个次序不合理,也比毫无次序要好。确定目标逻辑次序的基本原则是:重视将来而不是过去;重视机会而不能只看到困难;自己选择而不要盲从;目标要高,要有新意,不能只求安全和方便。

5.通过测评实现自我控制

企业管理者不应该只知道自己的目标,还应该根据这些目标来衡量业绩。测试业绩可以衡量业绩,并调整最佳管理行为。这是非常重要的管理阶段——自我控制。这种控制不再是对上级到下级的传统控制,而是一种化被动为主动的控制,持续通过反馈信息来加强管理。让工作人员可以及时了解执行结果,这样他们就可以非常清楚、审慎地调整工作。

(三)目标管理的优点与不足

1.目标管理的优点

(1)有效激励员工,调动员工积极性

目标管理强调管理人员要创造有利的环境和条件,让专业人员充分发挥他们的创造力,鼓励他们自主设立目标和行动计划,实行自我控制、自我管理,激励下属热情、主动地尽力去实现自身目标与组织目标。

(2)推动有效沟通

目标管理是一种参与度、民主性和自我管理较高的管理方式,把个人目标和组织目标相结合,在确定和执行目标时,上下级之间有更多的协商和沟通机会,从而促进组织的协调、增进相互了解和消除分歧及对立。

(3)考核更加公正客观

目标管理始于共同商定的目标,而以目标达成的实际实现情况为终点,这有利于业绩评价的客观性。目标管理的考核衡量标准是目标的最终完成情况,并且衡量标准在目标制定之初双方就已达成一致,因此在绩效考核时能够做到合理、公平、公正,容易被所有员工接受。

（4）有利于培养综合性人才

目标管理并不以严格的过程控制为要求,而是基于组织高层和下级成员对内部和外部环境的了解为基础。在企业总体目标之下,每个层级的次级目标,是由上层和下级成员相互协商确定的,这有利于各个层次工作人员发挥主观能动性,促进工作人员的创新精神,从而有利于培养综合性人才。

（5）适应复杂多变的环境

目标管理工作与目标挂钩,能够对企业的总体目标和次级目标进行有效控制,力求达到既定的目标。这一管理方式给予组织各级成员巨大的自由,保障他们的自由发挥空间,以适应当前的市场环境。

（6）明确组织结构

目标管理将促使各层次管理人员首先明确本组织的作用和结构,围绕目标的达成设立岗位和工作分配,从而使组织结构更加明确,切实可行。

2. 目标管理的不足

（1）目标难以确定

从目标的形成过程来看,这不仅需要最高管理阶层的远见卓识,还需要高级别、低级别、各部门和工作人员之间有充分和有效的沟通。显然这个过程会很长,从工作质量标准看,如果哪个环节有所保留或激进,目标管理的业绩将受到严重影响。与此同时,目标是为未来设定的,而未来不可避免地具有很强的不确定性,这极大地降低了目标管理的有效性。

（2）目标趋向于短期

大多数目标管理往往倾向于制定短期目标,很少超过一年,往往三个月甚至更短,但是过于强调短期目标会损害组织的长期利益。

（3）过分强调量化目标的制定

企业的许多目标是难以量化或者具体化的。团队的合作在技术上很难实现目标分解,而过度依赖目标的量化或者具体化,会使目标管理成为唯数字而数字的"数字游戏",大大破坏目标管理的初衷。

(4)对目标制定者指导不够

管理者必须知道公司的目标是什么,以及他们的行动如何适应和达成目标。与此同时,管理人员必须了解方案的先决条件和了解公司的主要政策。

(5)对管理对象的假定有失客观性

目标管理要假定企业所有成员都喜欢工作,如果给予每位员工发挥才能的机会,他们愿意对工作负责,且能够完成自我指导、自我控制。而组织要做的是扩大工作范围,尽可能把工作安排得富有意义,并具挑战性,最终使组织成员达到自我激励。目标管理的这一前提假定,有失客观性,事实上并非如此。

二、目标管理的作用

(一)落实发展规划

只有通过良好的经济和社会效益,企业才能保持可持续的健康发展。企业只有合理地优化其自身资源,才能在最大程度上战胜资源匮乏的压力,充分发挥自身资源产生的能量。这样,企业在经营过程中就能尽量减少资源限制对目标管理的影响。才能以整体目标为导向,制定各层级的科学合理目标,才能有效地使用公司资源制定产品研发、生产和销售目标。与此同时,企业可以掌握市场的最新发展动态。以此为基础,企业才可以实施有效的目标管理,进而使决策在最大程度上达到科学化。

(二)改善组织结构

目标管理最终要达到的效果是使企业创造更高的社会效益和经济效益。只要实施了这种模式,公司管理者就可以通过对企业目标进行科学合理的预测、及时监控和控制,并根据具体情形,及时调整和改变策略,激发员工的积极性和主动性。[①]　在正常情况下,在获得审批后,目标不可随意修改,而且要有约束性,在详细了解相应责任之后,管理者就能更好地跟踪和控制全局,掌握每个部门目标的进展情况,并有更多时间思考公司未来的发展战略。由于每个员工都有自己的个性化管理目标,工作就由被动转变成主动,管理也就变成了间接控制。管理模式的改变提高了工作效率,使公司的管理人员能够对整个情况进行监督,而不需要事必躬亲,形成了事半功倍的效果。

(三)激励工作效率

在企业管理体系中,以目标为导向首先要明确企业的奋斗目标,每个目标所包含的内容或者目标值,通过这些内容的分类,有层次有秩序地分配到各个部门,并且延伸细化到每一位员工,这些目标将作为每个企业员工在特定时间内需要做的具体目标。设立目标时,应该以科学和实际的方式协助实现,但这不是一件容易的事。如果目标过高,员工就很容易对自己的工作失去信心;如果目标过低,工作人员会觉得目标很容易达到,而不是一项挑战,也不会达到激励的效果。当目标难度适中,就会给人传达一种成就感和荣誉感,从而会促使员工不断向新目标的达成努力。

(四)促进沟通团结

企业规模在发展中不断扩大升级,内部的组织和人员数量也随之不断增加,这些机构和工作人员彼此联系,各有分工但总体目标必须协调一致。以目标导向为前提,充分了解可能产生的隔阂和薄弱环节,分清轻重缓急,达到行动的协调一致。在以目标为导向的工作中,企业将所要实现的目标编成目录,作为最终考核各个部门的依据,减少各部门因分工含糊而形成的矛盾冲突,使企业的技术、质量、生产、销售各个环节保持最大限度的平衡关

---

① 宫玉雯:《目标管理在现代企业管理中的作用》,《企业改革与管理》2016 年 11 月 21 日。

系,打造有向心力、凝聚力、高效率、积极向上的有竞争力的团队。

（五）实现人尽其才

目标管理将人的积极性和创造力相结合,以实现企业的工作效率与员工个人价值的结合,并将客观需求转化为个人目标。通过自我控制达成目标,这表明员工在没有外部指令的情况下,为自己的职责和目标积极划定任务和目标,并通过学习、自我革新和自我适应来创造性地实现目标。

利用目标管理,现代企业不仅可以控制整个流程,而且将整体目标通过合理分解和实施,能更好地评估各个部门和员工。这样做不仅促进了企业业绩评估的科学合理,还调动了员工的工作热情。企业借助目标管理,不仅能够使考核评价方法更趋于科学合理,而且能够使企业处理事情更加客观公正。因此,基于目标管理,现代企业不仅可以有效地发挥目标的导向作用,实现管理过程的全程管理。目标管理不仅能够恰当地管理企业所具备的资源,实现资源的优化使用,而且还能对资源使用的影响进行科学分析。这样,企业就可以采取及时的行动,有效地弥补失误。

【案例分析】

百年福特的汽车传奇①

"是谁发明了汽车?"面对这个问题,许多人都会回答:亨利·福特。这个普遍的误解恰恰是对亨利·福特的赞美,是他使千千万万人拥有汽车的梦想成为可能。虽然人们普遍承认汽车是在欧洲发明与诞生的,但的确是亨利·福特使汽车不再遥不可及。他的原则是:"我要制造一辆适合大众的汽车,价格低廉,谁都买得起。"对上一辈的美国人来说,福特汽车公司就是亨利·福特和他的 T 型车。

1908 年,福特汽车公司生产出世界上第一辆属于普通百姓的汽车:T

---

① 张通:《百年福特的汽车传奇》,《中国工业评论》2016 年第 5 期。

型车,世界汽车工业革命就此开始。1913 年,福特汽车公司又开发出了世界上第一条流水线,这一创举使 T 型车的生产达到 1500 万辆,缔造了一个至今仍未被打破的世界纪录。流水线生产使汽车成为一种大众产品,它不但革新了工业生产方式,而且对现代社会文化产生了巨大影响。因此,有一些社会理论学家将之称为"福特主义"。

1908 年 10 月 1 日,T 型车一经推出,很快令千百万的美国人为之着迷。T 型车价格很合理,最初售价 850 美元,随着设计和生产的不断改进,最终降到了 260 美元。第一年,T 型车的产量达到 10660 辆,创下了汽车行业的纪录。到了 1921 年,T 型车已占世界汽车总产量的 56.6%。福特汽车公司的 T 型车不仅改变了世界,而且代表着至今仍推动福特汽车公司前进的不断创新和客户至上的理念。

亨利·福特希望 T 型车能够让人们买得起,操作简单,结实耐用,成为"全球车"。不论从哪方面讲,他都成功了。T 型车在全世界备受青睐,成了便宜和可靠交通的象征。福特汽车公司创造了一个巨大的永久性汽车市场,带动了全球汽车产业的发展。到了 19 世纪 20 年代,全世界一半以上的注册汽车都是福特牌的。

T 型车的许多创新永远地改变了汽车制造业——其流水组装线是亨利·福特在福特海兰公园工厂首创的,这为整个工业界带来了伟大的变革,生产效率的提高使福特公司能够还利于客户。由 T 型车推广开来的创新还有:方向盘左置使乘客出入方便了;第一个将发动机气缸体和曲轴箱做成单一铸件;第一个使用可拿掉的气缸盖以利检修;第一个大量使用由福特汽车公司自己生产的轻质耐用的钒钢合金;灵巧的"行星"齿轮变速器让新手也觉得换挡轻松自如。

诸如此类的创新和改进,加之 T 型车所固有的价值,使它在世界进一步趋于城市化之际,成为最佳的个人交通工具。在生产期内及其后将近十年间,T 型车通过好莱坞载入史册——这款车成了著名影星们最喜爱的汽车,也是好莱坞一些最棒的无声电影中的汽车明星。

提起亨利·福特,除了汽车,人们想到的另一个词语是"流水线"。

世界上第一条流水装配线出现在福特汽车工厂,其想法来自芝加哥食品包装厂用来加工牛排的空中滑轮。早期的流水线上装配的是底盘,很快整车都在流水线上装配了,其传动速度经过了反复试验。

流水线的原则是:按照操作程序安排工人和工具,这样,在整个走向成品的过程中,每个部件都将经过尽可能最短的距离。以流程为本、保证流程本身的顺畅和效率是流水线模式的精髓。运用这些原则,工人减少了无谓的思考和停留,把动作的复杂性减少到最低程度,几乎只用一个动作就完成一件事情。

那么,工业化大生产的流水线到底有多大的效用呢?

工人装配一台飞轮磁石电机曾经需要 20 分钟,后来工作被分解成 29 道工序,装配时间最终降低到 5 分钟,效率提高了四倍;直到 1913 年,装配一台发动机还要 10 个小时,半年后,用传动装配线降低到 6 小时;福特公司后来日产量达 4000 辆,工人还不到 5 万人——如果没有流水线,将不得不雇佣 20 多万人;借助流水线,亨利·福特"单一品种、超大规模"的战略得以实施,汽车从五六千美元的"富人专利"变成了几百美元的大众消费品。

点评:

目标管理是现代企业管理的重要方式之一,是将员工的工作目标与企业目标协调一致,保证员工的工作方向与企业的发展方向一致的管理方式,在业绩考核上也以目标达成度为标准,能够有效调动员工工作积极性和向心力。

福特创建福特汽车公司的理念就是生产出适合大众的、价格低廉,谁都买得起汽车,这也可以看作是当时福特汽车公司的终极目标。为了降低成本,福特发明了流水线生产方式,极大提高了效率,将 T 型车做到极致,保证了标准化、批量化生产的同时降低了成本。这些措施使得福特汽车"单一品种、超大规模"的战略得以实现。

【思考作业】

1. 什么是目标管理,目标管理的中心思想是什么?

2. 目标管理的特点有哪些?

3. 列举目标管理的优点和缺点。

4. 目标管理对企业发展的作用表现在哪些方面?

第二节 初创企业的目标管理

【理论讲授】

市场环境瞬息万变,一个初创企业要保持战斗力快速发展,就必须要有适用、明晰合理的目标,让企业清楚地了解自己在市场中的位置,找到差距和努力的方向。

一、初创企业目标管理的必要性

目标管理对于初创企业日常管理而言,在于其清晰的管理方式契合了初创企业的特点,让初创企业能够快速、有效地进行管理。

(一)减轻运营负担

运营灵活是初创企业的特有优势。初创企业必须利用市场机会以确保效率和决策的高度一致性。在经营过程中讲究权变,变化是常态,经营思路和运作流程经常处于调整之中,因此根本无法固化相应的流程。同时,企业的压力是巨大的,给企业管理注入过多的能量是不可能的,而且职业经理人也很少。因此,管理工作一定要简单、有效,不能太复杂。目标管理有助于初创企业的行为在任何时候都是有针对性的,并且与每一个特定的业务目标密切合作,使管理变得简单有效。当企业还在杂乱无章的状态中无法自拔的时候,当传统的管理方式压得企业喘不过气来的时候,当管理者还在依靠感觉和命令进行低效管理的时候,目标管理就像当头一声棒喝,帮助企业时刻关注经营目标,重视沟通、激励,调动员工的积极性。

（二）规范管理制度

初创企业管理的缺点在于粗放、随机,而且充满人情化。人情化的管理消解了企业组织的权威,这种人情管理模式导致团队缺乏协作精神,各个部门都被分割成独立个体,各自为政,无法形成实现企业整体目标的动力。对大学生创业者而言,既没有受过系统性的商业管理培训,也很少有企业高管的管理经验。因此,目标管理可以帮助初创企业构建起更具能动性、灵活性与应变力强的组织管理,使决策进程、文化组织和其他管理制度,明确而又简单,使初创企业在行政经费有效的情况下保证管理的成熟,避免人情化管理而拖垮企业,使得企业管理简单而高效,保障管理人员和员工之间的和谐和双赢。

（三）规范领导者

对创业者来说,第一个要做的是自我管理。初创企业的所有者往往倾向于把企业视为自己的"王国",在挑选和任命员工时强调对老板的个人忠诚而不是对公司的忠诚,因此,服从老板的要求就凌驾于企业责任之上。这种先天的倾向要求创业者在创业成功之后,角色必须由所有者向管理者转变。目标管理的对象不仅包括所有员工,也包括企业的所有者,要求其所有的行动都是为了达成企业的整体目标,决策必须为实现总体目标服务,也可以围绕着目标的达成度进行考核和评价。因此,目标管理可以帮助领导者实现对自我的管理。

（四）促进人才发展

在企业刚起步时,管理者专注于企业发展,往往会忽略团队建设,会形成以罚代管、不遵守规章制度的倾向,甚至工作随意、无计划等现象比比皆是,其中最大的问题是普通员工的教育和职业素质低下,以及对自身身份的认同和归属感的缺失。目标管理可以帮助初创企业解决人力资源管理方面的问题,从员工聘任到入职、培训和考核,以至员工离职,企业都能够依据目标管理,掌握员工的工作情况,并按照目标来管理员工。这为企业人力资源管理节省了大量时间,提高了效率,有利于企业的人力资源管理和长期发展。

（五）理顺上下沟通

沟通是管理的基础,对于初创企业而言更是如此,因为初创企业的大多数问题是由于错误的沟通产生的,员工工作热情的下降也许是由于管理人员沟通、激励和信息不足造成的。目标管理十分重视解决交流沟通中的问题,鼓励有效的交流沟通。从方案拟订到执行,目标管理都离不开层级之间和部门之间的交流。让层级之间和部门之间能够及时沟通交流,了解彼此的想法,交流准确的信息对工作的顺利开展和完成大有裨益。

（六）便于员工考核

目标管理注重绩效和成果的特点决定了目标管理不仅可以明确目标，而且也可以明确评价标准，为员工的绩效评价提供了便捷的途径和机会。无论是确定团队的工作目标还是员工的业绩目标，绩效的确立过程是不断增强其自身能力的过程。创业者必须与员工合作，提高他们的工作效率并不断地制定高绩效目标。目标管理，是使创业者的管理工作变被动为主动的一个很好的手段，这不仅对员工有利，使他们工作效率更高，也为未来业绩评估设定了目标和评估标准，确保科学、标准的评估，确保考核评价的开放性和公平性，毕竟没有目标是无法考核员工的。

二、初创企业目标管理的重点

（一）目标管理是否适用

每一个创业公司都有自身的企业文化，创业者不仅需要明确自己的企业是否有实行目标管理的必要，企业环境是否适合实施目标管理，更重要的是，初创企业往往存在绩效管理与战略目标严重脱节的现象。

原因之一是企业自身战略目标不清晰。企业的战略目标不清晰，绩效管理活动只会使员工像没头的苍蝇一样盲动。因为没有人知道前进的方向是否正确，没有人知道自己的目标是否能达成，也没有人知道自己的努力是在加速成功还是在加速失败，更没有人知道企业明天会怎样。所以企业在实施目标绩效管理系统前，必须要梳理清楚自己的战略。原因之二是绩效目标的来源往往不是企业战略。目标应该是从公司的战略目标出发，自上而下分解，部门目标和个人目标是战略目标的分解和支撑。然而很多企业在设定绩效指标时，通常按照各部门的实际想法和需求来设定，即是自下而上地申报，而不是自上而下地分解。这样就造成各部门的战略和公司整体战略目标脱节，关键绩效指标的设定不是从公司总体的战略和愿景出发，进行层层分解得来,而是将视线局限在具体的岗位、部门,难以引导所有员工趋向企业目标,最终导致企业战略没有很好地落实和实现。[①]

（二）管理目标是否明晰

目标是否明晰,可以归纳为两种不同的表现。

其一,业绩指标的不完整。目标单一、重要的指标被遗漏。如果仅看产出量,那员工就忽略产出的质量。同样,若只评价活动过程而不考虑结果,员工就会力求更好的活动表现。不完整的业绩指标只反映了一项活动的局部情况,会诱导员工倾向于实现局部目标而忽略整体目标的达成。比如对销售部门的目标管理如果只注重销售额、费用等这些定量目标,而对营销管理水平的提高、员工的职业生涯规划、营销培训体系的建设等定性目标不关注,则销售经理可能为了完成一个所谓的定量目标,透支公司的所有资源。

其二,不同部门之间的目标的不一致和不协调。企业在制定目标时,不仅应注重目标的垂直相关性,还应注重各项目标的水平相关性。一个公司是一个有机的整体,由不同的部门组成,这些部门之间需要协调与合作。各部门间的目标应当加以协调,以共同支持企业的总体目标。若不同部门间的目标之间不一致,则很难前进。

（三）管理目标是否合理

目标的科学性意味着该目标必须与企业资源和个人能力相匹配,不能过低或过高,在匹配的基础上还应该进行协调。如果目标设置得太低,其激励效应就会丧失,与此同时,许多市场机会也会流失,从而浪费商业资源;目标过高时,无论如何尝试都无法实现,将失去目标的激励作用,同等员工也失去了信心和实现目标的动力。

---

① 　王志华:《企业目标管理运行中的问题与对策研究》,硕士学位论文,中国海洋大学,2008 年。

一是目标和企业资源之间的不匹配。企业资源包括人力、财务和生产能力。在制定目标时,企业必须在市场条件和企业资源状况下设置目标,以提供实现目标的资源保障。许多公司给自己立的目标不切实际,追求的目标又大又全,并没有强有力的资源保证,如果没有达到目标,则抱怨员工能力的不足,这样的目标管理必然会让员工产生抵触情绪和企业业绩的下降。

二是目标和个人才能的不一致。管理方面的目标应适合员工个人的能力。确定目标有两个重要步骤:员工应根据个人能力制定目标,领导应根据部门目标审查目标,并应提高员工能力,以防止员工制定的目标过高或过低。相同的目标对于某个员工容易实现,对于另一员工则很难实现,这取决于他们的能力和经验。在制定目标时,许多公司只是根据该公司的目标和员工数量平均分配目标,忽略员工能力的差异,影响了员工能力的最大限度发挥和热情。正确的方法是要实现关键的业绩指标,以便让不同的员工能够更好地制定个性化目标指标和衡量标准,引导员工的工作朝向企业目标的方向。

三是考核标准不合理。考核标准为业绩指标,也指明了员工工作的方向。考核标准的制定是制定企业目标的一个重要环节。当考核标准不恰当时,就无法获得员工的支持和认可,也无法扮演激励者的角色。

(四)管理目标与人力和财力

企业资源涉及人、物、资金、信息、时间等,企业目标的制定应预先确定实现目标所需的资源。不管目标计划得多么好,如果没有资源保证,它都无法成功。目标和企业资源之间有一种因果联系。资源的数量会影响目标范围,而目标可以积极地促进资源开发。如果实现目标所需求的资源超越了企业所能提供的范围,目标就是盲目的,根本无法达到。另一方面,如果资源太多,即用不上的资源,目标就过于保守并导致资源浪费。只有在这两种要素基本上始终保持一致性的情况下,目标才是合理的。

【案例分析】

迪士尼:以快乐之名打造商业帝国[①]

迪士尼公司作为跨国传媒业的巨头,创建了以快乐为核心价值内涵的全球娱乐品牌。这也是迪士尼最为核心的成功经验之一。

小卡通大快乐

在过去的 80 多年里,华特·迪士尼成功地创建了迪士尼品牌,随着米老鼠、唐老鸭、高菲狗、小熊维尼等一系列卡通人物形象从美国走向世界,迪士尼这一品牌也逐渐深入人心。

迪士尼品牌为何能发展壮大? 答案有很多,但最核心的理念,是"快乐"二字。生产快乐,提供快乐,把快乐变成商品卖遍全世界,为消费者提供最好最特别的娱乐体验,成就了迪士尼品牌和迪士尼商业帝国的不朽传奇。

从 1928 年 5 月,迪士尼的经典动画"米老鼠系列"第一集《疯狂的飞机》上映,到后来迪士尼公司的诸多经典动画,比如《白雪公主和七个小矮人》《阿拉丁》《罗宾汉》《美女与野兽》《狮子王》《玩具总动员》等,尽管题材各异,风格迥然,但都没有离开"快乐"这一原则。

复制到现实中

动画电影成功之后,迪士尼开始了向主题公园拓展的步伐。1955年,华特·迪士尼在美国加州建立了第一家迪士尼乐园,他的理念,是将动画片中的魔幻和快乐场景"复制"展现在人们生活中,给更多的人带去欢乐。

目前,全球已建成 6 座迪士尼乐园,在全世界儿童的心中,迪士尼是欢乐的代名词,迪士尼乐园更成了"地球上最快乐的地方"。迪士尼乐园是迪士尼的摇钱树。迪士尼是如何经营它的主题公园,又如何把"快乐"这一经营理念转变为成功的商业模式呢?

[①]　《迪士尼:以快乐之名打造商业帝国》,《国企管理》2016 年第 16 期。

迪士尼根据企业的核心价值对主题乐园进行了准确的市场定位,即表演公司,它的主要功能在于为游客、观众提供高满意度的娱乐和消遣。迪士尼乐园充分利用动画电影获得的影响力,把动画明星米老鼠、唐老鸭、小熊维尼、白雪公主、灰姑娘请到了公园,将家喻户晓的迪士尼经典故事转化为游乐过程,让游客暂时远离现实世界,走进缤纷的童话王国,感受神秘奇幻的未来国度及惊险刺激的历险世界,游客所体验到的,是既惊险又充满快乐的旅程。

快乐消费

迪士尼对员工的定位是:为顾客带来欢笑的角色。工作中,迪士尼要求每个员工都扮演主人的角色,用热情、真诚、礼貌、周到的服务,为客人制造快乐。迪士尼乐园懂得娱乐业经营兴旺的奥秘所在:哪怕只有一次,也绝不让游客失望而归。

在整个游乐园的设计中,迪士尼也充分显示了这一思想。园内大到建筑物和各种设施的安置,小到游人的流向和排队时所遇到的"经历",都不会让你感觉到一点不快。迪士尼乐园里有喝不完的可乐、吃不完的汉堡、买不完的糖果,但从来看不到送货的。迪士尼不仅让客户消费快乐,而且让客户快乐消费。

正如香港迪士尼乐园集团行政总裁罗彬深所言,快乐带来利润。如今,迪士尼已经发展成为全球最大的娱乐公司之一,但它的核心创作理念和经营理念却一直没有变,就是制造快乐、传播快乐,快乐成为迪士尼打开市场大门的金钥匙。

点评:

对于初创企业而言,目标管理尤为重要,不仅能够有效降低运营中的复杂性和成本,将企业管理简单化、规范化,而且便于规范领导者和员工各自的工作方式及其关系,便于企业业绩考核。初创企业目标管理的重点在于设定合理的战略目标,并将其合理分配至各个部门和员工,并为目标的实现提供必要的人力和财力。

迪士尼以生产快乐、提供快乐、把快乐变成商品卖遍全世界为目标。首先创造了一系列的卡通人物形象，并将卡通形象动画化，将快乐的种子埋入孩子的心里；其次将动画形象现实化，在全球建立迪士尼乐园，让孩子在现实中感受到快乐；最后用各个环节热情、真诚、礼貌、周到的服务，为客人制造快乐。

【思考作业】

1. 初创企业为什么要实行目标管理？
2. 初创企业如何实现目标管理？

第三节　如何实施目标管理

【理论讲授】

初创企业可以通过实施目标管理，在组织内部形成紧密合作的团队，让不同部门之间减少摩擦和误解，提升员工团队合作效率。

一、初创企业目标的设定

（一）初创企业战略规划的制定

目标管理的目的是发展企业，逐步实现企业的商业目标和战略。现代企业的目标管理有机结合了企业的战略目标、职能部门的目标和员工的个人目标，以确保部门利益和岗位定位在很大程度与企业的总体战略相吻合。战略目标的实施必须转化为具体的行动，被分解到每个岗位上，由每个岗位的绩效来支持。目标管理使全体员工为了工作目标的实现必须做正确的事并正确地做事。

目标管理是执行企业战略业务的方法，要确保战略目标充分的体现和整合战略规划。企业目标的确定不单基于部门目标，应与企业的发展战略和发展趋势相结合。因此战略目标是动态的,企业的业绩目标应该不断变化,以确保业绩目标和战略目标不脱节。

当然,一些企业没有明确的战略目标,也没有做战略管理的基础。在这种情况下,企业应该在设计目标系统时注意年度目标,并将其分解为部门目标,然后分解到每一位具体员工,这样就形成了一个结合企业、部门、员工三级的指标体系。

(二)初创企业必须设定的目标

指标体系的选择是使目标管理平稳、业绩评估客观高效的关键因素。最典型的指标体系工具就是平衡记分卡。作为一种新的业绩评估系统,平衡记分卡要克服传统业绩评价制度的片面性和主观性,并且加强了从设定目标、行为建议,到工资激励体系的管理。与传统指标体系相比,平衡记分卡的指标不但考虑了财务指标,还包括了非财务指标,充分考虑到短期目标和长期目标的结合,有助于企业的长远发展。

平衡记分卡应该被用来推进企业的战略目标分析和制定。根据平衡优势,在财务、客户、内部流程、学习与成长的四个级别上构建目标,以解决目标设置不系统的风险。

1. 财务层面

财务层面主要考核提供给股东的最终价值,即对销售收入的增长、降低成本和提高资产利用效率等的衡量,如:销售收入、应收账款周转率、坏账率、净资产收益率、销售增长率、成本降低率等。

2. 客户层面

根据目标客户和细分市场,调整自己核心客户的结果指标,如:客户满意度、客户保持率、市场占有率、及时交货率等。

3. 内部流程层面

内部运营层面的关注能提升企业经营水平的关键流程或对客户满意度有最大影响的业务程序,如:合格品率、工作效率、研发投入回报率、流程控制、订货交货时间等。

4. 学习与成长层面

学习与成长为其他三个层面的实现提供了基础,是对人力系统和组织程序的衡量,如员工生产率、员工培训参加率、员工满意度、员工保持率、员工能力培养等。

(三)目标设定的 SMART 原则

目标设定要遵循 SMART 原则,即具体明确的(Specific)、可衡量的(Measurable)、可实现的(Attainable)、相关的(Relevant)、有时间限制的(Time-based)。目标设计完成后也可以利用 SMART 原则对目标进行检验。

表 3-1　目标设定的 SMART 原则

SMART 原则	检 查 项 目
目标是否明确	目标的正式名称和定义是什么
	为什么设定此目标
	目标的结果是什么
	围绕此目标有哪些相关的说明
	目标用什么样的形式来表达
目标是否可以衡量	目标的衡量标准是什么
	衡量标准是量化的吗
	所需要的数据从何而来
	由谁来负责数据的收集,用什么流程来收集
	计算数据的主要数学公式是什么
	统计的周期是什么
	谁负责数据的审核
目标是否可以实现	目标是否在员工的职责范围内
	目标是否和员工的能力相匹配
	目标是否要跨部门协作
	实现目标所需资源是否具备
目标是否关联	目标是否由战略分解而来
	部门目标是否协调一致
	个人目标是否由部门目标分解而来
	目标是否和职责相匹配
目标时间是否明确	目标开始时间是否明确
	目标完成时间是否明确
	目标执行过程中的关键控制点是否明确

　　利用表 3-1 进行目标检验后,凡是不能通过的目标,需要分析不能通过的原因,并对目标体系进行重新思考和设计,直至其通过检验。

（四）企业总目标的分解

目标确立以后,我们要对目标和措施进行分解,这种分解是以保证总目标的实现为基本前提,把各分目标和措施逐级向下一个管理层次进行分解,有的目标或措施甚至要分解落实到个人,目标分解是关系到目标管理能否运转的关键阶段。[①]

1. 目标分解的原则

（1）目标应按整、分、合的原则来进行,即将总体目标分解为不同层次、不同部门的分目标,各个分目标的综合应反映总目标,并确保总目标的实现。

（2）分目标应该与总目标一致,内容应该前后呼应,以确保总目标得到实现。

（3）目标分解中,应考虑到每个次级目标所要求的条件和限制的因素,例如人力资源、物质资源、财政资源、合作和技术支持条件等。

（4）每个子目标的内容和时间均应得到协调、均衡和同步,不损害总体目标的实现。

（5）每个子目标都要简洁、准确和明确,有特定的目标值和完成时限。

2. 目标分解的方法

总目标在企业的纵向行政管理层和横向职能部门之间进行层层分解,便形成了企业的目标管理体系。

纵向分解即下级目标是上一级目标的细分化。低级别目标与高级别目标之间有密切的联系,但每层的行动之间并不一定存在联系,这是区分纵向分解和横向分解的主要标志。对于目标中的纵向分解,各级的目标项目可以是相同的,所不同的则是目标值。

横向分解一般是指把决策层的目标、措施向管理层分解。职能部门在分解时,根据本管理部门在经营活动中的义务与权利,落实各自的目标责

---

① 刘敏:《企业目标管理实施方法研究》,硕士学位论文,哈尔滨工业大学,2008 年。

任,成为业务部门职能管理的支持者与监督者。横向分解不像纵向分解那样侧重于目标的细分化,而是重点要把上级的措施具体化,转化为下一级的目标,通过对措施的管理、控制和实施,来保证上级目标的实现。

明确的目标是通过纵向或横向的分解来形成一个完整的目标系统。在制定目标系统时,各部门和各层级的目标应是基于公司总目标的实现,从总经理到基层工作人员都有明确的目标。

二、初创企业目标的管理

(一)目标的设置

根据企业的业务水平,目标体系通常包括三个层次:企业目标、部门目标、岗位目标。其中,企业目标是决定企业市场地位的关键和基础。在企业内部,必须确定技术、运营、资金、供应和生产的主要目标。从外部看,税收、资产保增值率以及社会稳定的目标是必要的。例如,经营目标必须以生产能力为基础,不能随意超越生产能力而去抢占市场。财务目标的实现取决于生产过程的成本管理,卓越的产品质量和较低的修理率有助于企业的利益。良好的供应目标可以为实现生产目标提供可靠的保证,并为实现财务目标奠定基础。为了更好地理解企业目标之间的关系,市场份额目标、产品创新目标和商业创新目标等主要目标是决定企业发展的关键因素,必须加以管理。

目标体系的第二个层次是部门目标,它不仅是公司目标的分解和改进,而且是实现公司目标的重要环节。适当的分解可以有效地促进部门目标的实现;不适当的分解将妨碍部门目标的实现,并导致部门管理的混乱。为了建立这一层次的目标,有必要抓住几个关键问题。首先,要妥善处理分权与集中的关系。根据企业产品的规模和特点,建立适合企业发展的组织结构,执行企业各部门的任务,明确职责,建立各部门之间的沟通渠道。其次,找到人与事的正确组合。在确定服务目标时,必须根据员工的能力来分配工作,由于不同的教育和经验背景,不同能力的人有不同的起点和对目标的不同理解。最后,关注主要部门的目标。如果这些部门的目标与公司的目标不同,这往往会影响公司目标的最终实现。①

岗位目标位于目标系统的底部,从公司高层到一般员工,所有部门都必须根据公司和部门的目标来制定岗位目标。在企业目标、部门目标和岗位目标相冲突的情况下,低层目标尊重并遵循高层目标,岗位目标与企业目标之间的关系也遵循这一原则。只有这样,企业的目标才能得到充分的保障。从系统的角度来看,局部服从整体,个体服从组织,局部最优不是全局最优,因为企业通常是通过一个广泛的有机系统联系起来的组织,而系统的优化是为那些必须在整个系统中发挥关键作用的部门和环节进行优化处理,优先考虑实际情况和确保实现公司的主要目标的环节和部门。由于初创企业的财务实力有限,不可能投入大量资金来理想化和重塑企业活动的所有领域,如果是这样,就会影响企业主要目标的实现。

(二)实现目标过程的管理

一般来说,目标管理方法的推广是从公司的高层开始的。首先,高层管理者确定整个企业的总体目标和各部门的实施目标,每个部门又根据管理水平和权力制定部门目标。从程序上看,目标管理过程一般包括四个步骤:目标识别、目标确定、目标实现和目标考核。

在目标识别阶段,企业高层管理者必须确定企业的发展方向,即企业的开发潜力、企业的核心竞争力以及企业在未来5—10年内将达到的境况。同时,确保现有的生产、管理、服务、人员等都是合适的,以及他们将随着市场的变化而变化;深入分析和比较企业的内部和外部环境,发现竞争优势和劣势,并确定企业发展的方向。在此基础上提出一个可行的奋斗目标。

在目标达成阶段,需要进行大量的沟通与合作,如高级管理人员与部门

---

① 齐喜串:《目标管理法——操作与案例分析》,硕士学位论文,西北大学,2002年。

主管之间的沟通与协调,部门主管与员工之间的互动,以强化员工对目标的理解,以实现企业的总目标。其中,一些子目标和部门利益可能会被牺牲。因此,这一进程非常重要,它是一项非常困难的任务,同时需要表现出非凡的勇气和远见。换句话说,为了实现目标管理的最终目标,必须认真审视实现目标的每一个周期和过程,必须加强过程控制,必须确保连续性和有效性。

在实施目标的过程中,各级主管必须向下属提供必要的支持和建议,及时调整工作方向,确保公司目标的实现。与此同时,必须加强交流,统一看法,特别是在实现目标的过程中出现了问题,就必须以个别讨论等形式准确地把握情况,准确地判断情况,采取必要的措施,扭转局面……有些目标由于过度授权而无法控制,影响到企业目标的实现,应立即收权和防止个别目标的盲目。

(三)目标完成检查和业绩考评

是否有效执行了目标管理法取决于常规检查和推动。考核是目标管理的一个重要环节,过程考核和最终考核。过程考核主要是在执行过程中发现偏差,并及时采取措施加以纠正;最终考核是对目标管理法实施结果的认可,主要工作是总结和奖惩。

目标管理方法一旦推行,就需要进行跟踪,主要目的是及时发现目标执行过程中的差异,通过评估对过程进行监控,增强员工的责任意识。与此同时,它使上层和下层之间能够定期交流,并为有效地执行目标管理法奠定基础。跟踪不是监视,不能造成员工间的误解。因此,在跟踪管理目标时,有必要了解某些原则,并根据这些原则采取后续行动。一般来说,要处理好过程跟踪,必须遵守确保目标原则、效率原则、关键因素原则、例外原则、责任与行动原则,以便成功地管理过程的后续行动。其中,确保目标原则是根本,这意味着任何后续跟踪检查都必须始终围绕公司的总体目标进行,不应盲目地扩大范围和偏离主题。与此同时,跟踪进程应在制定标准、寻求效率和促进更深入地开展目标管理方面发挥持续作用。由于目标和标准是客观和科学的,员工很容易接受它,而且不易在上下层之间以及员工之间产生误解。效率原则要求跟踪工作要讲时效、有时间观念,必须限定在一定时间内完成,否则将会影响目标管理下一阶段工作的开展。

【案例分析】

格力模式:使命驱动价值创造的经营之道①

制度是否具有科学性,在于两点:一是"言"之成理,遵循客观规律;二是符合实际,实事求是。董明珠倡导的"公平公正、公开透明、公私分明,讲奉献、讲真话、讲原则",蕴含了推进组织科学管理的两个辩证关系。

过程导向与结果导向的统一

公平公正是管理的目标,它体现为员工内心感知的一种结果,而公开透明和公私分明是一种制度约束,体现为管理的过程。没有公开透明、公私分明的制度约束的过程正义,就没有公平公正的结果正义。没有公平公正的目标导向,就不可能有与时俱进的公开透明、公私分明的制度建设。2016年12月,格力每月每人加薪1000元,全体员工共享发展成果,2018年2月,格力又宣布根据绩效岗位平均每人加薪1000元,多劳者多得,使员工有了实实在在的获得感和公平公正感。

组织承诺与个体承诺的统一

如果说,公平公正、公开透明、公私分明是格力对所有员工许下的庄严组织承诺,而讲奉献、讲真话、讲原则就是员工对格力许下的郑重承诺。在管理实践中,格力对员工有下行的三个要求:讲奉献体现为精神文化层面的共识,讲真话体现为道德标准层面的规范,讲原则体现为规制层面的准则。同样,员工对格力也有上行的三个期望:有公私分明的环境,有公

---

① 张振刚:《格力模式:使命驱动价值创造的经营之道》,《清华管理评论》2019年第Z1期。

开透明的制度,有公平公正的结果。这三个要求和三个期望是互为前提、互相依存、互相制约的。没有格力庄严的"三公"的组织承诺以及有效实践,就没有全体员工真心实意的"三讲"个体承诺。只有组织承诺与个体承诺能够有机地结合在一起,这个组织的成员才能凝聚在一起,才能形成共同的文化共识,才能迸发出集体的活力。"先奉献,后回报,有奉献,必回报"就是格力公平公正的组织承诺的具体实践,在格力的建设发展中,发挥了重要的激励作用。董明珠常常说,宁可让你在台面上公开合法地拿100万,也不容许你在台面下偷偷拿一分钱。格力早年的科技奖励大会上,奖励给为企业做出巨大贡献的科研人员最高100万元,就是组织承诺的兑现。

点评:

初创企业目标管理的实施首先需要设定企业的战略规划,战略目标要被科学地分解到各个部门,以至于分解到每个员工的工作上,形成一个企业、部门、员工共同构成的指标体系。为了目标管理的实现,企业目标的设定和分解都有科学合理的规程。

格力作为中国家电行业的佼佼者,在董明珠的带领下,将目标管理贯彻到底。"公平公正、公开透明、公私分明,讲奉献、讲真话、讲原则",简简单单的二十一个字将企业的目标与员工的目标结合起来,实现了过程管理与结果管理的统一,保证了企业与员工在目标上的一致,将所有的成员凝聚起来,迸发出集体的活力。

【思考作业】

1.如何规划新企业的战略方针?

2.如何设定新企业的短期目标?

3.如果你是创业团队的领导者,如何为你的团队成员设定目标?

4.如果你是初创企业的管理者,如何为你的员工设定目标?

【综合案例分析】

浅谈"硅谷钢铁侠"埃隆马斯克的战略蓝图①

马斯克所做的每一个决定都是他站在未来 10 年后甚至更久远的时间点去思考并做出的决定。正是这种强大的升维思维(站在高处,洞见趋势)和终局思维(站在终点,看到可能),让他坚信,火星就是他一生要抵达的终点,那么无论目标多么困难,应对的第一步都是:把它看成可解决的,"首先看到事情的可能性,才会有发生的机会。"马斯克深信,哪怕暂时不知道方法,但持续思考和寻找,就一定能找到。

在不确定中把握确定:当马斯克提出私人火箭、火星移民、新能源汽车及无人驾驶等对未来的构想的时候,绝大部分人是质疑和反对的。华尔街把特斯拉列为最不可能成功的企业,美国总统候选人也曾公开质疑马斯克,成功的路有很多条,但他偏偏选择了失败。但是最后马斯克证明他们错了。在最黑暗的六年时间中,他对未来发展趋势的洞见、坚持与笃定,永不言弃的精神令人动容。

需要从全局出发去规划布局,并且精准地实施它,这就是战略! 马斯克从 2002 年成立太空探索技术公司(SpaceX),2004 年投资建立特斯拉,到 2016 年收购美国太阳能发电系统供应商 SolarCity,再到今天的星链计划。马斯克的这个战略布局用了近 20 年,而且我相信这 20 年只是他改变人类、移民火星的第一步而已。他的战略布局的目的是建立无人企及的竞争壁垒。

首先,战略最根本的目标是企业的生存与发展,具体来说,战略谋求以价值创造赢得市场竞争优势地位,赢得超额利润与能力提升。收购太阳城这一举动看起来更像是马斯克及其家人的一场财务自救行动。太阳城公司从 2006 年成立之初就是马斯克建议自己的堂兄弟成立的,虽然在收购宣布

---

① 魏振华:《浅谈"硅谷钢铁侠"埃隆马斯克的战略蓝图》,《西部皮革》2020 年第 14 期。

之前,SolarCity 的业绩恶化严重,财务指标岌岌可危,2016 年全年亏损达到 8.2 亿美元,较 2015 年的 7.65 亿美元的亏损额进一步扩大,如果濒临破产,马斯克及其家族将面临重大损失,而通过特斯拉股票形式收购,则将他们所持有的 SolarCity 资产置换成正处在不断攀升期的特斯拉股票,成功地完成了一场财务上的自救。对于太阳城来说在政府补贴不断减少、利率水平整体上调、债务膨胀不断加大这种经济环境下,被收购是最好的结局。但是对于特斯拉来说,收购所带来的协同效应,将带来 1.5 亿美元的成本节约,这些协同效应包括市场和销售成本的节约,以及人员费用的节约。

同时,特斯拉还能够帮助 SolarCity 提高销售,利用特斯拉现有的销售体系以及为用户提供一站式的服务等。特斯拉强调未来可再生能源的利用,SolarCity 正好补足了能源生产的上游,即完全由 SolarCity、太阳能搭建的特斯拉充电站,利用太阳能,满足特斯拉电动车的充电。2017 年上半年,特斯拉能源生产和储存业务收入同比增加 4.74 亿美元至 5 亿美元,这部分收入增量主要由 SolarCity 所带来,从此就可以看出,虽然困难重重,债务累累,但是马斯克收购太阳城的决定是正确的。

在战略上马斯克早期有三个重要的布局,现在已经构成了目前马斯克商业帝国的三大支柱,分别是 SpaceX、Tesla、SolarCity,这三大支柱并不是独立存在的,而是相互支持合作的,SpaceX 的星链计划是 Tesla 无人驾驶技术的基础,SolarCity 是 Tesla 能源的提供方,同时也是 SpaceX 未来建立火星基地的能源基础,而 Tesla 是 SpaceX 卫星技术及 SolarCity 新能源技术的输出终端,也是现阶段重要的技术变现渠道。三个支柱业务的紧密交织构成了坚不可摧的防御网,目前地球上没有任何一个企业能够与之匹敌,是当之无愧的独角兽,这也是 Tesla 市场突破 1000 亿美元的重要原因。

卖车只是特斯拉的利润来源之一,特斯拉凭借其在行业的优势地位和在软硬件上的领先技术,不断开始拓展基于智能电动车的各项业务。比如充电站,截至 2019 年 12 月,全球已有 1804 个特斯拉超级充电站,15911 个超级充电桩。又比如增值数据业务,特斯拉已经开通数字增值服务,车主每个月交付 10 美元的数据费用,就能享受实时交通数据、视频和音频娱乐等数据服务。未来任何车载软件要想在特斯拉车载平台上运行,都会给特斯拉平台带来实实在在的收入。凭借特斯拉的车载系统收集的数据,特斯拉对车主驾驶习惯和风险程度了如指掌。特斯拉已经开始在美国为车主提供定制的车的保险服务,保费低于传统车的保险费用,这等于汽车制造企业兼营保险业务。特斯拉还计划上线拼车应用程序 Robotaxi,进军共享出行领域,车主可通过拼车应用将自己的特斯拉电动车加入网约车车队中,也可以用 App 叫车出行,这相当于汽车制造企业兼营共享汽车出行业务。一个以特斯拉为平台,涵盖充电业务、新能源业务、对公对私数据业务、保险业务和共享汽车出行业务的庞大生态版图已经若隐若现。

马斯克被称为"硅谷钢铁侠",人们称他为"最接近神的男人",也有人说未来的马斯克是无敌的!我认为他是一个具有前瞻性、大胆、有野心的成功的企业家。

点评:

初创企业实施目标管理显得尤为重要,它能够有效规范创业初期的混乱管理,保障企业运营和发展的持续。一般而言,初创企业的目标可区分为三个层级:企业目标、部门目标和岗位目标,企业目标要通过部门目标落实到具体岗位,目标的设定、分解、管理和考核都需要有章可循,做到科学合理。

案例中的马斯克,我们熟悉的是他的特斯拉电动汽车,但是特斯拉只是他的三大目标之一。正如案例中所说,马斯克的 SpaceX、Tesla、SolarCity 三大支柱并不是独立存在的,而是相互支持合作的。即便是特斯拉,也不仅仅是一款电动汽车,而是一个平台,涵盖充电业务、新能源业务、对公对私数据业务、保险业务和共享汽车出行业务。

【商业游戏】

找到你的创业机会

1.讲师拿出几样厨房用具(打印的亦可)。要求以 4—5 人为一组,讨论如何从这几样厨房用具中找到商机。

2.现场做实验,要求将自己的产品销售给邻近的一组人。

3.成功销售者有奖。

【现场体验】

拜访一家实行目标管理的企业,观察其目标管理体系,采访企业领导或员工,对其目标管理的效果进行评价,完成表3-2。

表3-2　目标管理效果评价表

目标管理的内容	实施目标管理前的状况	实施目标管理后的状况	可能需要改进的地方

【本章知识小结】

1.目标管理是以目标为导向,以人为中心,以成果为标准,而使组织和个人取得最佳业绩的现代管理方法。

2.目标管理的中心思想就是让具体化展开的组织目标成为组织中每个成员、每个层次、部门等行为的方向和激励,同时又使其成为评价组织每个成员、每个层次、部门等工作绩效的标准,从而使组织能够有效运作。

3.目标管理对于提升企业业绩、开发人力资源以及保持企业可持续发展的能力极为有效,其价值已为许多业内人士所认同。实行目标管理对于提升企业的管理水平,实现稳步扩大经营有现实的意义。

4.德鲁克提出从八个不同的领域来寻找并制定目标,即营销目标、创新目标、人力资源目标、财务资源目标、实体设备目标、生产力目标、社会责任目标和利润需要目标。

第四章　初创企业的融资管理

【本章知识要点】

1. 理解融资的概念与作用；

2. 学会测算初创企业所需的资金；

3. 认识到融资对于初创企业的重要性；

4. 明确初创企业融资的主要渠道、方式和选择策略；

5. 了解初创企业融资需要做的准备。

第一节　融　资

【理论讲授】

初创阶段的企业还只是一个创业的想法或方案设计，一切有形的实体还未开始建设，主要取决于创业者的企业家精神、能力、经验、企业的技术、发展目标和市场定位等因素。企业的生产和经营活动具有高度的不确定性，投资者无法判断对企业投资的收益率。新产品开发的成败和未来企业现金流的规模具有很高的不确定性，所以经营风险很高。①

---

① 尹杞月：《中小企业融资难研究》，博士学位论文，西南财经大学，2012年。

一、融资的内容

资金是创业初期生存的血液,是创业者持续发展的强动力。那么,什么是创业融资呢?

(一)融资的概念

创业融资是指创业者根据创业项目的发展需求通过科学的分析决策,结合生产经营和资本需求等,借助团队内外的资金的过程。对于创业的人来说,融资始终是一项核心任务。每个创业者从创业项目开始,到落地,从初创型到成长型,再到成熟稳定的公司。在整个过程中,需要进行一次融资、二次融资以及再融资,甚至是持续融资,稳定地维持创业项目所需的资金是首要任务。

创业的首要问题是融资较难,这一问题严重影响了项目的启动,制约了企业的后续发展。造成这一问题的原因有很多,其中最重要的一个因素就是很多创业者对融资渠道认识不清或者使用不到位。大多数创业的人对融资的知识和渠道都不熟悉。在他们的头脑或存储的知识库中,只有一个简单的融资概念,认为融资就是找人投资或从银行借钱。在融资的渠道方面,视野不够宽广,道路不多,一些金融工具不知道如何运用。事实上,除了银行贷款,创业者还有很多融资渠道可供选择。这些融资方式具有不同的特点,比如社会性、多样性、组合性和市场性等。在不同的情况下,它们对企业家有不同的影响。创业者可以根据自己的情况选择合适的融资方式。

（二）融资的成本

融资成本,其实是一个非常重要的概念,其实质是资金使用者为资金所有者支付的报酬,其产生是由于资金所有权和使用权的分离。这里的融资成本与财务管理中的资本成本概念相似。站在投资者的视角,资本成本是指企业为获得资金使用权所支付的价格,也是企业投资者(包括股东和债权人)所要求的最低回报率。为了融通资金,企业必须按使用资金的风险特性向投资者给予投资回报。根据资本结构中资金来源的分类,企业的资本成本可以分为债务融资成本和股权融资成本。

债务融资成本是指债权人对公司未来偿债能力和所面临的风险水平所要求的最低资本回报率,即企业支付给债务资金所有者的利息和其他相关成本。债务融资成本广泛应用于企业投融资决策、资本结构决策等重要企业的经营管理活动中。股权融资成本是指投资者为公司未来盈利能力和风险水平提供股权资本所要求的最低限度资本回报率,即企业为吸收资本市场上的股票资本而向投资者支付股利的相关成本。债权人和投资者作为企业最重要的利益相关者,由于风险的不同,对最低收益率的要求也不同。两者的计算方法也不同。因此,必须采用合理的方法来正确衡量企业的融资成本。由于债权人和投资者承担的风险不同,对最低收益率的要求也不同,债务融资和股权融资的成本也自然会不同。[1]

(三)融资的动机与偏好

融资动机是创业公司融资的直接动力,指导着创业公司进行融资选择。创业公司的融资行为是基于融资动机的。初创企业的融资选择指的是融资方式的决策行为。

初创企业成立初期的主要融资方式有:内部股权融资、留存收益和折旧回收融资。创业公司的外部股权融资不仅包括家庭、朋友和相关公司的投资,还包括天使投资、VC投资、股票发行配股融资和上市融资,这些都是创业公司的主要融资方式。创业公司的债务融资主要包括公司债券、金融机构信贷和商业信贷。

融资动机作为初创企业融资行为的前提,必然会影响融资方式的选择。满足资本投资和营运资金的需求是创业公司最重要的融资动力。创业公司更注重融资资金的规模。内部资金提供的资金一般不能满足创业公司快速发展的需要,需要外部融资来补充自己的资金。不同的融资目的会导致初创企业在选择外部融资时选择不同的融资提供者。创业公司引入风险投资公司,不仅是为了获取资金资源,也是为这些投资公司在制度安排、占有信息和知识资源等方面提供指导。

在考虑保护自身控制权和防止外界对企业经营的干扰或恶意干预的基础上,初创公司不会选择外部股权融资方式来增加投资者的分散控制权,而倾向于选择内部融资或债务融资。当企业投资者拥有重要的商业信息如市场营销、资本运营、管理章程等时,为了保持信息的封闭性,创业公司在融资时会尽量避免外部股权融资方式。也就是说,通过初创企业不同的融资行为发现,企业更倾向于选择限制性较小的融资方式,因为企业的生产经营往往受到融资契约的约束。在对企业生产经营的干预程度上,债务融资方式

---

[1] 阳勇:《资本收益率、融资成本与资本结构》,硕士学位论文,西南大学,2015年。

弱于股权融资。

在扩张期引入知名企业的目的,不仅是为了获取资本资源,也是为了利用其他企业提高知名度,获得社会认可,扩大关系网络。同时,有拓展人脉动机的初创企业也会选择登陆资本市场,获得资本市场的认可,从而提高自身的声誉和可信度。

二、创业所需资金的测算

你准备好开始一项新事业了吗？在你开始之前,你需要知道创业要多少启动资金。你可能有一个粗略的估计,但它不够详细,不足以支持你制定一个可行的商业计划。准确地衡量你所需要的启动资金的数量,这是成功的关键。如果你低估了需求,就有可能在公司开始赚钱之前就用光了营运资金。但如果预测成本过高,则可能永远无法筹集到足够的资金来启动。

(一)启动资金

启动资金是指开办企业必须购置的材料和其他必要费用的总额。任何创业都需要资金成本,即使是最小的启动资金也必须包括一些最基本的费用。在创业的过程中,如何预测创业资金的需求,以及创业资金从何而来,是每个创业者应该思考的问题。

一些公司可以用很少的投资启动零售和服务行业;而有些公司则需要大量投资来启动,比如制造业。因此,创业的人应根据企业的法定形式和自身情况,以最少的资本投入获得最大的固定资本利用率,从而使企业承担较小的风险。

(二)投资(固定资产)

固定资产投资是创业时的一项必要投资,回收期较长,不是一年或两年,可能几年才能收回,但作为创业的人,这一支出必须在创业之初支付。

只有合理的预算才能保证企业的顺利开业。这些投资通常包括场地、建筑物和设备。

1. 场地和建筑物

一是租用办公室或生产厂房;二是购买现有的办公室或生产工厂;三是建造所需要的办公室或生产车间。

(1)盖房子。如果你的企业对场地和建筑有特殊要求,最好是建造自己的房子,但这需要大量的资金和时间。

(2)买房子。如果你能在优越的位置找到合适的建筑,购买现成的建筑是最简单和快速的。但是,现成的房屋往往需要进行改造以适应企业的需要,这需要大量的资金。

(3)租房。租房比建房和买房所需的启动资金要少,而且租房灵活。如果你是租房子,当你需要改变你的商业地点时,它会容易得多。但是租房子不像拥有自己的房子那么稳定。

(4)在家开业。在家创业是最便宜的,但即使这样也需要一些调整。在你决定你的事业是否成功之前,在家里开始创业是一个很好的开始方式,在事业成功后租房、买房为时不晚。但是在家工作,工作和生活将不可避免地相互干扰。

2. 设备

设备是指企业所需的一切机器、工具、工作设施、车辆、办公家具等。对于制造商和一些服务行业来说,最大的需求往往是设备。有些公司需要在设备上大量投资,所以知道需要什么设备,选择正确的设备类型是非常重要的。即使是只需要少量设备的公司也应该仔细考虑你真正需要的设备,并把它们写进商业计划中。

(三)流动资金

企业进行生产经营,但是没有原材料、人员和充足的货币资金,就无法保证企业正常进行生产经营。因此,创业的人也必须考虑营运资金的需求。企业在经营初期所需的流动资金支出一般包括:

1.原材料和库存商品

俗话说,"巧妇难为无米之炊",无论是生产企业、服务业还是商业企业,都必须有足够的库存,以保证生产经营的顺利进行。预计库存越多,所需的采购资金就越大。因此,有必要将库存降至最低,以保证营运资金的流动性。

2.劳动力成本

劳动报酬是指用人单位按照国家的有关规定和劳动关系的约定,以货币形式支付给劳动者的劳动报酬。如月工资、季度奖、半年奖、年终奖等。但是,根据法律、法规、规章的规定,下列由用人单位承担或支付给员工的费用也应计入人工成本预测:第一,社会保险;第二,劳动保护;第三,福利;第四,用人单位在劳动者解除劳动关系时一次性支付的补偿金。这项支出也是营运资金的一项重要支出。

3.日常工作支出

为了维持企业的正常运行,除了相关的场地、原材料、存货品和员工费用外,还会发生相关的办公费用,包括电话费、网费、招待费等,这些费用也包含在现代企业的日常工作费用中。

4.广告成本

为了让外界知道你的公司和你的产品,一个新公司应该扩大它的宣传,建立企业形象,推广它的产品,这将会产生相应的广告支出,形成广告成本。

5.场地租赁费用

以租赁方式租用企业营业场所或者设备的,应当在企业成立之初缴纳相应的租赁费用。租金一般按季度或年提前支付,这会占用更多的营运资金。

6.其他费用

企业的日常经营需要大量的流动资金。但企业的日常经营也会产生许多其他费用,如差旅费、设备维修费、车辆使用费等,会占用一定的流动资金。

【案例分析】

腾讯初创期融资方式①

1. 内源融资

内源融资主要是指企业内部自然形成的现金流。在计算企业内部生成的现金流时,要根据净利润进行调整,在计算净利润时,折旧摊销增加了企业的期间费用,但是实际上并没有发生这项支出,相当于扣除了并未发生的现金流出,因此在计算企业内部自然形成的现金流时,应将折旧摊销作为调整项目加上。但是由于腾讯初创期,公司还没有上市,缺乏折旧摊销的相关资料,因此主要关注留存收益。在初创阶段腾讯的内源融资主要来源于创始人的个人储蓄和留存收益。

(1)创始人的个人储蓄

马化腾、张志东、陈一丹、许晨晔、曾李青是腾讯的创始人,他们成立公司时的注册资金为50万元。在1999年11月由于资金危机,他们五人又追加了投资,将股本从50万元增加到100万元。

(2)留存收益

留存收益与营业收入和净利润密切相关。在1998年到1999年,腾讯的主营业务收入来自销售无线网络寻呼业务系统软件以及多种互联网服务,比如提供网站构建设计、智能服务更新或者是存储管理方面的全方位服务。尽可能地运用各种方式开拓业务,筹集资金维持企业的正常运营,虽然在1999年腾讯获得了100万元营业收入,但由于在腾讯推出的互联网即时通讯业务OICQ(QQ的前身)用户数量增长迅猛,需要投入大量的资金来进行开发维护管理以及配置新的服务器,所以企业仍处于亏损状态。

2000年,中国移动推出"移动梦网计划",腾讯与中国移动合作,开通了"移动QQ"短信增值业务。这种业务可以将移动与电脑端用户联结,实现

---

① 徐小桐:《基于企业生命周期理论的腾讯融资战略研究》,青岛大学出版社2019年版,第24、25页。

电脑端和手机端的双向交流。这种短信增值业务适用于中国的市场环境，腾讯通过与移动运营商按合同上约定的比例分取收益。2001 年 3 月，"移动 QQ"短信增值服务为腾讯带来超过 200 万元的月收入。正是基于该业务，腾讯在 2001 年度首次实现盈利。2003 年，腾讯与电信合作，扩大增值业务的涉及范围。在 1998 年至 2003 年间，移动手机和电信电话的增值业务一直在腾讯收入构成中占据较大比例，是其最主要的收入来源，为腾讯带来了巨额盈利，使得企业能够不断积累留存收益。

2. 外源融资

外源融资主要是指企业从外部获取资金，一般包括股权融资和债权融资。在初创阶段，腾讯的外源融资主要是股权融资，来源于风险投资。风险投资是向初创企业提供资金支持换取股份的一种投资方式，主要面向高新技术企业，高风险与高收益并存。风险投资在 1994 年进入了中国，但是由于政策以及产业环境不配套，一直没有得到发展，随着互联网企业的崛起，风险投资终于找到了合适的投资对象。

由于腾讯固定资产少，难以估值，并且很难找到 OICQ 具体的盈利模式，无法可靠地估计风险和收益，难以取得银行贷款。在 1999 年 11 月，腾讯出现资金危机，风险投资成为腾讯的最后一根救命稻草。2000 年 4 月，腾讯与美国国际数据集团 IDG 和香港风险投资企业盈科签订了协议，均以腾讯 20%股份作为条件分别投资 110 万美元，并且 IDG 还跟腾讯约定先投资 55 万美元，但是只有在一年内达到一定的用户数量，才会再投资 55 万美元。

2000 年 4 月，腾讯与 IDG 和盈科达成协议获得融资的同时，纳斯达克指数暴跌，由于 OICQ 的用户持续激增，腾讯将融资所得的资金几乎全部用于添置服务器，却依旧没有找到 OICQ 的盈利模式，在 2000 年底，腾讯又一次陷入了资金危机。在互联网股市低迷的形势下，IDG 和盈科决定转让腾讯的股份，在 2001 年，IDG 决定自留 7.2%的股份，转让 12.8%给 MIH TC（母公司为南非报业 Naspers）。同年 11 月，盈科将所持的 20%股份全部转让给 MIH TC，完成交易后，MIH TC 成为了腾讯的第二大股东，占股 32.8%，在 MIH TC 替换了 IDG 和盈科后,所有股东再供股 200 万美金以防资金紧张,腾讯从此摆脱了资金短缺的问题。

点评:

资金之于初创企业如同血液之于身体。创业者需要通过融资以获得创业所需资金。创业之初,初创企业所需资金主要包括启动资金、固定投资和流动资金。创业者需要根据创业项目类型和企业类型,仔细测算各项资金需求,不可太高,也不可太低。

案例显示,腾讯成立之初,也经过了多次融资。首先是内源性融资,创始人的个人储蓄是大多数创业企业的第一笔资金,企业的留存收益在企业发展到一定阶段,获得稳定的利润后可持续投入企业用于发展;其次是外源性融资,腾讯的外源性融资主要是股权融资,在 OICQ 没有具体的盈利模式而难以获得贷款时,IDG 和盈科以股权的方式进入了腾讯,而后 MIH TC 以收购股权的方式成为腾讯第二大股东。

【思考作业】

1. 什么是融资,怎么区分融资类型?

2. 创业融资有哪些渠道?

3. 如何测算创业启动资金?

4. 如何测算创业流动资金?

第二节 初创企业的融资方式和渠道

【理论讲授】

当前,处于创业初期的创业群体融资方式和渠道并不多。一般启动资金来自个人融资或银行等金融机构提供的小额贷款。但是,创业资金的筹集应该从多方面入手,为创业提供更多的资金支持,以提高创业的成功率。

一、初创企业的融资方式

融资是一种经济主体获得资金的经济行为。企业根据自身不同的发展阶段,结合生产经营状况和资金拥有状况,分析指出企业的未来发展方向并做出合理的预测和备选方案,向金融机构或其他投资者和债权人筹集一定数额的资金。公司的资金来源主要是债权融资和股权融资。①

(一)债权融资

债权融资包括向公司外部各种金融机构的借款和向公众发行公司债

---

① 陈建永:《企业融资偏好选择问题研究》,《经济师》2018 年 8 月 5 日。

务。简单地说,债权融资是一种有偿向他人借款,到期需要偿还本金并支付一定利息的一种融资方式。另一方面,为了解决企业运营时的资金短缺问题,企业通过债券融资可以取得资金的使用权。

债权融资的主要特点:短期性,考虑到货币的时间价值,债权人不愿长时间借出资金;可逆性,即企业到期需要偿还本金,资金仍会重新回到债权人手中;负担性,企业需要支付一定的利息来偿付使用权。

常见的债权融资方式主要包括银行贷款、发行债券、融资租赁等。

债权融资一般有合同约束债权债务双方,因此企业必须以合同约定的金额偿还债务,并且需要支付固定利率。合同的强制性制约,使债权人的权益得到了有效的保护。即使一家企业破产,清算法人资产也优先偿还债权人,因此投资者承担的风险较低,公司的融资成本也较低。无论盈亏公司都必须按合同偿还债务和利息。企业的收益率高时,企业支付的本息占比降低;当收益率下降时,偿还的本息占比变高,企业的财务风险增加。如果公司产生的利润低于应偿还的资本额,公司必须面临破产。

当一个企业由其债权人提供资金而该企业产生新的债务时,加强对该企业的控制并不产生负面影响。现有的公司股份往往由债权人出资,以维持控制权。如果企业认为可能的话,可以通过债券市场、抵押贷款或担保等各种措施降低抵押品的成本。[1]

企业通过债权融资筹得资金后,企业新增债务,债权人的增加不会影响企业原有的控制局面。企业现有的股东会偏向债权融资以保全自身的控制权。如果企业认为可能的话,可以通过债券市场、抵押贷款或担保等各种措施降低抵押品的成本。

(二)股权融资

股权融资包括企业留存收益为资金来源的内部融资和以股票发行筹集

---

① 陆学忠:《股权融资与债权融资的比较研究》,《时代经贸》2015 年 9 月 5 日。

资金的外部融资。对公司股本的选择意味着企业股东愿意出让公司的一部分所有权,通过增资的方式来引进股东。股权融资具体可以分为公开市场发售和私募发售。公开市场发售是指公司通过证券交易所向公众投资者发行股票筹集基金。私募发售是指公司通过寻找合适的投资者来为自己融资。

股权是企业的初始产权,是企业向外举债的基础。通过股权融资实现的所有权分配可以反映股东分散程度、明确控制权和监督权等职责。主要特点为:长期性,即通过股权融资获得的资金通常不会到期,公司也不必偿还这些资金;无负担性,在股权融资的情况下,支付给股东的股息数额不确定,取决于公司的状况;不可逆性,企业无需归还本金。

常见的股权融资方式主要指发行普通股、优先股、增发股等。

如果公司是通过股权融资的,就没有偿还日。公司必须承担的融资成本主要是与发行股票和向股东支付股息有关的费用。融资成功后需要支付的股利是股权融资的主要成本。这种现象显示出股权融资的不稳定性和高风险性。根据风险和收益率的不同,公司筹集到的资金的使用价格更加昂贵,融资成本增加。此外股权融资支付的红利在派发给股东后还需进一步缴纳个税,这也增加了融资成本。通过股权融资筹集的资本是永久性的,因此成功的融资可以提高公司的形象。由于公司支付股息的灵活性,支付固定付息并没有压力。公司利润低的时候可以减少支付的股息数额,甚至可以不派发股息,从而降低融资风险。

当企业通过股权融资时,投资者成为该企业的新股东,而该新股东根据股份拥有对该企业的控制权。新股东的出现使得原有的股权集中度被稀释,对老股东而言,他所在企业的控制权将被分走一部分。随着股东数量的增加,股东的控制能力减弱,公司内部控制的有效性降低。

此外,自融资成功以来,普通股数量增加,每股收益和股价相应下跌,因此对股东的负面影响较大。普通股作为公司正常经营和抵御风险的基础,也可以为企业进行债权融资提供强力的保障。

二、初创企业的融资渠道

(一)私人资本

1.个人积蓄

一般来说,大部分的初始风险资本来自创业者自己的储蓄。顾名思义,闲置储蓄是在日常生活中慢慢积累起来的。创业的人将部分或全部资金投入到创业活动中,是一个自我融资的过程。由于创业公司本身规模小,收益不稳定,难以通过银行借款、发行债券等传统的融资方式获得启动资金。因此,自有储蓄是创业融资的一个非常重要的方式。自有储蓄作为创业的启动资金,具有成本低、融资快、使用时间长等优点。如果初始启动资金来自于自己的储蓄,既能保证资金使用的安全,又能减轻成本负担;但前提是创业者必须保证自己有足够的创业资金,否则可能会在创业初期造成资金链断裂,导致创业失败;而自己的储蓄本身是有限的,可能无法达到创业所需的价值,也可能无法为创业的初期融资提供长期保障。同时,由于创业初期存在许多不确定性和变化,当创业初期出现任何变化,需要资金填补缺口时,自有储蓄并不能很好地发挥坚实的后盾作用。对于刚刚步入社会的创业者来说,这种创业融资渠道并不是最佳的选择。这种融资方式更适合刚出来工作一段时间、积累了一定社会财富、有足够闲置资金的创业者。①

2.亲友资金

在创业初期,使用家庭融资,即从家人和朋友那里借钱作为创业资金,是最常见、最简单、最有效的方式。因为大学生的创业集团没有深入参与社会,缺乏社会实践经验,还没有形成一个良好的关系网络,而相对来说,创业在启动期间不需要大量的资金支持,所以朋友和家人通常愿意慷慨地帮助

---

① 黄方辉:《青年创业初期融资渠道研究》,硕士学位论文,吉林大学,2017年。

提供启动资金。

在创业融资阶段,向身边熟悉的家人和朋友借钱,可以说是一种家庭融资。显然,家庭融资的最大好处是它通常不需要承担利息,这降低了创业的成本。而且融资的成功率极高,你可以更快地获得资金。亲戚朋友融资可以克服创业融资障碍中的信息不对称,因为此时的投资者和创业者都是彼此熟悉的人。在融资过程中,他们可以充分沟通,学习足够的相关信息,不会造成投资者和创业者之间的信息不平等,从而影响企业管理中的任何决策,选择亲友作为投资者可以很好地避免逆向选择。此外,家庭融资是以双方之间的关系作为合作基础的。一般情况下,投资者不会中途撤资,并且一般一次性提供所需资金。总之,在创业初期,企业家通过非正式的金融借贷方式进行借贷,向企业家的家人、亲戚、朋友融资是一种非常有效和常见的融资方式。

3. 天使投资

天使投资实际上是一种股权资本投资。它指的是富人通过将自己的资金投资于具有专业技术或独特理念的原创项目或小型初创企业来获取利润的一种投资形式。投资行为通常为一次性预付投资,投资金额不大。天使投资通常是以个人名义进行的,投资者本身对风险公司的认识不够,基本上是根据投资者的主观好恶来决定投资方向,风险较大。此外,天使投资者自发组织而成的天使集团或天使网络的形式也在蓬勃发展,这有利于研究成果的共享和资金的聚集,提高投资的针对性。

由于天使投资者的投资来源自己的自有资金,他们的商业合同可以协商和更改。因此,天使投资者的投资合同比传统的风险投资合同或银行贷款合同更加灵活,成为许多创业人理想的资金来源。此外,许多天使投资者本身也是曾经创业过的人。因此,在投资过程中,他们不仅可以提供经济支持,也提供了相应的专业知识来促进公司的发展,并且一般的天使投资不需要每月支付高额的费用,这有利于创业的人集中时间和精力去关注公司的管理和发展。

虽然天使投资对于创业公司来说是一种很好的融资方式,但是如果天使投资者所投资的公司没有带来预期的回报,他们就不会继续追加投资,这可能会使后期资金供给不足,导致创业失败。此外,许多天使投资者在投资一个新兴公司时,会以获得股权作为提供启动资金的条件。一般来说,他们要求10%或10%以上的股份,并希望在退出时获得较高的份额。在创业过程中,他们可能会干预公司的管理,对公司的运营进行过度控制,导致双方关系破裂。

(二)机构融资

1.银行贷款

银行贷款是指银行以一定的利率向需要资金的人提供资金,在规定的期限内返还本息的一种经济行为。从创业融资的角度来看,由于融资资金的需求不同,融资渠道的选择也不同。如果需要低风险、低成本的启动资金,银行的小额贷款是最合适的。首先,小额贷款的利息较低,在一定程度上可以满足创业者用少量资金的需求,并可以减轻创业者的压力。其次,创业的人不需要提供同等抵押品或担保,它可以根据不同企业家的资信程度,发放一定比例的资本贷款,满足不同层次创业的人的需求。对于急需资金但没有任何抵押品和担保的创业者,如果他的信用额度很高,同样也可以获得贷款。此外,还款方式灵活。银行机构将根据企业家的创业项目和资信情况,评估创业者偿还贷款的能力,为创业的人提供灵活多样的还款方式。因此,小额贷款最受创业者的欢迎。

由于创业贷款市场需求较高,申请创业贷款的门槛也较高。尽管申请的人很多,但是成功获得小额贷款批准的人数相对较少。因为银行毕竟是商业机构,贷款首先要考虑的是资金的安全,为了贷款资金的安全,门槛往往会提高一些,甚至更严格一些,这使得申请难度加大。

2.非银行金融机构贷款

非银行金融机构作为参与风险投资的主体,不同于传统银行等难以支持风险投资的金融机构,有其独特的方面。流入非银行机构的资金基本上是投资或投机资金,而非普通存款。一开始,他们寻求高于银行存款利息的高收益回报预期,同时还要求有针对性的投资。与创业投资的人有着天生的缘分。

非银行融资渠道包括担保公司、小额贷款公司、典当公司等。这些作为银行融资的有益补充,具有融资效率高、实用性强、普遍性强的特点。其主要优势在于:一是发挥了商业银行的信用创造功能,为中小企业融资提供了有效的补充渠道;二是信贷中介机构从传统银行体系中分离出来,可以在一定程度上为中小企业提供服务,并且与银行一起解决信息不对称问题;三是上述非银行金融机构一般由地方政府直接监管,是地方非银行融资的直接推动者。[1]

担保公司的融资担保业务,是指担保人为被担保人的借款以及债券发行等债务融资提供担保的行为。融资担保是普惠金融体系的重要组成部分,对解决创业公司融资难问题具有重要作用。

小额贷款公司的贷款主要有短期贷款、中长期贷款和个人透支小额贷款。其中,短期贷款是小额贷款公司向中小企业发放的主要贷款,期限不超过1年,主要用于满足中小企业短期生产经营需要或帮助企业偿还银行贷款。

典当融资指的是将家庭承诺动产和财产权作为当物质押或抵押到典当行,获得抵押物的钱,用来支付利息和综合费用承诺的资金,在约定的期限内,最后偿还赎回财产的行为。现阶段典当融资在中国经济发展中具有特殊的地位,对扶持和发展中小企业和个体、私营经济具有积极的作用。它以其在资本供给方面的灵活性,弥补了国有银行和其他资本市场的不足。解决了中小企业和个体私营业主的小额和短期资金的需求。典当融资金额小、短期(不超过6个月)、方便、安全等优势,也符合中小企业融资金额小、周期短、频率高、需求急等特点。

3. 交易信贷和租赁

交易信用是指企业在正常的经营活动和商品交易中,因延期付款或预

---

① 黄敏杰:《我国中小企业非银行融资渠道的整合研究》,硕士学位论文,电子科技大学,2015年。

付货款而形成的共同信用关系。企业在筹建和生产经营过程中,可以通过商业信贷筹集一定的资金。例如,企业在采购设备、原材料和商品的过程中,可以通过延期付款的方式,在一定期限内免费使用供货商提供的部分资金;在商品或服务的销售中,采用预付款的方式使用客户的资金。

创业的人也可以利用融资租赁来筹集购买设备等长期资产所急需的资金。融资租赁是指实质上转移了与资产所有权有关的全部或大部分风险和报酬的租赁。资产的所有权最终可能会转移,也可能不会。融资租赁是融资与融物结合、贸易与技术更新为一体的新型金融业务。由于融资与融物相结合的特点,租赁公司可以在租赁物出现问题时回收处理,所以融资时对企业信用和担保要求不高,非常适合中小企业融资;此外,融资租赁是一种表外融资,不体现在公司财务报表的债务项目中,不影响公司的信用状况,对需要多渠道融资的中小企业非常有利。在筹建期间,企业通过融资租赁的方式取得急需设备的使用权,解决部分资金需求,取得与租赁资产等值的债权。一方面它能使企业按期开业,顺利开展生产经营活动。另一方面也可以解决在创业的初始阶段资金短缺的问题,节省资本支出,主要业务的操作是将资金用来购买设备,并改善公司创造现金流的能力。同时,融资租赁分期付款的性质保持了较高的偿付能力和金融公信力。

4. 其他企业融资

虽然在大多数情况下,公司是资金的需求者而不是提供者,但对于不同行业或处于不同发展阶段的公司来说,仍有一些公司存在临时性的闲置资金,可以从外部提供,尤其是那些从事公用事业的公司,或者是已经发展到成熟阶段的企业,一般都有充足的现金流,甚至可能有大量的资金需要通过对外投资来获得更高的回报。对于资金闲置的企业,创业者可以吸收其资金,成为股权投资者或债权人。

(三)风险投资

风险投资是风险资本公司的资本投资中小企业的研究和开发领域,所投资的产品和项目失败的风险很高,通过以某种方式和项目管理投资企业产品,希望通过投资加速高新技术科技成果转化,最后获得高资本收益。风险投资是有高风险和高回报的基于知识经济的投融资体系。

1. 风险投资的特点

第一,风险投资主要针对高科技、高成长企业,因此在投资回报上具有高风险、高盈利能力的特点。通常投资于高新技术产业的创造和新产品的研发阶段,这个阶段的投资失败率极高。一旦成功,它将带来技术创新,实现非常可观的投资回报。

第二,风险投资是一种特殊的股权资本,投资于非公开市场,是私募股权投资的一种。风险投资作为一种股权资本,关注被投资企业的发展前景和资产的增值。这与银行贷款等更注重企业短期周转和偿债能力的债务资本有着本质区别。

第三,风险投资家积极参与被投资企业的运营,并实施监督管理。风险投资家的能力和经验是风险投资机构的核心竞争优势。他们在扮演风险投资的"投资代理人"角色的同时,还需要积极参与企业管理。

第四,风险投资是采用分期投资、联合投资和组合投资的长期投资。极高的投资风险和投资周期长,所以风险投资非常谨慎,一般会采取必要的措施来控制风险,如投资于不同行业的公司或在同一时间同一行业不同公司(投资组合);投资于同一企业(合资)企业完成阶段性目标后,再进行下一阶段的投资(阶段性投资)。

2. 风险投资选项的原则

风险投资是基于项目是否符合投资公司的投资原则、行业性质、投资项目的发展阶段、被投资公司的区位特征、投资额、投资规模等主观分析。[①] 根据是否符合投资公司的投资价值原则,客观分析投资对象的商业计划质量、创业者和管理团队、技术和产品、市场前景、财务等因素。以上两个阶段主要是在众多的申请项目中寻找符合投资基本要求的潜在项

---

① 刘变叶、宁一博:《纾解中小企业融资瓶颈的创业投资发展模式研究》,《产业经济评论》2015 年 3 月 25 日。

目。最后的选择阶段是评估具体项目的潜在收益率和风险,最后做出投资决策。

在筛选阶段,风险投资公司根据自己公司的战略和投资政策选择大量的投资计划,如果项目符合要求,就会通过筛选。不同的投资公司有不同的筛选标准,如行业性质、投资项目的发展阶段、被投资公司的区位特征、投资金额、投资规模等。通过筛选的项目需要一个初步评估业务计划,包括业务计划的完整性、管理团队的质量、市场规模和潜力大小、产品和技术的力量、金融计划和投资回报的状态。为了提高投资决策的准确性,风险投资机构将对通过初审的项目进行最终评估。在这个阶段,风险投资机构将至少花一到两个月,投入更多的人力和物质资源调查目标公司的内部和外部条件在一个集体的劳动分工,专注于投资和商业环境、企业管理、市场和营销、技术、制造、财务状况等方面。

3. 寻求风险投资的步骤

风险投资市场对大学生创业的态度越来越平静。项目是否有前景,产品是否有潜力,创意是否新颖,这些都不是风险投资者首先考虑的因素。大学生创业者的自身素质、管理能力、毅力和可靠的团队才是风险投资者所需要的。

(1)设计吸引人的商业模式

当产品越来越接近的时候,是否有一个好的商业模式是至关重要的。一个好的商业模式和盈利模式可以让风险投资者更早地获得利润,赚到更多的钱。

(2)在找到投资者之前,一定要充分考虑销售前景和市场策略

许多大学生创业者在大学阶段就积累了知识和技术储备。在研究了一种新产品之后,他们往往忽视了该产品的市场前景,或者是虚构社会需求。这些模糊的市场前景并不能为风险投资者快速或早期获得利益。因此,如果想要得到风险投资者的认可,必须进行市场研究和市场分析,以准确预测市场需求。风险投资者认为,好的产品不在于技术有多先进,而在于能获得多少收益。这就是资本追求利润的本质。

（3）创业者必须能够与风险投资者进行有效沟通

大学生创业者必须有高情商,善于沟通,而不是闭门造车。大学生创业者情商最重要的表现在沟通方面。能够与风险投资人进行良好的沟通,可以有效地避免大学生在创业过程中遇到的许多困难,比如沟通不足或双方不易沟通,造成的项目运营困难。最严重的是风险投资者会撤回他们的资金。没有风险投资者愿意投资一个缺乏沟通的大学生创业团队。

（4）准备一份商业计划书

商业计划的内容要详细,一些重要的信息要写清楚。例如,市场研究结果,市场分析,详细的市场前景,投资者最关心的投资回报等。在某些领域,风险投资者可能不太了解它。要靠商业计划书清楚地写出市场的背景和前景,这样风险投资者才能知道大学生创业者要做什么,能给自己带来多少回报。风险投资者将通过深入和详细的调查,全面和详细的分析,加上精确和特定的数据,理性选择创业项目。

4. 获得风险投资的渠道

随着经济和信息技术的发展,很多大学生选择自主创业,越来越多的人在寻找好的项目和可靠的团队,所以寻找投资者的方式有很多。

（1）大学生创业大赛。如今,大学生创业大赛随处可见,几乎每所高校都会举办大学生创业大赛,从国家到省市专门针对大学生的创业大赛也很多。许多风险投资家将成为优秀选手的投资人。在公平的大学环境下,创业竞争是获得投资的好途径,成本更低。

（2）寻找基金会或风险投资公司的猎头。许多投资公司都有专员或专门团队负责为大学生寻找创业项目。

（3）关于大学生创业的网站。网络技术和服务的发展日新月异,有很多致力于大学生创业的服务网站,比如全国大学生创业服务网。

（4）通过推荐了解风险投资者。大学生创业者可以利用广泛的人脉和资源,寻求机会认识风险投资者。

（四）政府扶持基金

随着我国经济实力的增强,政府对创业的支持无论是在行业覆盖范围上还是政府对创业者的扶持力度上都取得了很大的进步,政府提供的支持资金也在逐步增加。创业者要善于利用相关政策的支持,获得更多的政府资金支持,降低融资成本。

1. 再就业小额担保贷款

依照中发〔2002〕12 号文件精神,为了帮助下岗和失业的人再就业,解决他们在创业的过程中缺乏资本和信用担保,难于获得银行贷款的问题,政府设立了再担保基金。通过再就业担保机构的承诺担保,可以向银行申请再就业专项小额贷款。2003 年开始,小额担保贷款政策在全国范围内实施,小额担保贷款的范围不断扩大。

2. 科技型中小企业技术创新基金

科技型中小企业技术创新基金是 1999 年由国务院批准设立的,是政府为支持和促进科技型中小企业的科技创新项目而设立的专项基金,由科技部科技型中小企业技术创新基金管理中心实施。创新基金重点扶持科技含量高、市场前景好、风险高、商业资本进入条件不足、最需要政府扶持的产业化初期(种子期、初创期)科技型中小企业项目。这将为它进入工业化的扩张和商业资本的介入铺平道路。

3. 中小企业国际市场开拓基金

中小企业国际市场开拓基金是中央和地方财政共同安排的支持中小企业开拓国际市场的专项基金,主要用于支持中小企业及为其服务的企业、社会团体、事业单位组织中小企业开拓国际市场的活动。

4. 天使基金

天使基金是由政府有关部门和各界有识之士投资,鼓励和帮助大学生创业,实现灵活就业的资金。例如,北京青年科技创业投资基金是由北京科技创业投资有限公司设立,由共青团北京市委员会、北京市青联、北京市工商局共同管理的基金。其特点之一是它的投资主体是个人,投资后促进孵化技术项目迅速成长。凡在电子信息产业、新材料、生物医学工程、生命科学等领域取得了新技术成果,45 岁以下的自然人均可申请创业投资基金,投资区域为北京地区。

5. 其他基金

科技部的"863 计划"、火炬计划、国家发改委制定的产业技术进步资助计划、节能产品贴息项目计划等,财政部设立的高新技术改造项目使用贴息基金和国家新产品重点补贴基金、工业和信息化部设立的电子信息产业发展基金,加上科技中小企业技术创新基金等,有数十亿资金用于研发、技术创新和成果转化。

为了支持当地创业经济的发展,各省市也出台了扶持创业的政策。主要包括人力资源和社会保障部制定的开业贷款担保政策、中小企业担保基金专项贷款、中小企业贷款信用担保、开业贷款担保、大学生科技创业基金等。

（五）知识产权融资

知识产权融资也是创业者应该关注的一种融资方式,国内外已有许多的成功案例。知识产权融资可以采用知识产权股权收购、知识产权抵押贷款、知识产权信托、知识产权证券化等方式。

1. 知识产权作价入股

2014 年 3 月 1 日实施的《公司法》第 27 条规定:"股东可以用货币出资,也可以用实物、知识产权、土地使用权等可以用货币估价并可以依法转让的非货币财产作价出资。"允许知识产权入股,明确了知识产权作为生产要素的原则。新的《公司法》还规定,股东(发起人)不再限制货币出资比例,无形资产可以 100% 出资。这说明股东可以对专利、商标、软件著作权等无形资产进行 100% 的出资,有效降低了股东的出资压力。

2. 知识产权质押贷款

知识产权质押贷款是指依法拥有的专利权、商标权、著作权、财产权经评估后向银行申请融资。这是商业银行正在积极探索的中小企业融资渠道。2006年,我国首个知识产权质押融资贷款在北京诞生。2008年,国家知识产权局确定了知识产权质押融资试点城市;不少地市出台了质押贷款管理办法。知识产权质押融资可以采取以下三种形式:质押——知识产权质押作为唯一的贷款担保形式;质押加担保——以知识产权质押为主要担保形式,以第三方连带责任担保(担保公司)为补充担保组合;质押加上其他抵押担保——知识产权为主要担保形式,以不动产、设备等固定资产抵押,或个人连带责任担保等其他担保方式,作为补充担保的组合担保形式。

3. 知识产权信托

知识产权信托是一种以知识产权为基础的信托。为了使其所拥有的知识产权实现产业化、商业化,将知识产权转让给信托投资公司进行管理,由知识产权持有人管理,知识产权权利人获取收益的一种法律关系。基于知识产权的类型,结合我国现有的信托案例,目前的知识产权信托包括专利信托、商标信托、版权信托等方式。

4. 知识产权资产证券化

知识产权资产证券化是指发起人能够产生可预测的、稳定的现金流的知识产权。通过一定的金融工具安排,将风险和收益要素分离重组,然后转化为一种可以在金融市场上出售的流通证券的过程。知识产权资产证券化的参与者包括发起人(原始利益相关者)、特殊载体(SPV)、投资者、受托人、服务机构、信用评级机构、信用增强机构和流动性提供者。

【案例分析】

大疆的竞价融资模式①

作为一家独角兽企业,无人机企业——大疆的一举一动在资本市场都备受关注。2018年4月初,大疆新一轮10亿美元股权融资曝光。这次融资,大疆采用了超乎寻常的融资方式——竞价。

① 宸轩:《大疆的竞价融资模式》,《经理人》2018年第6期。

　　4月3日,首轮竞价结束,共有近100家投资机构递交了保证金和竞价申请,认购金额较计划融资额超过了30倍。为筛选出合适的投资者,大疆不得不开启第二轮竞价。根据最新竞价进展,有机构测算,这意味着大疆投后估值或将达到240亿美元。但这还不是最终的竞价结果。

　　独角兽概念被爆炒之后,四处搜寻"猎物"的私募基金发起者们捧着大疆的融资材料,疯狂兜售这家无人机巨头的份额,他们最大的卖点之一是:大疆是一个IPO预期强烈的好公司。对于IPO,大疆的态度却极为淡定——公司过去和现在都没有IPO计划。"大疆根本不想IPO",大疆的一位机构股东说,大疆不缺钱,"有人送钱,还好几倍地送,不要都不好意思。"

　　不过,近期大疆遭遇到不少投资人的声讨,其原因是大疆天天搞竞价融资,融资条件还一变再变。一位参加竞价的投资人说,大疆总是直接通知条款发生变化,很没有契约精神。大疆所谓的竞价融资是,自己设定一套竞价规则,投资者认购一定比例如同"无息债"的D类股才能获得B类股投资资格。

　　希鸥网获悉,大疆4月15日发给投资人的邮件中就通知,D/B认购比例最高的5亿美元的平均D/B认购比例为1.61。收到邮件的投资人进入到4月16日到20日的最终竞价。就是说,目前仍在竞价中。这里的平均D/B认购比例1.61,是指如果获得1亿美元的大疆投资份额,就要有1.61亿美元无息借款给大疆,后续IPO时可转化为大疆股权。

　　有投资人爆料,大疆16日给投资人发通知,D股回购原计划是25倍PE,但大疆降至21倍,也就是说,投资人未来获利空间会大幅缩小。这种待价而沽,竞价融资的方式惹怒了众多参与竞价的投资人,不过,依然有众多的投资机构在认购。原因很简单:放眼望去,在中国的科技行业类似大疆这样的好标的并不多:去年大疆的年利润为43亿元,年增长达123.2%。

　　大疆这轮融资的总金额预计是10亿美元,投前估值为150亿美元,参与竞价的投资人都需要在递交竞标意向时缴纳10万美元的意向金。有投资人就不满地表示,大疆可以直接将投前估值定在240亿美元,而不必搞这样的竞标。投资人愿意接受大疆更高的投前估值,而不愿意去参加一轮又一轮的竞标。

不过大疆确实有"猖狂"的资本。2006年,香港科技大学在读研究生汪滔创立大疆创新,时至今日切走了全球消费级无人机70%以上的市场份额。《华尔街日报》称大疆是"首个在全球主要的科技消费产品领域成为先锋者的中国企业",它甚至"先进"得不像一家中国企业,而汪滔有个性,倒不像是一个中国企业家。

在中国未上市的顶级独角兽中,大疆的创始团队持有大量的股权,在股份稀释方面仍有较大空间;同时从融资节奏来看,大疆也并不是一家差钱的企业。在使用较少股权融资的情况下,依然保持着快速增长,并一跃成为了消费级无人机中的绝对巨头。

在融资文件中,大疆披露,其2012年至2021年收入复合增长率预计超过90%,净利润复合增长率预期超过70%。大疆官网信息显示,目前大疆的客户遍布全球100多个国家,产品分为工业级和消费级两大条线,使用场景涉及能源、公共安全、农业、建筑等。除占有消费级无人机市场七成以上市场份额之外,在行业应用无人机市场,大疆刚刚起步,组建团队、提升行业应用市场的技术实力,的确需要大量的资金投入。

虽然大疆的市场占有率极高,但据IDG预计,全球消费者和企业无人机的市场规模为90亿美元,预计未来5年的年均增长率约为30%。这意味着,到2023年,整个无人机市场的规模约为334.1亿美元。334.1美元的规模甚至不如腾讯一家公司一年的营收多。2017年腾讯营业收入达到了363.87亿美元。有限的市场规模将是大疆未来估值的天花板。

大疆的"独角兽""无人机霸主""高技术壁垒"概念,现有业务的靓丽表现和未来故事,都令它成为目前市场上不多见的优质投资标的。基金操盘者们乐于看着大疆的估值在一轮又一轮的竞价助推下水涨船高,即便他们心里清楚大疆IPO有诸多不确定性但仍愿意赌一把。毕竟,只要大疆的基本面持续向好,游戏就可以继续玩下去。

所以仍有不少创业者支持大疆的做法,甚至称资本总是碾压创业者,给空承诺,签约又不投,签约不打钱,甚至拖死创业者的比比皆是。在对抗资本这个角度愈多"大疆"的出现,可能会对创业者的环境有所改善。

点评:

对初创企业而言,融资的方式可区分为债权融资和股权融资。融资的渠道很多,从私人资本的角度可以有个人积蓄、亲友资金以及天使基金。从机构融资的角度看,可以有银行贷款,以及担保公司、小额贷款公司、典当公司等非银行贷款;风险资本公司的风险投资;政府扶持基金和知识产权融资。

大疆作为我国无人机行业的佼佼者,开创了其他创业企业所想却没能实现的融资方式——竞价融资。对于创业企业融资而言,一般是寻找投资人,投资人在融资过程中处于主动地位。大疆作为独角兽企业,业务的靓丽表现以及未来 IPO 预期强烈,受到市场的热捧,作为一家"不差钱"的公司才能在融资市场上处于主动地位。

【思考作业】

1. 融资对初创企业的重要性,体现在哪些方面?

2. 初创企业融资难,为什么?

3. 你知道如何找到天使投资人吗?

第三节　如何实施融资管理

【理论讲授】

初创企业,最大的困难就是怎样实施融资管理获得资金。对于创业者来说,融资渠道的考察应着眼于内部融资和外部融资。创业者在创业前期一般都是通过个人积累和个人之间借贷等集资方式获得启动资金。后期随着公司的成长发展,除非创业团队自身拥有足够的资金,大概率都会遇到资金不足的问题,这就需要通过外部融资解决。

一、创业融资的准备

在创业阶段,风险相对较高,寻求外部融资相对困难。如果不充分准备,成功的希望是非常渺茫的。

(一)企业做好准备

1. 前期准备

在准备融资时,企业必须首先计划"你依靠什么来偿还这笔钱"。在申请贷款前与银行的沟通中,创业者应该向银行展示自己准备好的计划,并告知银行这个计划和项目将如何运作。只有当银行知道公司是如何赚钱的,它才能借钱给你。

信用记录对企业申请贷款非常有用。如果企业没有信用记录,创业者的个人信用记录也可以作为银行审核的依据。因此,企业主要是积极在银行留下信用记录,包括信用卡和工资卡等。

2. 融资战略

在拟订筹资战略时需要考虑的问题有所需资金的数额、筹资的时间和筹资的方法。企业还应根据不同的发展阶段,考虑融资金额和资金投入的时机。融资方式的选择需要结合自身条件以及各种融资渠道的风险和成本来考虑。

3. 资料和人员

将公司的情况和融资计划表达成简洁而有说服力的书面文件,以突出公司的价值,让投资者通过相关材料对公司有清晰的了解。需要指出的是,随着各种融资任务的完成,内部经营者的专业素质的缺乏也可能导致融资谈判的失败。因此,及时组织内部人员参加专业培训也是一项重要的准备工作。

4. 聘请外部专家

由于创业者往往缺乏融资经验,缺乏时间和精力,聘请专业的融资顾问应该是最好的选择。他们将对融资的各个环节提供专业的建议,并利用积累的融资渠道为公司介绍合适的投资者。

5. 接触潜在投资者

创业者和投资者之间要想有长期的合作关系,这需要充分的相互理解和信任。企业应该在广泛研究的基础上,根据自身的发展模式和价值取向对投资者进行选择和接触。事实上,创业者在与投资者的交流中,往往能得到很多有益于企业发展的宝贵建议。

(二)准备好融资资料

创业融资是企业家为创业项目筹集资金的行为。在进行创业融资时,最重要的是专业的创业融资商业计划。企业家应根据创业项目的经营状况和项目未来的发展前景,向投资者展示其优势。但是,由于很多创业者还处于创业初期,在撰写创业融资的商业计划时容易因不够成熟而产生误解,导致融资失败。因此,如何完成一份优秀的创业融资计划,成为创业者面临的重要问题。

在面对风险投资公司和投资者时,要详细分析创业项目的市场份额、客户群体和未来发展,从客观的角度审视项目的发展前景,让投资者了解项目的优势和发展。根据自身的项目特点和企业优势,研究和制定分析报告与企业特点,可以直观地显示企业的地位。在融资前,企业对创业项目的产品和技术进行研发,确保产品、技术、理念的真实性,展示创业团队的能力,提高企业项目的可信度,促进融资的实现。在风险融资商业计划书中,应该详细计算和评估项目的成本、人员、硬件、办公室和运营项目,应该澄清项目的成本指标,为投资者提供可靠的信息数据参考。

二、创业融资的选择策略

(一)分析融资总收益与总成本

企业在进行融资时,不能首先考虑各种融资渠道,更不能仓促做出融资决策。因为融资意味着成本的需要,融资成本包括资金的利息成本以及不确定的风险成本。一般来说,按照融资来源划分主要融资方式,融资成本的排序为财政融资、商业融资、银行融资、债券融资、股票融资。这只是不同融资方式和融资成本的大致顺序。[1] 要根据具体情况进行分析。例如,财政融资中的财政拨款不仅没有成本,而且有净收益,而政策性银行的低息贷款利息成本更低。对于商业融资,如果公司在现金贴现期间使用商业信用,则不存在资金成本;如果取消现金折扣,资金成本将非常高。对于股票融资而言,发行普通股和优先股的融资成本也有所不同。[2] 因此,只有深入分析,

---

① 丁文:《中小企业如何制定最佳融资决策》,《财会信报》2011 年 1 月 10 日。
② 董贵昕:《中小企业如何制定最佳融资决策》,《中国中小企业》2000 年 9 月 10 日。

仔细比较融资的效益和成本,当使用资金的总预期效益大于融资的总成本时,才有必要考虑如何融资。融资成本不仅是资金的利息成本,还包括较高的融资成本和不确定的风险成本。企业融资成本是决定企业融资效率的决定性因素,对初创企业融资方式的选择具有重要意义。

(二)确定融资规模与融资期限

创业公司能够筹集到的资金非常有限,所以公司在融资之前必须确定融资的规模。融资过多会导致资金闲置和浪费,导致融资成本增加;融资不足会影响企业经营和投资计划的实施,以及其他业务的正常发展。因此,企业在进行融资决策时,必须根据企业对资金的需求、自身的实际情况以及融资的难度和成本,仔细考虑并确定合理的融资规模。[1]

企业融资按期限划分,可分为短期融资和长期融资。企业融资期限的确定主要取决于融资目的和融资者的风险偏好。

从资金使用的角度来看,如果融资用于企业流动资产,基于周转快、流动资产容易变现、经营所需补充金额小、占用时间短的特点,宜选择各种短期融资方式,如商业信贷、短期贷款等;如果融资是用于长期投资或购置固定资产,这种类型的使用需要大量的资金,需要很长时间,所以适合选择各种长期融资方式,如长期贷款、内部积累、租赁融资、发行债券、股票等。[2]

(三)选择融资方式

在创业融资时,要重视对融资风险的控制,尽量选择风险较小的融资方式。负债高的企业必须承担较高的还款风险。在企业融资过程中,在选择不同的融资方式和融资条件时,企业所承担的风险会有很大的不同。例如,当企业采用可变利率方式进行贷款融资时,如果市场利率较高且预期市场利率会下降,则企业贷款应采用浮动利率计算;如果预期市场利率会上升,

---

① 杨伟明:《创业企业融资策略研究》,硕士学位论文,吉林大学,2007 年。
② 董贵昕:《中小企业如何制定最佳融资决策》,《中国中小企业》2000 年 9 月 10 日。

那么可以采用固定利率计算利率,这样可以减少融资风险,降低融资成本。在各种融资方式中,企业承担的还本付息风险从小到大一般是股票融资、财政融资、商业融资、债券融资、银行融资。

为了降低融资风险,企业通常可以采取多种融资方式的合理组合,即制定一个风险厌恶程度较高的融资组合策略,同时注意不同融资方式之间的转换能力。例如短期融资,周期短、风险高,但转换能力强;而长期融资,虽然风险较小,但与其他融资方式的转换能力较弱。

(四)匹配企业生命周期

面对初创企业的资金需求,投资者大多采取在初创企业生命周期的几个阶段分批注资的方式,通过反复博弈,在任何阶段都保留放弃投资和清算的选择权。此外,投资者自己的目的并不是要拥有一家初创企业。他会选择在创业公司发展的某个阶段进行干预,并在适当的时候退出。对于初创企业来说,分阶段融资策略可以让他们在初创企业中拥有更多的股份,在任何发展阶段都保持对初创企业的控制。此外,创业公司有五个发展阶段,每个阶段都有不同的融资需求,创业公司接受阶段性融资策略也是创业公司发展的客观需要。事实上,分期融资已经成为风险投资行业的一个重要特征。

根据发展阶段的不同特点,初创企业需要在每个阶段开发不同的融资渠道,并采取相应的融资方式,从而实现融资渠道与融资方式的合理协调。当然,在这个过程中,必须有完善的相关法律制度和成熟的资本市场的配套支持,而且必须基于创业者和创业团队的个人素质和团队水平。

(五)挑选投资者

对投资者来说,选择企业家并不简单,而且更为重要。创业者在选择投资者时需要注意三个方面。

一是投资者的专业知识领域。目前,市场上的一些投资者专注于移动互联网,一些是生物制药,一些是广泛的高科技,还有一些是消费产品。不同领域的投资者有着不同的见解和经验,相应的专业资源也不尽相同。

二是创建服务生态系统的能力。初次创业者社会经验和社会资源有限,对生态服务能力要求较高。投资者的创造能力大大降低了初创企业的成长成本。

三是支持初创企业持续发展的能力。创业的商业模式不是一步到位的,而是不断优化的。这意味着投资者必须耐心,给予创业者一定的空间,在创业周期的管理上给予转型的机会和时间,并能够在不同的阶段提供适合的服务。

【案例分析】

5 年 10 轮融资,编程猫上市之路还有多远?[①]

公开资料显示,编程猫是中国本土的编程教育企业,主要客户群体为4—16 岁的青少儿。企业专注于研发适合中国儿童的编程教学体系,以"工具+内容+服务"产品形态培养孩子逻辑思维、计算思维和创造性思维,以此来提升青少儿的综合学习能力。

截至目前,编程猫已打通线上线下、校内校外生态闭环,并与清华大学、香港大学、人大附中、清华附小、复旦大学附属中学等在内的 16447 所公立校开展课程合作,布局线下体验中心 600 多家,累计用户超过 3147 万人,覆盖全球 200 余座城市。产品之外,教材与图书亦是编程猫打通公立校服务生态中十分重要的一环。

编程猫旗下明星课程类型包括小火箭编程、探月编程、大师课、定制课、大班直播课等课程。其独立自研图形化编程语言 Kitten,旗下工具矩阵包含源码编辑器 Kitten、海龟编辑器 Turtle、代码岛 Box、编程猫 Nemo、小火箭编程 Kids 等。

---

① 《5 年 10 轮融资,编程猫上市之路还有多远?》,见 https://www.sohu.com/a/430912618_354728? scm=1002.590044.0.10380-1029。

在打造产品矩阵的同时,其营收也开始了爆发式增长。"从 2017 年第四季度起,编程猫的收入就开始了每个季度翻番的增长。2018 年公司营收已实现 10 倍增长,单日营收破千万元,仅半年收入就已近亿元。"李天驰表示。数据显示,2020 年 3 月编程猫单月营收破 1.27 亿元,较去年同期增长近 3 倍。

融资层面,自 2015 年成立以来,编程猫已经完成了 9 轮融资和 2 次战略融资,历史累积融资额达到 12.5 亿人民币,如果此轮融资属实,编程猫的总融资额将达到 25 亿人民币,成功锁定青少儿编程教育市场头部地位,拉大跟随者的差距。

表 4-1　部分企业融资情况统计表

时间	轮次	金额(人民币)	投　资　方
2015.5.14	种子轮	数百万	北京金山安全、傅盛
2016.4.6	天使轮	数千万	紫牛基金、柏励投资
2016.9.1	Pre-A 轮	未披露	腾牛一号投资、四海点猫科技
2016.12.1	A 轮	2000 万元	深圳展博创投
2017.7.10	A+轮	1421.05 万元	盛通知行教育
2017.11.17	B 轮	1.2 亿元	高瓴天成二期、义格德盛、清流资本等
2018.1.11	战略融资	未披露	慕华金信
2018.7.18	B+轮	3 亿元	招银国际、红树成长、山水创投等
2019.1.25	战略融资	数千万	光控众盈一号产业投资、深圳展博创投
2019.11.4	C 轮	4 亿元	中俄投资、深圳展博创投、可可松资本等
2020.4.17	C+轮	2.5 亿元	招银国际、渤海中盛、粤科鑫泰、盛宇投资

5 年数轮的融资,编程猫的上市之路似乎越来越清晰。其实早在 2021 年发生的 C 轮融资时,就有媒体透露,编程猫已聘请国内顶级投行,将正式开始筹划科创板上市工作。编程猫 CFO 张炜在当时也表示:"基于公司目前的发展速度,我们将于今年开始上市规划,2 年内进行 IPO。估值 10 亿美

元是一定的,我们希望能冲击 20 亿美元以上。"

点评:

初创企业的融资管理主要有两个环节,一是融资准备,二是融资策略选择。在准备阶段,初创企业需要明确融资战略,根据企业的成长周期,重点关注融资金额和方式。在缺乏经验的时候可以聘请外部专家。融资策略的选择则需要明确融资的效益、成本、规模、期限、方式等,有针对性地选择投资者。

编程猫作为国内青少儿编程教育的头部企业,短时间内通过多轮的融资,不仅获得了企业发展所需资金,更大幅度地提升了企业的估值,成功地成为国内最大的青少儿编程教育企业,为将来的上市奠定了基础。

【思考作业】

1. 为了顺利融资,企业应该做好哪些准备?

2. 初创企业进行融资,应该遵循哪些原则?

3. 初创企业如何选择融资方式,做好融资决策?

【综合案例分析】

猿辅导"输血"10 亿美元,在线教育战火再升级①

疫情暴发后,教育培训市场线上和线下"风月不同天"。线下机构全面暂停,流量、销量跌到冰点;而教育部一句"利用网络平台,停课不停学",再加上资本助力,让在线教育行业迎来了高光时刻。

随着在线教育企业之间的竞争愈趋白热化,一场格局之变正在酝酿。

3 月 31 日,猿辅导创始人、CEO 李勇向公司全体员工发了一封内部信,

---

① 田艳红:《猿辅导"输血"10 亿美元,在线教育战火再升级》,《企业观察家》2020 年第 5 期。

确认公司新近完成了新一轮 10 亿美元的融资,并表示这应该是在线教育行业迄今最大的一笔融资,公司的投后估值将达到 78 亿美元。

2019 年第三季度胡润教育科技独角兽数据显示,当时的 VIPKID 刚完成 E 轮融资以 300 亿元估值排在首位,猿辅导和作业帮以 200 亿元估值并列第二,而如今猿辅导完成了反超。"在疫情影响下,各个在线教育品牌都在抢夺市场,而猿辅导前一轮的融资储备已经支撑了一年多,终于等来了这轮融资,来得很巧。"一位不愿具名的在线教育从业者说。

今年春节期间,猿辅导的广告铺天盖地,央视广告、电梯广告、电视广告以及短视频等都在加大投放力度,"让人一度怀疑猿辅导的现金流有了新的'输血',只是没想到其 G 轮融资金额如此巨大。"该人士透露道。

从 2012 年创立至今,猿辅导几乎每年都有新一轮融资,此次是猿辅导的 G 轮融资,由高领资本领投,腾讯、博裕资本和 IDG 资本等跟投,距离 2018 年 12 月的 F 轮融资间隔仅 1 年。

"疫情对在线教育行业短期内利好,多家在线教育平台或 App,近一两个月的用户实现了百分之几十甚至几百的增长。而且,通过这一段时间的观察,在线教育一定程度上会成为刚需,整个行业的估值普遍上涨,"互联网分析师丁道师说道,"猿辅导的融资只是个开始,未来的一段时间,将会有一大批在线教育平台、应用获得融资或更好的发展机会。"

例如,AI 少儿英语平台叮咚课堂,于 2 月已经完成了数千万美元的 B 轮融资。

企业融资的钱一般首先用于技术的研发,其次是市场推广和品牌建设,最后用于人力、行政支出等。"猿辅导通过这次融资之后,可以更大胆地放手去发展一些创新业务,拓展更多维的业务边界。"丁道师说。

一般而言,暑假和寒假是教育行业投入推广力度最大的两个时期,其中暑假是流量重新回流市场的最佳时机。

虽然受疫情的影响,今年的暑假可能会被压缩,有的学校可能会自己给学生补课,但不会出现没有暑假的情况。对于教育培训行业来说,今年暑假将是比去年更为残酷的一场硬仗。好未来 CEO 张邦鑫曾在去年暑期大战刚过不久后表示:"学而思网校将放弃盈利,选择战略性亏损。"不知今年暑假是否还有此计划。

去年暑假期间,在线教育的"获客大战"可谓相当精彩。据不完全统计,仅学而思网校、猿辅导和作业帮三家在线教育企业,高峰时期每日投放额平均高达千万元,近 10 家企业投入了 40 亿—50 亿元用于市场营销。

有数据显示,去年暑期猿辅导营销费用投入 4 亿—5 亿元,仅在抖音上就高达 1 亿元。暑期结束后,几家头部在线教育企业的招生量都达到 100 万。

为了备战今年暑假,猿辅导已发出了上万人的招聘指标。猿辅导启动"万人春招计划",面向全社会开放了 1 万多个就业岗位,看起来正雄心勃勃地"招兵买马"。

不可否认,新一轮的融资"输血"让猿辅导有了更多的资金储备和人力支持,成熟业务(猿辅导大班课)或将进一步扩大市场份额,而新业务(斑马AI 课、小猿口算等)方面也有望与后来者拉开距离。

不过,前有教育巨头新东方在线、好未来等公司虎视眈眈,后有旗鼓相当的 VIPKID、作业帮等企业紧追不舍,猿辅导真能坐上在线教育行业的"第一宝座"吗?

表 4-2 猿辅导融资历程

时间	轮次	金额	投 资 方
2012.8	A 轮	200 万美元	IDG 资本
2013.8	B 轮	700 万美元	经纬中国、IDG 资本
2014.7	C 轮	1500 万美元	经纬中国、IDG 资本
2015.3	D 轮	6000 万美元	CMC 资本、新天域资本、IDG 资本、经纬中国
2016.5	D+轮	4000 万美元	腾讯投资
2017.5	E 轮	1.2 亿美元	腾讯投资、华平资本
2018.12	F 轮	3 亿美元	腾讯投资、华平资本、经纬中国、IDG 资本

续表

时间	轮次	金额	投　资　方
2020.3	G 轮	10 亿美元	高瓴资本、腾讯投资、博裕资本、IDG 资本
2020.10	G1+G2 轮	22 亿美元	DST Global、腾讯投资、高瓴资本、博裕资本、IDG 资本、中信产业基金、新加坡政府投资公司（GIC）、淡马锡、挚信资本、德弘资本（DCP）、Ocean Link、景林投资、丹合资本

点评：

初创企业都面临着融资的问题，在债权融资受限的情况下，选择以股权融资的方式寻找风险投资是不错的选择。经营保障所需资金，也能从投资人那里获得相应的支持。对于初创企业而言，要想获得投资人的青睐，不仅要打造好的产品，更需要快速找到盈利的方式，同时还要准备好进行多轮的融资。

猿辅导作为知名在线教育平台，因疫情对线下教育的冲击，得到了高速的发展，以平均每年进行一轮融资的速度迅速拉升企业估值，一度占据在线教育的头部位置。从猿辅导每轮融资的投资者看，IDG 资本、腾讯投资、高瓴资本、博裕资本是其主要投资者。可见，初创企业在选择投资者的时候需要选择那些能够跟企业一起发展的投资者。

【商业游戏】

穿越雷区

1.每一组平均分配人数，一般 5—6 人为宜。自由组队，选出一名组长、一名指令官，在场地当中设置一个 5 米宽、2 米长的长方形的雷区，可以用胶带或者是粉笔给它画出来，由组长定义本组行动的步骤以及方法。由指令官发号施令。

2.全体组员，包括组长在内，由雷区入口进入，全部组员安全通过雷区且时间最短的组获胜。每个穿越雷区的人要求戴上眼罩或者是遮挡物,以看不到任何东西为标准。

由其他的队员带到入口处,通过指令官的引导,安全穿越雷区。要求指令官不得从嘴里发出任何的声音,只允许用身体发出来的声音,比如说鼓掌、拍大腿或者是打响指等。

3.雷区的雷用纸碗、纸牌、矿泉水瓶都可以。由其他组的组员负责设置雷区。埋雷的方法不限,密度不限,距离不限。总雷数视情况预先设定。触雷者意味着阵亡,被拉到队尾,等待前面队员完成之后再重新入场。

【现场体验】

1.测算创业所需的资金

创业团队

创业方向

资金预算分类

A.几个运营时间点

(1)支撑运营时间规划 3 个月/半年/一年

(2)营业收入时间预计 3 个月/半年/一年

(3)收支平衡时间预计 3 个月/半年/一年

(4)实现利润时间预计 3 个月/半年/一年

B.创业初始资金预算

表4-3　创业初始资金预算表

事　项	明　细	金　额
注册公司成本		
固定资产投资		
办公费用(包括房租、水电、管理费)		
人员工资(人员组成、人员工资标准)		
市场费用		

续表

事　项	明　细	金　额
销售费用		
税收费用		
其他		
总计		

2. 撰写融资计划

融资计划,主要内容是说服投资者的方案与策略。设计一份融资计划的概要,填写在表4-4中。

表4-4　融资计划表

概要说明	融资计划	融资说明
项目可行性和项目收益率		
融资途径		
所融资金的主要用途与周期		
代价与利润分配		
主要风险		

3. 寻找投资人,展示融资计划

根据你选定的融资渠道,寻找投资人,向对方展示你的融资计划,争取获得认可。提前要做好充分的准备,可以寻找指导教师和创业项目相关的权威人士,征询他们的意见,总结反馈信息,调整改进策略。

出发前你可以:

准备一份3分钟的展示材料和演讲稿;

模拟练习:用3分钟的时间,充分展示你的风采;

猜测投资人可能向你提出的问题,做好应对方案;

检查着装。

【本章知识小结】

1.融资主要是指资金的引入,也就是通常意义的资金来源,具体是指通过一定的渠道、采用一定的方法、以一定的经济利益付出为代价,从资金持有者手中筹集资金,满足资金使用者在经济活动中对资金需要的一种经济行为。

2.创业投资资金包括初创企业开业之前的流动资金、非流动资金,以及开办费用所需要的资金投入。

3.营运资金主要是流动资金,是初创企业开始经营后到企业取得收支平衡前,创业者需要继续投入企业的资金。营运资金的估算需要根据企业未来的销售收入、成本和利润情况来确定,通过财务预测的方式实现。

4.融资渠道是指企业筹集资本来源的方向与通道,体现资本的来源和流量。融资渠道主要由社会资本的提供者及数量分布决定。

5.目前我国创业融资渠道主要包括私人资本融资、机构融资、风险投资、政府扶持基金、知识产权融资。创业者需要综合自身拥有的资源情况,遵循创业融资的原则,充分分析股权融资和债权融资的利弊,做出科学的融资决策。

第五章　初创企业的人力资源管理

【本章知识要点】

1. 了解人才对于初创企业的重要作用；

2. 理解创业团队的内涵与作用；

3. 掌握创业团队的组建和管理技巧；

4. 掌握管理企业员工的常见技巧；

5. 掌握实施人力资源管理的主要内容。

第一节　人力资源管理

【理论讲授】

人力资源管理是指把合适的人作为企业最重要的战略资产，即按照企业要求，分析、集成和分配人力资源元素的商业策略，以及形成竞争优势的完整的管理思想、方法和系统，包括对企业员工价值创造能力的管理、人力资源职能的有机整合和人力资源战略管理体系对企业战略经营目标的支撑。

一、企业人力资源管理的理论基础

（一）人力资本理论

20世纪60年代，舒尔茨、贝克尔首先提出人力资本理论，舒尔茨认为人力资本是经济增长的最重要的因素,经济发展主要取决于高素质的人,而不仅是丰富的自然资源或是资本存量的多寡。另有许多学者对该理论开展了进一步深入的探讨。到20世纪80年代,罗默、卢卡斯等人纷纷提出了新经济增长理论,两位的研究得出了类似的结论:对于知识资本的投资可以提高其他生产要素的生产效率,同时将这些生产要素转化为新产品和新工艺。因而,针对知识资本的投资可以提高投资回报率。而知识的掌握者,就是高素质的人才,这就意味着企业需要持续增加知识投资、人才投资,从而使经济持续增长成为可能。也就是说,知识已成为推动经济增长的内生变量。

(二)双因素理论

赫茨伯格认为,员工工作的积极性,主要受保健因素和激励因素的影响。保健因素的满足对员工产生的效果是在工作环境中消除不满意的因素,运用在工作中可以理解为公司政策、管理措施、监督机制、人际关系、工作条件、工资福利等因素。

但是当人们认为这些因素可以接受时,它只是消除了不满意,并不会导致员工积极的工作态度;当这些因素恶化到员工可以接受的水平以下时,员工就会产生对工作的不满意。激励因素是指那些能满足个人自我实现需要的因素,包括成就、赏识、挑战性的工作、增加的工作责任以及成长和发展的机会。如果这些因素具备了,就能对人们产生更大的激励。从这个意义出发,赫茨伯格认为传统的激励假设,如工资激励、人际关系的改善、良好的工作条件等,都是必要条件,它们能消除不满意和防止产生问题,但不会产生积极的激励作用。因此,在知识经济时代,管理者应该认识到保健因素是必需的,但只有激励因素才能调动员工的积极性,使员工创造更好的工作成绩。

(三)公平理论

亚当斯的公平理论认为,当一个人做出了成绩并取得了报酬以后,他不仅关心自己所得报酬的绝对量,而且也关心自己所得报酬的相对量。个人公平感的产生,依赖于将个人自己的所得与投入之比和所观察到的他人的所得与投入之比进行比较的结果,若员工觉得自己的比率与他人相同,则认为是公平状态;若感到二者的比率不相同,尤其是自己的投入所得比率较低时,则会产生不公平感。员工会通过进行各个维度的比较,来确定自己所获报酬是否公平,比较的结果将直接影响着今后工作的积极性。

(四)目标设置理论

洛克的目标设置理论由三个部分组成:努力、绩效和满足感。努力是指对目标的努力,如果目标的完成轻而易举或高不可攀,都激发不了人的奋斗精神,只有当目标意义明确、难度适当时才能激发人努力的强烈愿望,同时,通过参与工作目标的最初建立过程,可以增强员工对目标的责任心,从而提高员工努力的程度;关于绩效的评价,除个人的努力外还与组织的支持、个人的能力有关;满足感是指完成预期目标后,必须经过一定的报酬才能致使员工满足的感觉。①

二、人力资源管理的内容和基本原则

企业人力资源管理是对人力资源获取、使用和创造价值的活动和过程的管理,具体包括发展规划、招聘选拔、培训开发、绩效考核、薪酬管理和员工关系管理。②

(一)人力资源管理的六大模块

1. 人力资源规划

人力资源规划,根据企业的发展战略、业务目标、内外部环境和条件的变化,使用科学的方法来预测企业的人力资源需求和供给,并制定相应的政策和措施,从而使企业人力资源实现供求平衡的过程,包括预测公司未来人力资源供给和需求、制定行动计划、控制和评估计划的过程。③

2. 员工招聘

员工招聘是指企业为满足自身发展的需要,向外部寻找、吸引并鼓励符合要求的人,到企业中任职和工作的过程。招聘的目的是确保企业的人力资源得到充分供应,使人力资源得到有效配置,从而提高人力资源的效率和产出。

---

① 程禾玉:《科技型中小企业在初创期的人力资源管理策略研究》,博士学位论文,苏州大学,2018 年。
② 段丁强、刘东华:《试论战略人力资源管理对企业绩效的影响》,《中国商论》2015 年第 11 期。
③ 周玉香:《H 公司人力资源管理信息系统规划与实施研究》,南京理工大学出版社2011 年版。

3.员工培训开发

员工培训开发是指企业为了实现企业目标,提高竞争力,以有计划、有组织、多层次、多渠道的方式组织员工进行学习和培训,从而不断提高员工的知识和技能,改进工作方式方法,激发员工创新意识的管理活动。[1]

4.员工考评

考评是考核和评价的总称。考核是为评价提供事实依据,只有在客观考核的基础上进行评价,才是公平合理的。评价的主要任务是为人力资源管理和开发提供信息,为人事决策提供依据。[2]

5.员工报酬

报酬是指员工从企业获得的作为个人劳动回报的各种报酬,一般包括经济报酬和非经济报酬。[3] 经济报酬是公司支付给员工使用他们劳动的金钱或实物。非经济报酬是指员工对工作本身或工作环境的满意程度,涉及工作的心理和物质环境。

6.员工关系

企业在生产经营过程中所形成的企业与员工、领导与员工以及员工与员工之间的关系。员工关系除了是指企业与员工之间的关系外,还应该包括企业内部的员工关系,企业内部的员工关系又包括领导与员工之间的关系及员工与员工之间的关系。[4]

(二)人力资源管理的基本原则

如同自然界都需要遵守自然法则一样,社会运行也要遵守社会法则,因此人力资源管理也需要遵守用人规则,人力资源配置的重要性要求管理实

---

[1] 刘斯珩:《XA集团培训评估体系研究》,北京交通大学出版社2012年版。

[2] 朱霞:《金汇公司绩效考核指标分析与优化研究》,《经营管理者》2011年第8期。

[3] 裴红:《广州育达公司薪酬方案优化研究》,兰州大学出版社2019年版。

[4] 刘志敏:《小企业员工关系管理研究》,首都经济贸易大学出版社2015年版。

践不得马虎,应遵循以下原则:

1. 合理原则

(1)选人合理。岗位人选应该符合岗位要求,既要考虑候选人是否优秀,又要考虑候选人的个体特点和发展潜力可以和岗位需求相匹配。在岗位选人上做到及时沟通、灵活协调和全盘考虑。

(2)用人合理。每个员工都能在自己适合的岗位上公平、充分地发挥自己的才能,不断让员工实现自我、突破自我,增强对公司的认同感和归属感。不能让同样或相似岗位的员工有些闲散度日,有些没日没夜,造成人才浪费或者过度消耗。

(3)结构合理。企业人力资源的结构包括岗位结构和人员结构。[1] 岗位结构合理指岗位设置符合企业各类工作职责需求,满足企业阶段发展需要。人员结构合理是指岗位人员的人数、年龄、性别、专业结构相互匹配,经验水平层次得当,可供协调和完善。

2. 动态调节原则

辩证唯物主义认为物质世界按照它本身所固有的规律运动、变化和发展。根据这一哲学思想,在企业发展过程中,员工和企业都随着环境的变化而不断变化。员工需要随着企业的发展而不断进行自我调整、自我适应和自我提升。

在这一过程中,企业应该首先考虑从内部进行选择,继续培养和开发现有潜力的员工,调整相应的岗位,为员工提供更高的发展平台。

3. 益企原则

在调整人力资源配置的过程中,不仅要实现人员、岗位结构的合理化,更要实现企业利润效益的最大化。人力资源的配置应遵循有利于企业的原则。每个企业都希望用最少额度的资金来获得最合适岗位的人员,最大限度地调动员工的积极性,得到员工最高的工作效率。

---

[1]　王馨:《论企业人力资源配置的原则与意义》,《现在经济信息》2019 年第 21 期。

三、初创企业人力资源管理的必要性

(一)创业人才的素质在创业中的作用

创业的关键在于创业人才。创业人才需要"创造"的勇气和魄力、"创新"的眼界和智慧。创业不仅是知识和技能优化整合创造价值的过程,更是创业意识和热情、智慧和动力融入创业活动的过程。充足的创业兴趣,不竭的创业动力和坚定的创业意志,可以为实现目标不懈努力。创业之路必定不是一帆风顺的,只有具有创业精神和意志的人才能坚持下去。

创业人才是在先天遗传的基础上,经过后天教育和环境的影响,具备创业需要的智力和非智力因素的人,具备创业所需的身心素质、思想道德素质、创业意识、创新创业精神、创业知识和创业能力。其中,身心素质、思想道德素质和创业知识是基本素质,创业意识、创新创业精神和创业能力是核心素质。身心素质是指创业者在先天遗传的基础上发展起来的身体素质和心理素质,主要表现为身体和心理的健康状况,身体是革命的本钱,没有好的身体,一切就无从谈起,创业又是一个复杂的过程,需要保持体力充沛、精力旺盛,同时创业也是一个心理矛盾不断斗争的过程,需要稳定的情绪、平衡的情感,身心素质是创业的基本保障。思想道德素质是在一定的教育和社会环境的影响下,形成比较稳定的思想素质、政治素质和道德素质。思想道德素质在创业过程中规范着创业者的创业行为,实现创业的目标和理想,是创业的灵魂。创业意识是创业者从事创业活动的强大内驱动力,是创业素质系统中的驱动系统,包括创业需要、创业动机、创业兴趣、创业理想等要素。创新创业精神也叫企业家精神,其具有高度的综合性、三维整体性、超越历史的先进性、鲜明的时代特征等这些基本特征。创业知识是指根据未来发展定位,满足自身创业需求的知识系统,主要包括专业知识、经营管理知识、综合性知识等。创业能力是指大学生在创业活动中能够胜任本职工作的各种能力,也是从事创业活动的内在依据。创业能力包括学习能力、人

际交往能力、资源整合能力、机会发掘能力、解决问题能力、组织管理能力等
要素。①

（二）专业人才在创业中的作用

劳动力是每一个企业最重要的投入因素,创业的成功很大程度上取决
于是否有合适的劳动力和专门的人才。一方面,从决策者的角度来看,创业
者需要寻找合适的管理人才,组建管理团队,经营新公司;另一方面,从员工
的角度来看,新公司需要寻找合适的专业技术人员进行生产。对于初创企
业来说,从当地劳动力市场上能招聘到所需的专业技术人员是非常重要的。
专业人才是指具备能完成其岗位职责具备所需胜任能力的员工,是有效支
撑企业战略的主体,通常包括技术研发、生产作业、营销、战略、人力资源、财
务、IT 等方面的人才。

专业人才能够有效地或者出色地完成企业某一时期的关键岗位任务,
在完成任务的过程中要表现出实际本领、能量和成熟度,是德能、体能、技能
和智能的高度统一。专业人才的能力具有以下几个特点:能力的综合性,而
且能力在形成和利用过程中受知识、经验、技能和素质等很多方面的影响;
能力的发挥要借助企业实践活动来展现;能力不是固定不变的,在实践中随
着时间的推移可能提高,也可能降低。

根据企业关键岗位和普通岗位的任职资格可以将专业人才的能力分
为基本能力和特殊能力。基本能力是指所有岗位要求的能力,是特殊能
力形成的基础。基本能力水平越高,形成特殊能力的条件越充分;特殊能
力是专业岗位与普通岗位任职资格相差的那部分能力,这些能力有些是
普通岗位要求的某一能力的强化,有些是完成新的岗位任务需要具备的
能力。②

---

① 杨晓慧:《大学生就业创业教育研究》,经济科学出版社 2015 年版,第 127 页。

② 王凤丽、卢凤君:《企业核心人才能力的系统分析及其有效利用》,《中国农业大学学
报(社会科学版)》2005 年 3 月 30 日。

（三）初创企业的特殊性对人力资源管理的要求

初创企业是刚刚创立的企业,一般规模不大,组织构成比较简单,没有充足的资金以及其他资源,而且各项制度还不完善,因此,人力资源管理工作也缺少制度依据,呈现出很强的随意性。同时,初创企业与其他企业相比,前景不够明确,资金和资源方面不够充足,对各类优秀人才的吸引力非常有限。[①] 因此初创企业人力资源管理要精准定位,根据自身特点,制定有针对性的招聘策略,运用灵活多变的留人方法,获得和保有优秀的人才。

对于当今社会来说,人才的重要性越来越凸显。人才众寡优劣直接影响着企业的发展。在日益激烈的市场竞争中,人才更是企业的核心资源。哪家公司拥有更多、更优秀的人才,才更能在众多公司的竞争中存活下来,也更有可能在未来发展下去,特别是对于以互联网为代表的知识密集型产业来说,人才的素质对企业发展尤其重要。互联网属于典型的技术驱动型行业,不同于其他传统行业,企业没有很多固定资产,人才是他们最大的资产。当前互联网技术和生态已经对各个垂直产业的产业链和内部价值链进行了重塑和改造,产业互联网的快速发展和用户的不断扩大使得互联网企业需要更多的人才来满足市场的不同需求。由此可见,人才对于企业的长期发展和稳定运营的重要程度,而对于初创企业,人力资源管理对人才,尤其是高素质人才的作用,决定了公司的生死存亡。

【案例分析】

新东方教育培训机构信息化人力资源系统与教师激励[②]

信息化对优化企业组织结构、业务和管理流程,改善组织决策质量,提高企业竞争力有着非常大的促进作用。

---

① 张萌:《论初创企业引人用人策略》,《人力资源管理》2016 年 6 月 8 日。
② 马瑞:《新东方教育培训机构信息化人力资源系统与教师激励》,《人才资源开发》2020 年第 8 期。

1. 员工招聘

随着信息技术的迅速发展,求职者和公司人力部门愈来愈多地使用网络的求职与招聘渠道,跨越时间空间的限制。通过信息化人力资源管理,快速地筛选符合岗位要求的教师,系统地记录教师职能所得所缺,为员工实现精准匹配。便于入职后对教师制订针对性培训方案,促进企业员工共同发展。

2. 精细化考核管理

信息化系统可与考勤硬件设备连接,支持异地原始考勤数据实时集中归纳等业务需求,考勤数据可以同步至薪资模块,作为薪资发放的依据。信息化人力资源管理系统更及时便利记录教师上班地点及考勤情况。精确的考勤体系准确记录员工的上课时长及学员人数,明确员工绩效,保证了教师的薪酬不受其他因素的影响,激励员工专心工作。

3. 薪酬、奖金与福利激励

在薪酬激励方面,研究发现员工对奖金的敏感度远高于对薪资的敏感度,尤其是奖金的获取原因、颁发奖金的荣誉感对员工的激励较大。信息化系统支持将企业薪酬标准落实到系统中,参照薪酬标准可进行员工定薪调薪。新东方采用创新的全面薪酬模式,全面薪酬体系不仅包含了传统的薪酬项目,还包含员工能力的培养方案、非物质性的激励方案等。

4. 教师培训与开发

初期培训的完成主要通过面试及培训流程发现问题并及时解决问题。在职培训方面,教育培训机构中,教师资格证不是必要的入职证书,但新东方会针对没有教师资格证的教师进行培训、考核,帮助入职教师提升自我价值,这种在职培训也为公司的教师资历及教育背景增加含金量。除此之外,新东方在职培训的主要方式有出国交流、国外深造、参加论坛讲座等,参与培训教师的名单均通过信息化人力资源系统分析后确定。

5. 营造企业文化

建立学习型企业文化。新东方作为中小学教育培训机构,要求教师拥有较高的教学水平。每一版授课教材均由学科教师集体协助完成,由公司组织聚集于一个大教室,分工合作完成课本及课堂PPT。为了减少教师的工作量,新东方公司花费大量人力物力财力培训辅导教师,并招聘大批的兼职助教帮助主讲教师分担工作量,给主讲教师极大的人文关怀。

点评:

对于初创企业而言,人力资源管理是非常必要的,因为初创企业在一切都不规范和不成熟的情况下,如何最大限度地提高所有人才的素质和发挥人才的作用是人力资源管理所面临的最紧迫问题,是关涉到企业生死存亡的大问题。

新东方通过信息化手段,从员工招聘开始就能够迅速筛选出所需员工,并为后续针对性的培训做准备,在后续的考核管理、报酬体系、员工培训和企业文化营造过程中,信息化手段能够做到精准匹配,报酬体系全面有效,员工开发培训针对性强,同时在人力资源管理中充分体现企业对员工的人文关怀。这些对于初创企业的人力资源管理而言都是极其重要的。

【思考作业】

1.人才对企业的重要性体现在哪些方面?

2.专业人才对初创企业的作用是什么?

3.什么是人力资源管理,初创企业人力资源管理的重点是什么?

4.人力资源管理的基本原则是什么?

第二节　初创企业的人力资源管理

【理论讲授】

初创企业的人力资源管理是针对初创企业的特点,运用创业者主管的资源管理模式,匹配累积型的人力资源战略,通过创业领导者发挥最大创业能力,创业核心团队带动所有人员发挥最大凝聚力,达到对生存立足这一短期目标的支撑。

一、初创企业人力资源

(一)初创企业人力资源的组成

新企业的人力资源由创业发起者、核心团队成员、基层团队等成员组成。

创业发起者是发起设立公司的人,其经验、知识和技能是新企业起步的基础。发起者在设立公司的过程中,要面临一系列的义务和责任,其个人素质可能会成为许多投资者决定是否投资的依据。一般来说,一个优秀的创业发起者应该具备创新能力、创业决心、实践经验、全局思维、专业知识等素养。创业发起者的整体素养以及个人魅力也是创业过程中吸引他人加入的重要因素。

核心团队成员是指以创业发起者为中心,团结在其周围,在创业初期加入的团队成员。他们有自己的职责分工,能够在自己的职责范围内很好地完成工作,并且能从自己的角度为企业规划。他们与创业发起者的关系更为紧密,通常是发起者可信任的朋友,能够与创业发起者同甘共苦。在创业初期,创业者需要找到合适的核心合作伙伴。核心伙伴的缺失或不当,会使公司起步困难,并给公司未来的发展带来障碍。通常,可以通过两种渠道找到核心合作伙伴,一种是通过自己的人脉关系,另一种是通过信任的人推荐。

处于创业阶段的中小企业,是企业的起步阶段,通常由一些共同工作过或彼此熟悉的人组成骨干层。根据实际情况,骨干层可能包括所有或部分决策、管理、执行和操作层,规模可能从几个人到一个综合团队不等。这一阶段人力资源管理的主要目标是建立满足业务需求的各级团队。人力资源管理的主体可以是不甚健全的人事部门,也可以是老板本人。对人力资源的需求应该基于特定的职位和业务,而不应该局限于非业务直接相关的要求,如学历和工作年限。同时,由于公司处于初创阶段,发展中存在不确定性,需要考虑到人才对公司的期望,在人力资源的需求中考虑到人员的积极性和中期稳定性。

核心团队成员不是恒久不变的。当创业公司发展到一定阶段,可能会出现部分核心成员不再具备相应的能力和精力。此时,有必要从外部引进管理团队,促进公司管理的规范化。

(二)初创企业人力资源管理的关键

创业期企业的短期目标是求生存,追求经济效益和社会效益的最大化。因此,初创企业没有太多精力进行新产品开发,产品市场领域较狭小,一般会采取防御型战略。与之相匹配的是累积型的人力资源战略,同时应当运用创业者主管模式,即由创业者主要管理人力资源。① 这种管理模式下,创

---

① 王婷:《基于企业周期的人力资源管理模式研究》,武汉理工大学出版社 2008 年版。

业者的素质将决定公司未来人力资源管理的素质,因此需要注重提高创业者的素质,充分发挥其人格魅力、创造力和影响力,并建立强有力的领导制度。员工层面,要使员工最大化参与技能培训,充分发掘和获得员工的最大潜力和综合技能,促进人才成长,并形成强大的凝聚力。

二、创业团队的组建与管理

(一)创业团队概述

所谓团队,就是为了达到某一目标而由个人组成的一个正式的团体。创业团队是指在创业初期,由一群人才互补、责任互补、愿意为共同的创业目标而奋斗的人组成的特殊群体,他们一起工作,产生积极的协同效应,而这种效应的结果是使个人的贡献互补。

通常创业团队由四个元素组成:一是目标,团队成员的共同目标可以凝聚所有的力量,它是创业成功的一个不可或缺的因素;二是人员,是任何计划的根本和基本要素,是必不可少的;三是团队成员的角色分配,明确每个人在团队中的责任;四是创业计划,即制定计划指导成员做什么和在不同的阶段分别做哪些工作。

从所有权的角度来看,创业团队的定义是两个或两个以上的个人共同创建公司,拥有共同的股权利益,对公司的战略选择有直接的影响。从人员构成上看,创业团队是参与并致力于公司创建、克服创业困难和分享创业成果的所有成员。从参与时间的角度来看,创业团队的人掌管公司,是公司成立初或最初几年加入公司的成员,一般不包括没有公司股权的一般员工。

(二)创业团队的组建

创业团队是新企业的核心。因为基于创业团队的绩效往往比单个企业家创建的企业的绩效要好。创业团队在创业成功的过程中起着至关重要的作用。创建一个高效的创业团队通常从团队的形成开始。从人力资源管理的角度来看,建立一个优势互补的创业团队是保持创业团队稳定性的关键。在创建一个团队时,不仅要考虑成员之间的人际关系和家庭关系,更重要的是要考虑成员之间技能和背景的互补性。

1. 团队成员的知识结构

任何创业团队都是一样的,知识结构要科学合理,既需要技术人员,也需要市场销售人员,以增加创业成功的可能。如果只有纯粹的技术人员,产品将不可避免地与市场脱节;而如果都是市场人员和销售人员,对技术的认识和敏感性又不够,很容易迷失方向。因此,在选拔创业团队成员时,要充分重视人才的知识结构,涵盖技术、管理、市场、销售等,充分发挥每个人的知识和经验优势。

2. 团队成员的性格

通常,组成创业团队的成员大多是熟人,如亲戚、校友、同学等。在业务开始时,创业团队成员将几乎所有的精力投入到创业中,性格特征并未凸显。公司发展到一定阶段后,需要共同处理、协调的事务和进行的决策越来越多,每个成员的个性会日渐显现,性格冲突引发的矛盾就会产生。如果无法妥善处理,冲突加剧,可能导致创业团队的分崩离析,甚至整个创业的失败。

3. 团队成员的价值观

可以说,企业文化的最初形态是由创业团队成员的价值观和道德品质决定的,因此团队成员的价值观至关重要。由于成年人的价值观难以改变,最好在创业团队创建的初始阶段就进行深入沟通和充分了解。具有相似价值观的人组成一个创业团队,创业成功的可能性更大。

(三)创业团队的管理

创业团队可以从知识结构、情感结构和动机结构三个方面实施管理[1]。知识结构反映了创业团队成功创业的能力和素质;情感结构是创业团队保

---

[1] 杨俊:《创业团队的最佳结构模式》,《中外管理》2013 年第 11 期。

持凝聚力的重要保证;动机结构是创业团队实现理念和价值认同的关键因素。

知识结构管理以知识和技能的互补性为核心。这种互补性又要以创业任务为核心,强调创业团队具有完成创业相关任务的完整能力。知识和技能的互补性是创业团队实现有效分工的重要基础。取长而非补短是一条重要的原则。

情感结构管理是以关注年龄、教育背景等不可控因素的适度差异为重点。如果创业团队的年龄和学历背景差距过大,团队成员在面对同一问题时很有可能会产生不同的话语体系,在这种状态下容易产生冲突和争论并且没有达成一致的途径,进而演变为情感冲突。一旦出现这种情况,创业团队就不得不在沟通方式的设计和内部冲突的解决上浪费时间和精力。内耗大于建设,这不利于企业的成功。

动机结构管理要关注创业团队成员在理念和价值观上是否相似。如果创业团队成员的价值观差异很大,对企业的规划目标也会有不同的理解。如想做事业的成员比起短期收益的多少和自己的所得,更注重短期收益能为企业长期发展提供的动力,而有赚钱动机的成员则不会轻易认同为长期发展而牺牲短期收益的决策。与之相反,相似的价值观和理念可以帮助创业团队达成一致的愿景和方向,帮助创业团队克服创业挑战,取得成功。

三、初创企业人才的招聘与留用

(一)快捷高效招到人才

人力资源需求和供给要根据企业内外部环境和行业的变化进行预测,以确保企业能在需要的时间保持必要岗位上有必需的人力资源。因此准备一个合理的人力资源计划,不仅是实现企业的发展战略目标的保障,同时也是人力资源管理的具体活动的基础。只有这样才能保证人员充分发挥自己的才能,最终实现人力资源和其他资源的合理配置。

按照企业人力资源规划制定合理的招聘计划,按部就班地实施招聘工作,将有效避免初创企业人员招聘中的盲目性和随意性。对于初创企业来说,在激烈的市场竞争中生存是首要任务,这决定了公司的发展方向会随时调整,长期的发展计划要灵活多变。因此,这就要求人力资源规划的制定既要遵循长期规划,也要进行短期调整,以确保长期计划符合公司的发展战略,同时可以根据公司的业务发展在任何时间灵活调整,以更好地指导公司的招聘工作。而考虑长期规划,招聘工作就不能只考虑当前的人力需求和配置要求,还要注意必要的人力储备。特别是对于资源有限、制度不健全的初创企业来说,吸引优秀人才的竞争力无法与成熟的企业相比。在这种情况下,人才储备的作用更加关键。应届毕业生可以作为人才储备的主要对象。虽然没有相应的经验,但是他们可以作为后备人才,在一些基本岗位上进行锻炼,得到成长,从而在公司需要的时候迅速填补空缺。此外,一些在关键岗位落选的候选人和前员工也可以纳入公司的人才库。虽然他们当前因为客观或者主观上的原因没有进入企业,但是这些资源毕竟都是经过初步筛选的,在紧急时刻这比在一个巨大的简历数据库中重新搜索合适的候选人要有效率得多。

(二)留住员工的心

过大的人员流动会造成企业人力资源成本的消耗增加。新企业要留住人才应该充分挖掘自身优势,建立和谐的企业管理模式,留住员工的心。

1. 制定企业可展望的愿景目标

目标是指导企业持续发展的方向,一个企业能走多远取决于它有什么样的发展目标和愿景。制定的目标应:符合公司和团队的实际情况,顺应市场环境的未来趋势;避免华而不实,急功近利;汲取了核心团队的建议,能与核心团队成员产生共鸣;具备凝聚人心的能力和明确的指导方向。此外,一旦目标确定了,就不能随意改变。目标的实现是一个长期的过程,这对于初创企业来说是相当困难的。目标的实现是一个孤独的、艰苦的工作,甚至可以说是"痛苦"的过程。

2. 注重团队建设

初创企业人员流动性大,因此更要注重团队的凝聚力,以提升员工的归属感。团队成员离开的时候,要分析企业团队自身存在的问题,而不是从个人感情上抱怨离开的员工。大多数离开创业团队的人不是因为当前的收入和企业的规模,而是在企业中缺少归属感和价值体现。

要增强团队凝聚力,就要形成团队共识,即可以使团队成员自觉接受的企业文化和目标;营造和谐互助的团队工作氛围;定期组织团队成员参与有意义的集体活动;建立团队协作和协调的工作流程。

3. 注重有效沟通

创业团队成员存在的个体差异会在面对实际问题中随时体现,这是不可避免的。而有效沟通可以帮助团队成员理解个体差异性。积极的沟通可以缓解团队内部由于差异性产生的冲突,加深团队成员之间的相互理解,满足团队成员信息对等的需求,为团队营造和谐的创业氛围。因此要有意识地提供途径,加强团队成员之间的有效沟通。可以建立团队成员相互之间平等交流、沟通的平台。通过此平台,上级可以倾听、搜集下级的意见,下级向上级传递、反馈自己的问题与想法,最终形成具有较强凝聚力的创业团队。[1]

(三)让员工成为股东

在创业初期,创业公司一般以有限责任公司的形式存在。创业团队成员权益的分配是一个敏感、困难而又重要的问题。创业团队的股权分配是指以法律文本的形式明确利润分配计划,明确定义了最基本的权利和责任,尤其是股票、期权和红利以及增资、股本扩张、融资、撤资等和团队成员密切相关的利益要素。在团队组建初期,由于无法准确地衡量每个成员在创业公司中的作用和贡献,所以可以考虑用"未来股票"的方法让每位成员成为股东,也就是说,给创业团队的成员,提前签署内部协议,承诺在工作一定年限、做出一定贡献后,成员可以获得创业公司一定数量的名义股份。

---

① 刘丽燕:《基于目标管理的创业团队管理》,《现代经济信息》2016 年第 14 期。

在实施股票计划和未来股票计划时,公司的名义股东和每位股东的名义股份往往与公司章程中的实际股东和股份不一致。股东身份和股权的真实确认往往要经过必要的法律程序,只有经过变更才能实现。另外,一些股份要尽量预留,一部分根据团队成员的贡献在一定的时间内(比如1年或3年)分配,另一部分留给未来的团队成员和重要员工。

【案例分析】

3M公司培养"共度职业生涯"的员工①

《中外管理》通过专访其大中华区人力资源总监Laura Lorenz,了解3M公司如何招聘和管理那些值得信任的员工,以及如何在不同的文化差异下铸造自己的百年基业。

"尊重员工的尊严和价值,这是我们整个公司历史发展过程中始终不变的核心理念。这个价值观指导了我们的决策,并且培养了我们的企业文化。"Laura Lorenz对《中外管理》着重介绍了3M公司的价值观。

其实,Laura Lorenz在3M公司的成长历程,就是这种价值观的体现。"我的整个职业生涯几乎都是在3M度过的。我在这里与人力资源部门共同成长。"

毕业于威斯康星大学人力资源管理专业,并获得美国明尼苏达大学卡尔森管理学院人力资源及劳资关系硕士学位的Laura Lorenz,在3M公司工作已有18年的时间。Laura Lorenz表示,在3M她见证了人力资源专业的理论,以及3M的人力资源方法论是如何随着时间的推移而不断发展的。作为HR总监,她负责管理的人力资源部门为约8000名员工提供人力资源支持,涵盖12个工厂及物流中心、2个研发中心、4个技术中心、26个办事处。

对于3M在人力资源管理方面的突出特点,Laura Lorenz开门见山地向《中外管理》讲道,3M在全球各区域的很多人力资源管理流程是一样的,各

---

① 朱冬:《3M公司培养"共度职业生涯"的员工》,《中外管理》2019年第4期。

区域的价值观也是一样的。

1. 尊重员工的价值。尊重每一位员工,让他们感到自己的价值以及为实现企业目标所做出的贡献。

2. 鼓励员工的主动性。提供开放的环境,鼓励员工勇敢尝试新事物,积极主动并保持好奇心。

3. 提供员工成长和探索的机会。为改善员工体验,3M 采用了员工学习和职业发展的"7-2-1"理论——70%的职业发展来自岗位培训和学习,即通过轮岗来体验不同的岗位,了解不同的业务和岗位职责,从而促进员工个人的职业发展;20%的职业发展来自向他人学习,即协作和沟通文化;最后的 10%来源于正式培训,比如研讨会、正式的高级训练、阅读和课堂培训等。

点评:

初创企业的人力资源主要包括发起者、核心团队成员、管理团队等,人力资源管理也主要是针对这些人的管理。其中发起者发挥着极为重要的作用,因为他的整体素质决定着企业对其他人员的吸引力。发起者组织起来的核心团队如果能够同甘共苦,初创企业的发展将极为迅速,反之则会对企业发展带来困扰。

3M 公司的人力资源管理以培养"共度职业生涯"的员工为目标,员工并非企业随时能够替换掉的螺丝钉,而要让员工与企业共成长。正如案例中所言,3M 公司能够尊重员工的价值,鼓励员工的主动性,并为员工成长提供相应的机会,能够长期保持员工的稳定,这恰恰是企业成长所需的。

【思考作业】

1. 初创企业主要由哪些人才组成,分析其各自承担的角色与重要程度。

2. 对创业团队进行管理,要注意哪些问题?

3. 如何招到企业需要的人才,并吸引对方留在企业共同奋斗?

第三节　如何实施人力资源管理

【理论讲授】

实施人力资源管理要根据企业不同阶段人力资源管理的问题找到重点,根据创业战略对企业的人力资源的需求进行合理的规划,并制定有效的管理制度。其中,制定能够激发企业员工的薪酬管理制度是实施人力资源管理的重要内容。

一、不同阶段的人力资源管理重点

（一）初创期:创业者就是人力资源总监

在创业阶段,创业者就是企业的人力资源总监。这一阶段员工的业务水平、文化修养和道德素质决定了公司未来的发展前景,因此人员的选拔和招聘是人力资源管理职能中最重要的部分。初创企业要生存需要获得一专多能、经验丰富的生产技术人员和销售人员。他们有能力,有抱负,可以在核心岗位上承担重要职责。在企业中一般会作为中、高层参与决策。在招聘过程中,创业者要格外注意甄选,能达成共识,拥有共同的价值观,才可能初步留住这些人才。

在创业初期,资金往往呈现净流出。财务上的压力会使企业招聘在薪资上对人才的吸引力较弱。在这种情况下,创业者可以采取工资和福利占比比重较小,而绩效奖金占比较大的薪酬结构来吸引人才。对于企业急需的技术人才、管理人才、营销人才,创业者可以做出承诺或达成协议,以股权、未来收益或未来职位等长期激励来替代目前无法给予的高薪。①

除了在薪酬结构上形成长期激励外,初创企业还应为员工提供施展才华的机会和发展空间。创业者应积极引导员工,使员工不仅能在工作中清楚地感受到自己的价值,实现业绩,而且能充分享受劳动成果。将个人成长与企业发展紧密地联系在一起,充分挖掘员工的潜能。从而在这一工作过程中,培养一批技术和管理人才并合理利用。在吸引和留住人才的同时促进人才的组织化,为今后企业走出初创阶段后,人力资源管理的标准化、制度化奠定了坚实的基础。

创业阶段的员工培训主要是通过个人在工作实践中的自我锻炼,达到自我领悟。公司培训的目标是让大量一线生产人员尽快掌握生产技能和日常操作技能,使公司尽快步入正轨,正常生产,并逐步提高劳动生产率。与此同时,企业可以利用外部力量,培养一批由技术人员转型的营销人员。

在初创阶段,与创业者并肩奋斗会让员工具有强烈的使命感,能够与企业同甘共苦。创业者的价值观就是企业的价值观。因此,创业者应抓住适当的时机,营造孕育企业文化的氛围和环境,并着手搭建人力资源管理的基

---

① 黄勤:《企业生命周期的人力资源管理》,硕士学位论文,南京工业大学,2005 年。

础平台,为未来的企业人力资源管理和人才管理的规范化、制度化奠定基础。

(二)快速成长期:人力资源管理不可或缺

在经历了求生阶段后,企业逐渐转向了中长期发展战略。在核心技术和核心产品的有限效益支撑下,企业的战略重点是核心产品的多元化发展及精细的市场分析。与之相匹配的人力资源战略仍是累积性策略。而在获得员工最大潜能的基础上,应强调完善组织架构,结合组织建设加强人员培训,从而吸纳和培养高级人才;继续维护和巩固与员工建立的共同愿景,形成被广泛认可的公司自身核心价值观,提炼独特的企业文化;建立员工与公司之间信任和承诺关系,实现员工自我发展和管理。

在人力资源规划方面,最重要的是从前期创业者为主导的人力资源管理模式转变为更科学有效的制度管理模式。首先进行工作分析和岗位设计。根据企业的发展战略明确各部门的发展需要,对人力资源的供给和需求做好预测。之后建立招聘、培训、开发、管理人才的有效制度,在吸引和留住人才的基础上,尽可能地避免浪费人才、消耗人才,发挥每一个人的最大优势。

在快速成长阶段,随着企业规模的扩大,岗位级别开始明确,工作职能进一步划分,需要补充大量人才。招聘选拔仍是这一阶段人力资源管理的重要组成部分,特别是对高层次人才的挖掘会直接影响到企业的发展进程。

高层次人才的引进和培养离不开科学有效的企业培训体制。人员的快速增加使企业培训的目标除了实现生产外,还应该包括提升岗位技能,建立质量理念、竞争理念和营销理念,拓展区域市场开发能力,增加客户沟通技能和融入企业文化等方面。企业要尽快让新入职的员工融入企业,接受企业的核心价值观,成为企业真正的一部分,并通过考核评估,逐步有计划、有目的地对潜在的高层次人才进行培养,以满足公司发展的需要。建立目标管理与绩效评估相结合的动态评估体系是留住人才和培养人才的关键。人力资源部通过与员工所在部门的一线经理进行工作分析和沟通形成工作描述,明确员工的职责,并逐步为每个员工设定工作目标。在薪酬体系的设计中,也要随之建立以岗位为基础的薪酬体系。同一职位,根据员工的表现和技能被分为多个级别,同职位级别发放相同的工资,以体现公平性。快速发展的企业仍然需要个人的贡献,体现个人价值的绩效奖金应在薪酬结构中占较大的比例。通过以岗位级别为基础的薪酬福利结构,使员工对完成工作目标的绩效政策保有期待,更能明确自己的方向。另外,这一阶段的薪酬应具备一定的外部竞争力。基本工资和福利待遇的适当提高可以更容易吸引高端人才。

企业在成长阶段的魅力在于快速发展能够给员工带来良好的企业愿景,使员工增强了对企业的信心,感到自己的职业生涯有了保障,满足了马斯洛需求层次理论中的生理和安全需求。同时,这一阶段的企业可以为员工提供展现才能的平台、充足的上升空间、丰富的晋升渠道,进而满足了社会需求和尊重需求。通过个人努力达到的薪资水平和职位晋升,甚至可以满足员工自我实现的需求。需求满足即可达到激励的目的,形成良好的企业文化。通过企业文化和个人价值观、企业制度和个人偏好、企业薪酬机制和个人希望效用、企业利益和个人目标之间的匹配和和谐,实现公司与员工的双赢。

(三)成熟期:员工与企业契合是关键

企业在经历了快速成长阶段后,开始进入一个相对稳定的阶段,称为成熟期。此时生产规模和营业额可以保持一个比较平稳的水平,但是也意味着不再容易实现大的增长和突破。成熟企业的战略重点是增强活力、自我更新。在巩固核心竞争力的同时,要发展新业务,实现多方位增长,进一步实现盈利与增长的平衡。相匹配的人力资源管理战略为协助型战略。以学习型转向为核心,以输送创新人才为关键,为公司发展提供长期规划,建立学习型人力资源储备库。这一阶段应特别注意选拔年轻有为的中青年人才,这是企业关键岗位的新鲜血液;加强针对性培训,将人才作为公司的核心资本予以运作,以优于竞争对手的人才垄断战略来确保企业的人才优势,提高自我更新能力;同时,打造和规范积极进取、以人为本的企业文化。

对自我更新的追求是成熟企业发展和延续的基础。人力资源规划应着重于可持续发展和制定学习型人力资源政策。可持续发展方面,根据公司的战略规划和人力资源预测,制定关键人力资源"长名单",即确定企业需要的人才类型和数量,做好培训、招聘和减少计划,使企业在关键岗位上有两到三名后备接替人,做好接班人规划。人力资源政策方面,通过制定有效的人力资源政策,打造学习型的企业。灵活运用人力资源的各种功能,使员工层面和企业层面都能不拘泥于常规程序,以问题为导向,接纳创新思维方式和建立以增强企业学习力和提高员工综合素质为目标所构建的学习求知的目标管理体系。在成熟期的后期,企业容易患上成为"大企业"的盲目屈从惯性弊病,创新精神逐步削弱,而企业成为学习型组织,可以通过有效的以发展为导向的绩效管理,防止这种创新精神的衰退。发展型绩效管理注重企业和员工的共同发展,将团队考核与个人考核相结合。成熟期企业可以通过培训,引导员工不断打破旧的思维模式,创造适应发展的新思维模式,使员工能够适应日益激烈的竞争环境,具备终身就业的能力。公司还应该通过培训,引导员工逐步适应公司的战略,发展方向符合公司要求,并帮助员工正确处理个人职业生涯设计和职业发展目标之间的关系,不断提高员工的工作水平和效率,从而将个人成长与企业成长有机结合起来。

由于培训体制的学习型转变,加之成熟期企业扩张速度的放缓,新岗位的增加大幅减少,与初创期和快速成长期相比,企业的招聘工作量会大大减少。但随着人才评价体系的进一步完善,人才招聘工作也更加规范,企业更加重视招聘质量。招聘目标主要有两个:一是替换人员;二是为公司战略的实施向关键岗位输送可以推陈出新的新鲜血液。成熟阶段的公司应该引入裁员机制。一方面,减少因技术进步造成的劳动力冗余。裁减多余人力可以降低成本,减少企业在市场竞争中保持优势的压力。另一方面,企业利用有效的绩效管理来重新分配或裁减与岗位不匹配的人员,以保证企业战略的有效实施。不管裁员的原因是什么,都应该采取一些安抚措施,为被裁减人员的再就业做一定的铺垫和缓冲支持。

成熟企业的内部管理规范,凸显岗位薪酬制度的重要。企业薪酬的外部竞争力不再被特别强调,员工越来越关注企业薪酬的内部公平性。此时,公司可以采取以岗位为基础,以激励为导向的薪酬策略,并融入自助餐式的弹性福利政策。

成熟阶段的企业应该区别对待员工的个体差异,激励方法和手段更加多样化,最大限度地将个人需求与组织目标结合起来,充分调动个人的潜力,使激励效果最大化。企业激励的重点是利用人才、培养人才和激发人才。特别是对于专业技术人员,应采取工作自主性强、灵活的工作制度;通过工作分享、创新授权、自我管理,以及营造良好的工作环境等激励方法,调动员工对工作的热情,使人的个性和创造力得到充分发挥。

(四)变革期:企业搭台员工唱戏

企业发展到变革转型阶段意味着企业由成熟走向衰退,但是衰退并不意味着走向灭亡,它通常是企业的发展低谷。要走出低谷,企业必须变革转型。因此,企业应收缩战略,控制成本,重组和整合其他的业务,剥离亏损业务和不良资产,重新评估核心竞争力,并有计划地培育新的利润增长点。通过能够发挥企业核心竞争力的业务和资产,重新建立以客户为导向的管理体系,实现企业的再造与转型。相应地,企业的战略分析将专注于资产管理计划和资源分配,将有限的资源进行科学合理的配置,使新增优质业务给企业带来活力和发展。在必要的时候可以考虑引进外部力量进行合作以求得进一步发展。企业的战略重点在于创新,通过一系列的改革举措,如岗位结构再设计、企业管理制度创新、管理方法创新、企业价值链创新、人才管理重组、高级管理人员重组、建立学习型组织等,增强企业活力和动力,培育企业新的核心竞争力。[1] 匹配的人力资源管理策略是基于高技能的使用和新知识的获取的有效策略。企业采用虚拟管理模式,结合自身的实际发展状况,利用其他社会优势对人力资源进行开发和管理。在降低享受优势资源成本

[1] 黄勤:《企业生命周期的人力资源管理》,硕士学位论文,南京工业大学,2005 年。

的同时,也提高了企业的工作效率。

内部自我变革和创新对于已经成熟的企业相对是比较困难的,具体实施企业转型的方法是让外部咨询顾问以局外人的角度来审视企业当前人力资源管理存在的问题,引进新的思路和方法,这将有助于打破思维定式,增加企业的活力,促进学习型组织的建立。转型时期企业人力资源战略的核心是人才转型,为员工的后期发展提供指导。同时,招聘和培养新领域的人才,实现企业的二次创业。

二、人力资源规划与管理制度

初创企业在人力资源管理上的弊端是阻碍企业渡过创业期进一步发展的主要障碍,仅仅认识到这些问题是不够的,只有针对这些问题制定合理的人力资源规划和管理制度,才能保证创业的道路走得更久。

(一)人力资源规划内容

人力资源规划是指通过对人力资源需求和供给的预测,制订人力资源补充计划、晋升计划、人员配置与挑战计划、培训开发计划以及薪酬计划等。

1. 人力发展规划

人力开发包括人力预测、补充和培训,是一个有机的整体。人力资源规划需要分析人力的现状,并预测未来的人力需求,使公司能够充分考虑人员的增减,进而制定人员的招聘和培训计划。

2. 合理运用人力资源

公司的人力资源需要合理配置。在一些配置不合理的公司里,有些员工不能做他们想做的事,有些员工能力没有得到充分利用,有些员工无法胜任自己的工作。要满足企业发展,需要修正和改善人力分配的不平衡,努力实现合理分配。

3. 配合企业发展

企业需要不断追求生存和发展,而最主要的因素就是人力资源的获取和利用,也就是使企业获得所需的各种人力资源。考虑到社会不断变化的各种因素,企业的发展目标也应该随之进行调整,配合企业发展的人力资源规划显得尤为重要。

4.降低用人成本

人力资源规划分析现有的人力资源结构,找出人力资源使用的瓶颈,以充分利用资源,降低人力成本在所有成本中的比例。

5.具体工作

通过人事档案判断和分析现有人力资源的利用情况,充分了解技术人员、销售人员、管理人员、项目人员等各类人员的情况。

对未来人力需求进行预测,包括所需人力的数量、所需人力的类型、各种人力类型的组合,以及内部和外部劳动力的供给。

通过招聘、录用、培训、提升、发展和酬劳等行为来弥补人力空缺。

定期检查人力资源目标的实现程度,反馈人力资源的实际信息,对企业人力资源进行控制与评价。

(二)人力资源规划重点

创业初期的人力资源规划需要把握好四个核心:企业业务、企业规模、企业发展规划、人力资源运行模式。

1.初创企业的人力资源规划应主要考虑业务在整个市场的发展水平(包括技术、生产、销售和其他主要方面)。在支撑公司整体运作的基础上,应该与公司的长期发展计划相匹配,按照业务范围和业务水平安排相应能力的人员。

2.在人力资源规划中需要考虑的一个重要因素是公司规模,提前预测公司的生产能力和销售前景最为重要。如果估计不正确,要么造成人力资源的浪费,要么造成人员的短缺。

3.公司的人力资源规划肯定会受企业发展规划的影响。确切地说,人力资源规划是整个企业发展规划的一部分。企业的不同发展阶段有不同的战略规划,也应有与之匹配的人力资源战略。

4.企业应该有自己的人力资源运行模式。从人力资源规划的角度来看,首先应该有一套较为完善的薪酬分配制度,即利益分配机制。这是最基本的规则。先定规则再招聘人。换句话说,就是先要确定建立什么部门,建立什么职位,这个岗位的职责是什么,招聘的人需要完成什么基本目标或任务。当这些问题都明确后,再开展招聘才是合乎逻辑的。

(三)人力资源管理制度

企业人力资源管理系统是企业系统的一个部分,是企业人力资源的一个特殊生产要素。人力资源管理系统是人事管理中需要遵守的一系列安排、调整规则或组织形式,必须符合各级经营活动的要求,并对所需要的人力资源进行科学的组织、协调、控制、使用、开发、归纳、部署和监督。

对于一个新企业来说,这个系统很难是全面的,但其中一些关键的内容是不可缺少的。初创企业的人力资源体系主要有 4 个关键系统:工资分配制度;考勤系统;人员招聘系统;奖惩制度。其他如培训体系、考核体系等都是可以灵活调整的。人力资源体系的制定必须符合企业的实际情况,尤其是薪酬体系,要真正发挥对员工的激励作用。

三、企业的薪酬管理

薪酬是影响员工工作满意度的重要因素,是员工为公司提供服务的有形回报,同时也是对员工工作和生活保障的认可。[①] 薪酬通常被视为是员工价值的体现,也被视为是地位和事业成功的标志。员工的薪酬应该与他们的技能和期望相一致。

(一)判断岗位价值

一份工作的岗位价值是决定薪酬的基础。而判断岗位价值首先要明确

---

① 杨卫、李志萍:《泰事达公司薪酬体系存在的问题与对策》,《人力资源管理》2011 年第 2 期。

这个工作岗位的工作职责、任务、内容等。公司管理层应结合公司的经营目标，在业务分析和人员分析的基础上明确部门职能和职位关系。人力资源部和各部门负责人根据各部门职能和职位关系，合作编制岗位说明。通过岗位说明明确工作的职责、组织的定位、所需人员的技能等。

以岗位说明为依据进行岗位评价。岗位评价可以解决薪酬的内部公平性问题：一是比较企业内部各个职位的相对重要性，获得一系列的职位等级；二是建立统一的岗位薪酬评价标准，为确保工资公平奠定基础。

确定岗位的具体价值可以通过以下办法：根据每个岗位的内容对每个岗位对企业的贡献进行比较，即对岗位薪酬因素进行比较、分析和衡量，从而得到每个职位对企业的相对价值的顺序、等级、分数或象征性的金额。工作完成越困难，对公司的贡献越大，对公司的重要性越高，相对价值也越大。公司各岗位的工资按照这一具体价值确定，保证了公司工资制度的内在公平性。

（二）了解市场行情

薪酬调查是通过各种常规方法获取相关公司各岗位的薪酬水平及相关信息。对薪酬调查结果进行统计和分析，将成为企业薪酬管理决策的有效依据。事实上，这个步骤不应该列在前一个步骤之后，两者应该同时进行，甚至在薪酬结构调整之前，考虑到内在的公平性。调查要包含相同地区和相同行业主要竞争对手的薪酬情况。薪酬调查数据应包括上一年度的薪酬增长情况、不同薪酬结构的比较情况、不同职位和不同级别的薪酬数据、奖金福利状况、长期激励措施、未来趋势分析等。

薪酬调查的渠道通常包括公司之间的相互调查；委托专业机构进行调查；从公开的信息中了解等。数据源首先从公共数据中查询，如由国家和地区统计机构、劳动人事部门、工会公开发布的数据，以及人才交流市场和组织、相关高等院校、研究机构和咨询单位的书籍和档案、年鉴等。其次，通过抽样访谈或发放专项问卷的方式进行收集。

根据调查信息和岗位评价结果，将岗位与市场薪酬进行一一对应，绘制出市场薪酬曲线,显示出市场薪酬水平与岗位评价所决定的岗位价值之间的关系。参照同地区其他公司的现有薪酬,调整公司相应岗位的薪酬,保证公司薪酬制度的外部公平性。

(三)薪酬的周全性

在进行岗位价值判断和市场行情了解后,公司将多种工种的工资按照其确定的工资结构合并成若干等级,形成工资等级系列。通过这一步,可以确定公司每个职位的具体薪酬范围,以确保每个员工的公平。

1. 薪酬等级

如果工资是根据每个工作的相对价值支付的,那么可能会发生每个工作有不同的工资。为此,企业必须首先将类似职位划分为相同的薪酬水平,使薪酬管理具有可操作性。如果采用设定等级法进行岗位评价,关键是等级划分与对应工资的等级;如果用计分法进行岗位评价,那么相似分数的职位对应相同的工资等级。在正常情况下,公司有 10 到 15 个工资等级。

2. 薪酬幅度

薪酬幅度是指同一薪酬级别内的薪酬上限与薪酬下限之间的范围。公司通常在市场工资曲线上选择相应的点作为上下限的中心。上限值和下限值与中心的差别通常是某个百分定值,如 15% 或 20%。工资等级越高,最高工资与最低工资之间的差距越大。同一工资等级内的工资水平必然存在差距,因为除了职务特征外,员工的工资水平还应该与资历、能力和工作表现相关。工作表现好的老员工可能会按其职位工资水平的上限给予薪酬,而工作能力一般的新员工可能会按职位工资水平的下限给予薪酬。差距的存在也增加了薪酬调整的灵活性。员工的加薪可以在与岗位相对应的原有工资等级范围内进行,而不需要上升到新的工资等级。

当工资等级范围大到一定程度时,就会出现某一工资等级上限值高于上一工资等级下限。这种薪酬结构产生的激励效应使员工会投入更多的精力和热情去做自己的工作,对工作本身的兴趣会大于对升职的兴趣。

（四）薪资谈判方式

对于初创成长型的中小企业,如果需要招聘有能力的人胜任专业技术岗位和关键管理岗位,往往很难与竞聘者进行薪酬谈判。因此需要准备多种薪资谈判方式,尽可能地招揽人才。

一是放平心态,要具备足够的耐心寻找有才华的人。具备同样能力的人才工资相差很多是很常见的,有时差值是 1 倍,有时甚至是 10 倍以上。原因可能是行业要求和制度不同、地域消费水平不同,也可能是由于年龄、经验、家庭背景和心理诉求不同,等等。信息不对称是很常见的事情,所以作为一个成长中的中小企业,不要急于求成,只要广开信息通道,积极搜集人才市场上的信息,总能找到高质量、低价格的人才。

二是利用信息不对称进行薪酬谈判。强力压缩薪酬灵活性。作为一个公司,你不仅要了解自己和竞争对手,还要了解整个人才市场,做到知己知彼知世界。知己就是知道自己企业的人力资源规划和薪资结构现状;知彼是知道竞争对手的招聘策略和拟招聘的人才的所需所求和过去的薪资待遇;知世界是了解同级别人才在人才市场上的平均工资水平,甚至了解其社会关系(同学、亲戚、朋友等)的工资待遇。在这方面,企业与应聘者相比要做到信息强势状态。公司在调查和了解全面信息的基础上与应聘者进行谈判,可以降低应聘者的心理期望,让应聘者主动降低自己的薪资要求。

三是积极宣传自己的事业,吸引具备同样职业理想的人才。向应聘者介绍公司所在行业的发展趋势和背景;引导应聘者浏览公司网站及相关宣传册,了解公司的发展历史、现状以及未来的趋势和发展战略;带领应聘者参观公司,介绍公司管理团队,介绍企业文化;结合应聘者自身特点,制定简洁、有希望的职业规划,满足应聘者的成长愿望;同时根据应聘者的实际情况积极引导其认同企业的发展理念,能够跟企业共同奋斗,体验与企业共同成长的成就感。积极的理念引导和对未来成就达成的期望可以代替求职者对实际薪水的诉求。

四是用心理战术降低应聘者对薪资的心理期望值。无论企业人力资源有多紧缺,在薪酬谈判阶段都不能操之过急。当人才的期望薪酬远高于自己公司的薪酬水平时,要充分利用时间的维度来解决问题,不要轻易放弃。

五是实行"固定工资+浮动工资"。如果在招聘高水平人才时工资待遇很难协商的话,可以提出基本工资和浮动薪酬相结合的方案。其中浮动薪酬可以通过工作绩效来获得。此外,还可以提出分期发放工资的方案。每个月发放工资中的固定部分,浮动部分可以根据工作任务的时间和进度分批发放,如年中发放一次,年底再发放一次。一般人才水平越高,能够体现他们价值的薪资水平就越重要。无论工资如何发放,人才对年薪总额都有一个心理底线。如果应聘者具备真实的能力而不是虚有其表,应该更愿意接受这种可以跟自己的能力水平直接挂钩的薪资方案。而对于企业来说,可以直接减少一次性现金支出,延迟支付时间,从而降低人力资源成本。

【案例分析】

华为实施的股权激励方案①

华为公司从初创阶段、发展阶段再到成熟阶段,针对不同时期采用了不同的股权激励计划,应对并解决了发展过程中的一系列问题,华为的股权激励计划也日趋完善。

1. 实股配股方案。华为于1990年首次提出了内部融资、员工持股的概念。股票一般用员工的年度奖金购买,华为也可以公司的名义向银行申请贷款来帮助员工购买,内部持股将员工的利益与企业的利益联系在一起,可以较大地激发员工工作的积极性。

2. 虚拟股配股方案。为解决管理层的控制权过于分散的问题,2001年华为实施了虚拟受限股的激励方式。虚拟股持有人不能参与公司重大经营决策且不具有公司的所有权,同时虚拟股也不能转赠给他人或者通过证券

---

① 秦婉琪:《华为公司股权激励对企业价值创造力的影响》,《当代经济》2019年第1期。

市场销售。当员工离开企业时,股票只能由华为控股工会回购。持股员工的收益大部分是由股票增值收益构成,由于股票增值收益与公司的经营状况有关,这样员工就会更加尽职地为企业服务。

3. 饱和股配股方案。一般是以员工的级别和对其工作的考核为依据,核定员工当年虚拟股配股数量,同时根据员工的级别,规定员工持有虚拟股的上限。这次改革是对华为内部员工持股结构的一次较大规模改变。新员工作为新动力点不断为企业创造价值,授予其股票可以将其留在企业里长期发展。从长远来看,这一措施对老员工同样有利,新员工为公司创造价值致使老员工的收益不断增长,股票分红收益能够持续,这样既吸引了新员工又留住了老员工。

4. 时间单位计划。该计划依据每位员工的级别、岗位和工作业绩给员工配置了相应数量的期权。这个期权规定了一个5年的持有期,即以5年为一个周期,员工在持有期满5年时进行结算。期权由公司直接配给员工,员工不需要花钱去购买,持有期权的员工同时享有分红收益和增值收益,其中分红收益在员工持有期权的5年内均享有,分红收益由公司拟定,累计增值收益在员工持有期权满5年或者与公司解除劳动合同关系时,以现金支付给原持股员工。

点评:

企业人力资源管理需要根据企业发展阶段及时做出调整,不同发展阶段的企业人力资源管理重点是不同的。但是任何企业的人力资源管理都离不开规划,企业发展需要什么样的人力资源是需要提前做出规划和储备的,规范化的管理制度以及极具激励性的薪酬管理,才能形成持续支持企业发展的不竭动力。

华为公司作为非上市企业,在员工中实施股权激励方案,将员工的个人利益与企业利益对接起来,极大激励了员工的工作积极性。华为的股权激励计划是根据不同级别、岗位和绩效进行股权配置,有实股配股方案、虚拟股配股方案、饱和股配股方案,不同的配股方案所对应的权利也不一致,并对所持配股的收益方式进行了详细的规定,有效调动了各类员工的工作积极性。

【思考作业】

1. 企业初创期的人力资源管理具有什么特点?
2. 初创企业人力资源规划的重点是什么?
3. 初创企业人力资源管理制度必须要做好哪些方面的工作?

【综合案例分析】

引领工作而非管理员工

——助读《未来的工作》①

南加州大学马歇尔商学院教授约翰·布德罗和他的合作者瑞文·杰苏萨森、大卫·克里尔曼在其合著的《未来的工作:传统雇佣时代的终结》一书中指出:未来二十年,现在90%的全职工作岗位会被自由工作者代替。

人们追求自由平等的天性,在工作模式和组织关系中将得到一种彻底的释放——这就是超职场时代。

引领工作,而非管理员工

其实,布德罗并不是对全职工作发出质疑的第一人。早在20世纪80年代,英国管理哲学家查尔斯·汉迪就曾指出,全职工作可能损害员工的健康,未来的工作应该建立在快乐生活的基础上,并提出了著名的"三叶草组织",一个由核心团队、合作伙伴、外部专家、超职场时代的企业决策框架。

企业模型包括三个要素,分别是工作任务、组织结构和回报方式,有传统方式和未来趋势两种选择。

工作任务的转变

被雇佣的工作者交给客户的产品。包含三种转变:

---

① 孟艳:《引领工作而非管理员工——助读〈未来的工作〉》,《人力资源》2019年第7期。

一是分解性程度的转变。传统的方式是按照不同的职务、岗位分配任务；未来的趋势是把工作任务分成小的项目，找到最合适的人来做，实现从岗位导向到任务导向的转变。

二是分散性程度的转变。传统的方式是在预定的时间、地点完成；未来的方式是可以随时随地完成工作。

三是脱离性程度的转变。传统的方式是依靠公司的全职员工；未来的方式是依靠外包的自由工作者。

组织结构的转变

工作、工作者和客户三者之间的关系。包含四个转变：

一是渗透性的转变。传统的组织是把公司的事情在内部解决；未来的趋势是外包公司和人力资源平台与企业共同存在。

二是互连性的转变。外包公司和人力资源平台之间的联系更密切，互连性是渗透性的补充。

三是合作性的转变。传统的组织要保护自己公司的机密，公司会把自己的行动隐蔽起来；未来的趋势中，组织开放性会越来越高，公司与外部之间会有更多的合作，甚至客户都可以参与进来。

四是灵活性的转变。主要适用于部门之间，每个部门就像是一套乐高积木中的零件，传统的做法是把零件全部都用起来；未来的趋势是把自己的零件送出去，与别人合作，也可以借用其他公司的零件来组合，只要保证组织高效运转即可。

回报方式的转变

工作者获得的报酬和激励，回报不一定是金钱，还包括经验、自豪感和炫耀资本等。包含三个转变：

一是即时性的转变。发放报酬的时间，传统的方式是每个月或者定期发放；未来的趋势是即时、计件报酬。

二是个性化的转变。薪酬制度要为每一个人量身定制，发放的报酬也应该按照具体任务的不同来安排。

三是创造性的转变。报酬的方式是多样化的，只用工资是无法满足员工的,公司可以通过荣誉奖励、称号认定等方式,让工作者收获更多样的回报。

以上三种要素共同定位工作方式,管理者的工作是根据组织环境和业务的特性,用最佳方式实现各种工作要素的创造性组合,从而实现目标的优化和企业任务的达成。

基于人才天赋搭建团队

为了说明超职场时代对人力资源学科和人力资源工作的影响,布德罗提出人才生命周期的模型,突破传统人才生命周期的入职、履职和离职三个阶段,将其分为规划、吸引和资源定位、甄选、部署和开发、回报、分离六个阶段,并分析了其与传统人力资源的不同之处。笔者仅以甄选环节为例,来说明未来人力资源系统在引领工作时与传统管理方式的差别。

在确定了潜在选择范围后,接下来要考虑哪些人才可以通过甄选。目前人力资源系统中的甄选机制主要关注全职员工的选择,需要评估候选人是否适应企业文化,以此确保员工是否具有职业发展潜力。但在超职场时代,你要选择的是适合完成分解任务的工作者。企业甚至可以把整个甄选过程交给人力资源平台处理,自己则不需要再花工夫去搞标准化甄选程序。

在我们的教育体制里,比起富有创造性的学生,那些课堂上认真听讲并且严格遵守各项规定的学生更能获得教师的青睐。当往日的学生成年后,分布在各大企业工作。传统企业关注员工的学历背景、教育程度、过往经验和培训中的考试分数,就好像在学校里那样,在大多数的企业,适应能力好的员工会受到褒奖。重点是管理者想要怎样,员工就要紧跟其后,个人才能常常难以展露,天赋经常被埋没。但在超职场时代,既然程序员把自己的作品放在网上公开,企业只要分析这些作品的质量即可。搭建团队只有一个标准,那就是基于天赋。企业真正需要关注的问题是是否信任人力资源平台对其自由工作者的评估结果。

在超职场时代,自由职业者可以更轻松地找到符合个人时间、地点、要求和兴趣的工作,回报方式也更灵活。但是,人们必须以终身学习和技能开发为目标,这样才能确保自己具有长期的竞争力。

超职场时代也对人力资源工作提出了新的要求。未来的人力资源管理者不必成为某个学科的专家，但必须具有定位和解决快速变化的战略人力资源问题的能力，在无边界工作环境下充当领导者、设计师、工程师和指挥家的角色。

最后作者也强调，超职场时代的到来并不意味着全职员工的消失，因为一些概念性较强的管理型工作并不易于分解成模块，且短时间内无法体现长期绩效；一些企业所独有的且需要长期培养的适应企业文化的核心技术人才必须是全职员工。而一些易于分解成模块、经济附加值低、工作频率不高、自己不具有优势的工作，则可以采用外包和寻求合作伙伴的方式。

点评：

初创企业的人力资源管理由创业者一手操办。凝聚一批志同道合、有着共同价值观、能够同甘共苦的创业团队是创业走向成功的关键，但在资金有限的情况下，做好股权等长期激励是留住人才的重要方式，而且在人力资源管理中要为人尽其才提供合适的平台和机会，保障员工能够实现自身价值。

《未来的工作》一书明确提出未来的工作将由全职员工为主转变为自由职业为主，这是未来人力资源发展的趋势。对于初创企业员工甄选的问题可以交由人力资源管理平台进行，既可以挑选出合适的人才，也避免了人力物力财力的过多占用。未来企业的人力资源管理中，如案例中所言，对于易于分解成模块、经济附加值低、工作频率不高、自己不具有优势的工作，则可以采用外包和寻求合作伙伴的方式，企业自身则专注于主业和核心员工的培育。

【商业游戏】

打造团队

每组学员 5—6 人，共同利用 15—20 分钟，画出未来团队的组织架构图，要求组织架构图切实可行，并且能复述出其部门设计的意义及作用。

要求

主要部门设置清晰,架构图采用垂直式管理,或者是矩阵式管理都可以。

设计组织架构图的时候,只要写出部门名称,以及部门内配置人数、部门的职责。

暂时用不上的部门不要写进去。

【现场体验】

1. 绘制你的人脉地图

参考下面的表,尽可能地写下所有你认识的人。

同学	家人	朋友
老师	我	朋友的朋友
校友	同事	陌生人

2. 标记重要的人

观察这个图,认真且反复思考以下问题,得出答案后,在图中的对应名字旁边做个标记,如"▲""●""★"。

谁是你最信任的人?

谁是你最崇拜的人?

谁是你成功时最想一起分享喜悦的人?

谁是你失败时最先想到的避风港?

谁是和你最志同道合的人?

谁是你创业路上必不可少的支持力量?

谁有可能为你的创业带来帮助?

谁有可能成为你的创业伙伴?

谁有可能为你的项目投资?

谁有可能为你提供创业的关键资源?

谁有可能为你提供创业的技术支持?

谁有可能为你提供创业的管理支持？

谁是市场营销或公关的高手？

谁善于化解危机,处理问题？

谁善于创新研发,能给你带来很多新点子？

谁善于沟通交际,能帮你认识很多新朋友？

谁有可能成为你未来的合作者？

谁是你的潜在客户？

还可以就其他你认为重要的问题进行思考和标记。

注意陌生人也是不可忽略的重要人力资源!

3. 与你创业路上的重要人脉分享

首先观察标记后的人脉图,哪些人被标记了很多次? 立刻去找到他们,和他们分享你的创业想法,争取得到他们的支持。

4. 反思

你认识的人会越来越多,所以你可以经常做这个练习,尽量不要漏掉"重要的人",找到他们,并及时地与他们交流,得到必要的和可能的帮助。

你还可以按你创业所需要的资源,设计更多的问题。

你会发现,其实你拥有很丰富的人力资源,他们都可能帮助你走近创业的梦想,不要小看你的人脉地图,不要低估他们对你创业的影响,更不要忘记你自己也是非常宝贵的创业人力资源。

【本章知识小结】

1. 人力资源管理一般分六大模块:人力资源规划、招聘与配置、培训与开发、绩效管理、薪酬福利管理、劳动关系管理。

2. 初创企业的人力资源,由创业发起者、核心团队成员、基层团队与其他人力资源构成。人力资源不仅仅指创业者及其团队的特长和知识、激情,人力资源还包括创业者及其团队拥有的能力、经验、意识、社会关系、市场信息等。

3. 创业团队是指在创业初期,由两个或两个以上的技能互补、贡献互补的创业者组成的特殊群体,该群体在一个共同认同的、能使彼此担负责任的程序规范下,为达成高品质的创业结果而共同努力,相互协作,共同担当。一般而言,创业团队需具备以下五个重要的组成要素:目标、人、定位、权限、计划。

4.处于不同阶段的企业,对于人力资源管理的要求是不同的。创业者应明确每个阶段对于人力资源管理的需求,并做出最适合的选择。

第六章　初创企业的财务管理

【本章知识要点】

1. 了解财务管理的基本知识及其重要作用；

2. 了解初创企业财务管理的常见问题及其应对策略；

3. 掌握实施财务管理的基本方法；

4. 把握财务管理在企业运营中的关键作用。

第一节　财务管理

【理论讲授】

财务管理在企业管理中具有重要地位,初创企业的发展壮大离不开财务管理。

一、财务管理概述

（一）财务管理的内涵

财务管理是指在企业的整体目标下,关于资产的投资、资本的融通和经营中现金流、利润的分配等工作的管理。财务管理是为了实现企业价值最大化。企业价值是企业有形资产和无形资产的市场评价,反映了企业潜在或预期的获利能力。企业财务管理是通过价值形态对企业资金进行决策、计划和控制的综合性管理。

（二）初创企业财务管理的目标

1. 追求合理利润

初创企业以追求"合理利润"（而非利润最大化）为财务管理目标,不会弱化对利益的追求,也不会因过度追求最大利益而冒不必要甚至破坏性的风险。同时,应考虑企业的市场竞争能力、盈利能力、运营能力、抵御风险能力、信用水平、社会责任、企业价值等各种因素,把它们作为一系列需要综合考虑的重要因素,确定利润目标,以确保企业的可持续发展具有较强的动力。

2. 努力扩大初创企业的筹资渠道,增强融资能力

初创企业应该充分尊重债权人,不要规避或中止债务,并积极与债权人

(如金融机构)保持良好关系,这样他们就能了解公司的经营,并看到公司的前景。如果债权人和金融机构的利益得到保护,债权人将保持与公司的长期合作。只有当企业拥有决定企业生存和发展的资源,它才能够持续发展。

初创企业可以通过发行优先股加强直接融资,保证资金的需要。因为优先股能够获得稳定的股息收入,可以吸引稳健型的投资者。并且优先股持有人没有表决权,这样更能确保公司的经营自主权不被削弱。积极开展合法的民间融资,如果有适当的股权融资私募机制引导社会资金分流到民间融资市场并进行股权融资或者是股权与债券的混合融资,就能提高其整个社会的股权融资的比例,从而改善初创企业的资产负债结构。在股权融资增加的情况下,可以通过贷款和债券等初创企业的融资来保持对它们的金融支持。此外还可以开展信托、融资租赁等业务,丰富融资渠道。①

3. 规范会计基础工作,形成良好的内部财务管理环境

财务管理是企业管理的核心之一,财务管理质量与企业的崛起与衰败息息相关。为此,初创企业经营者应该走出误区,更新观念,重视会计工作;依据科学的内部会计控制规范和企业的实际情况制定出适合本企业的内部会计控制制度;严格遵守既定程序和标准,创造良好的控制环境,避免投资风险、融资风险和商业风险,从而使管理更加有效。

4. 优化资本结构,确保企业健康稳定发展

资本结构的优化是公司稳定发展的关键。利用合理的财务管理构建的融资结构可以减少融资成本,让企业充分利用资金发挥财务杠杆调节功能,让企业可提升自有资金收益率。企业各种资本的价值构成及其比例关系是企业一定时期筹资组合的结果。一般将其分为两类,权益资金和负债资金。因此资本结构方面的问题,其实就是企业怎样明确这两类资本的所占比例的问题。比例的明确可能会造成各种财务风险、利益冲突以及资金成本的

---

① 李惠萍:《论我国中小企业财务管理存在的问题及对策》,《商场现代化》2007 年 7 月 20 日。

出现,进而使企业整体价值受到影响,这是现代企业在财务管理方面的主要关注点。① 因此,随着商业环境的变化,企业应该不断调整资本结构,调整融资方式,正确处理债务与权益融资之间的关系,增强短期融资和长期融资所占比重的合理性,以确保资本结构得到动态优化。

5. 培育初创企业的核心竞争力

以资金支持为核心,技术创新为驱动,有效地提高企业的核心竞争力。对初创企业来说,技术创新是一个重要的快速发展战略,是发展核心能力并加强企业长期竞争优势的关键。不管初创企业定位在哪个市场,技术是一个重要的支撑力量。初创企业要靠财务管理,为技术创新保驾护航,确保核心竞争力的形成。

(三)初创企业财务管理的内容

1. 筹资管理

筹资是指筹集资金。筹资的方式主要有筹措股权资金和筹措债务资金。企业发行股票、赊购、借款、租赁、发行债券等都属于筹资。决定融资的关键在于确定资金结构以调和融资风险和融资成本。

财务筹资管理需要解决的问题是如何筹集公司需要的资金,包括向谁、什么时候、筹集多少资金。筹资决策和投资、股利分配有密切关系,筹资的数量多少要考虑投资需要,在利润分配时加大保留盈余可减少从外部筹资。②

2. 投资管理

投资是指以收回资金并取得收益为目的而发生的现金流出。比如,购买企业股票和债券、购买政府公债、增加新产品、兴建工厂等。所有的企业都会涉及资产投入,并且期望会有更多资金流入。

投资管理的基础是投资决策分析,投资管理的基本使命在于选择投资

---

① 陈玉顺:《企业资本结构优化与改进策略探讨》,《财会学习》2020 年 10 月 25 日。
② 张金丽:《浅议企业财务管理》,《辽宁经济》2006 年 10 月 18 日。

行为,包括多元化投资、综合投资和专业投资等。事实上,投资方向的不同意味着不同的发展方向和不同的商业资产。因此,投资方向的选择是一个非常战略的问题,需要小心考虑。[1] 在做出具体的投资决定时,我们既应该谨慎管理资金流动,又应该把投资风险考虑在内。投资项目成立后,我们还应注意加强跟踪管理,以确保投资项目执行过程符合预期。

3. 股利分配管理

股利分配与股权分配不同,侧重于企业利润的分配。股利分配是指在公司赚得的利润中,有多少作为股利发放给股东,有多少留在公司作为再投资。过高的股利支付率,将削弱公司再投资的能力,间接夺走公司未来收入并导致股价下跌;过低的股利支付率,可能引起股东不满,股价也会下跌。股利决策,从另一个角度看也就是保留盈余的决策方式,这是企业内部的筹资问题。[2] 公司应遵循自身和市场运行原则,做好股利分配政策,使公司收益分配规范化。

4. 营运资金管理

营运资金包含流动资产和流动负债。一个企业要维持正常运转就需要拥有适量的营运资金,所以营运资金管理在企业财务管理中占有重要的地位。营运资金管理的主要目的是利用短期资金来源并提高短期资本效率,所以营运资金管理的核心是资金运用和资金筹措的管理。营运资金管理的基本目标是提高资本使用效率,并通过有效的日常分配和调整资源增加资本的流动性。

(四)初创企业财务管理的特性

1. 稳定性

财务管理虽然需要基于市场环境的变化而调整策略,但是企业财务

---

① 黄慧欣:《我国中小企业财务管理模式研究》,硕士学位论文,广东工业大学,2008 年。

② 黄慧欣:《我国中小企业财务管理模式研究》,硕士学位论文,广东工业大学,2008 年。

管理目标必须要保证相对的稳定性,不仅表现在财务管理过程的稳定性,而且还要体现在对财务管理目标评价的稳定性,诸如稳定的管理流程、管理方式、财务制度等,以便能够有效地服务于企业财务决策和控制,并且尽可能提高财务管理的效率,只有这样才能保证初创企业财务活动有章可循。当然,这种稳定在短时间内是稳定的,在动态状态中是静态的,并不恒定。

2. 一致性

财务管理是公司的一项重要制度,需要利用公司的总体目标来约束公司的财务管理。因此,公司财务管理模式不仅应与公司的宏观经济环境相适宜,还应与公司的微观环境(规模、组织结构等)相适宜。在不同的经济体制下,企业的财务管理模式是不同的;同时鉴于业务状况的差别,应制定不同的财务管理模式。与此同时,公司在不同的发展阶段也应该制定不同的财务管理模式。①

3. 可调节性

一家公司的财务管理风格具有一定的稳定性,但这并不意味着它是一成不变的。为了应对企业的宏观经济和微观经济环境变化以及企业的发展需要,企业必然会根据这些因素的变化调整适应,以实现企业的需要,这种调节使企业财务管理模式不断发展,呈现出阶段性发展趋势,但不会经常存在根本性突破。

4. 协调性

财务管理是企业管理的一个重要组成部分,同时公司的生产和市场管理也十分重要,一个企业的发展应该是团队合作的结果,财务管理在公司的生产和运营中起着联合作用。因此,财务管理与生产管理、市场管理和人力资源管理都密切相关,它们互相依赖、互相促进。因此,好的财务管理模式必须能够与其他管理模式协调,才能取得最佳效果。

---

① 黄慧欣:《我国中小企业财务管理模式研究》,硕士学位论文,广东工业大学,2008 年。

二、财务管理的重要作用

面对激烈的竞争,为了生存和获得发展,我们必须重视企业的管理,因为财务管理的水平直接影响着企业管理的水平,进而影响着企业经济效益的质量。因此提升财务管理的功能,优化财务管理,对促进企业经济效益的提高具有重要意义。

(一)财务管理是基础

财务管理的对象是组织资金运动,处理各方面财务关系的经济管理工作。它是一种价值管理,渗透和贯穿于企业的一切经济活动之中。企业一切涉及资金的业务活动,例如资金筹集、使用和分配都属于财务管理的范围。财务管理是所有管理活动的共同基础,良好的财务管理是公司有效治理的必要条件。

(二)财务管理是提升

随着社会主义市场经济体制的建立,财会工作在公司管理中发挥着越来越重要的作用。与此同时,必须坚持开展业务和财务管理同步进行,不仅要从生产中汲取利益,而且要从高效率的管理中受益。

一个企业的核心目标是利用最少的投入实现最大的经济效益。加强财务管理可以促进企业节省资源、控制成本和消费。通过价格的调整,可以增加企业的收入。通过管理存货,可以优化库存结构,减少存货积压,从而实现经济库存。通过资金的筹集调度,可以提高资金的使用效果,防止资金的浪费。因此充分发挥财务管理的龙头作用,就能更加有效地提高经济效益。

(三)财务管理是桥梁

在财务核算方面,最重要的任务之一就是反映企业经济活动,并提供大量的经济信息,而这些信息主要依靠企业所获取的财务信息。企业的财务信息管理不仅是企业内部管理的需要,还是企业外部有关决策者所需要的,因为企业不是孤立存在的,它与外界有各种各样的接触,以此来共享信息。[①]

通过会计核算,企业对原始数据进行分类收集、传送、合并并存储成为有用的经济管理信息。然后企业进行财务分析,评估公司财务活动的过程和结果,并预测未来的金融活动及结果。通过这一系列的财务管理,企业可以向外界提供准确真实的信息,这些信息有利于国家宏观控制、投资者的合理投资、银行做出贷款决策的准确以及税务机关的依法征税。

(四)财务管理是控制

财务管理对资本投入、收益和公司的产品、产能、成果进行调整和衡量,目的是确保公司目标以及为实现目标而制定的财务计划得以实现。

财务内部控制是与资金活动相关的控制,是保证企业经营采取的必要措施。企业的全部资金管理是由财务部门负责,财务部门对企业的资金支出、资金的流动情况进行整合、核算,根据资金的使用及相关的信息资料编制财务报告,合理保证财务经营管理合法合规,财务报告的信息完整真实,资产安全得到保证,提高企业经营的有效性,防控风险,使企业战略目标得以实现。

财务内部控制要保障企业财务工作能够合理开展,使企业各部门在实施中能更加规范、顺畅、合理。对企业的内部控制保障资金支付工作规范,运行过程中资金合理规划,确定资金收付环节人员的职责,使工作人员的职责和职权能够相互监督,确保企业资金运行的安全性,避免财务风险。

财务内部控制能够使财务部门业务开展更加规范,便于财务工作人员各司其职,企业其他部门按照相关的规定准备资料,减少财务部门工作的任务,在降低工作强度的同时提高工作效率。

财务内部控制能够提高企业财务人员处理各项财务数据信息的水准,

---

① 王楠:《论企业财务管理与信息化管理的重要性》,《经营管理者》2012 年 8 月 20 日。

保障财务工作的质量,提升财务人员的专业能力和工作效率。为企业的投资方、政府相关部门提供精准的财务信息,帮助管理人员提供符合企业发展的决策,提供更加有力的参考数据为企业制定最优化的投资计划。

【案例分析】

惨败造就刘强东①

还在上学的时候,京东商城创始人刘强东就买下了一家餐馆,但开了没几个月就倒闭了。他声称,餐馆员工贪污了餐馆的钱,他不仅把自己的钱赔了进去,还向父亲借了 20 多万元。

"我当时失望极了,开始从人性的角度思考这件事。"刘强东回忆道,"人是善还是恶? 我对我的员工那么好,他们却这样对我,这是为什么?"

在父亲面前,刘强东感到羞愧难当——他本希望通过这个生意让父亲对自己刮目相看。

刘强东 1974 年出生于江苏省的一个商贾之家。18 岁那年,他考上中国人民大学,来到北京,所学专业是社会学。刘强东意识到,这个专业不好找工作,于是自学了电脑编程。

大三时,他帮别人编程,挣了些钱。有了这笔钱以后,刘强东打算自己创业。虽然创业失败过一次,但刘强东还想再试一次。

上大学的时候,刘强东有了第一部手机——一部摩托罗拉"砖头机"。这让他感觉棒极了,这种感觉一直持续到现在。"那时候连人大系主任都没有手机。"刘强东说,"那家伙太大了,根本没法放进兜里,所以无论到哪儿,你都会把它放在桌上,而别人会觉得你是黑社会老大。"

于是,1998 年,仅凭 1.2 万元的启动资金,刘强东在中关村开了一家电子产品商店。之后商店业务发展迅速,到了 2003 年,他已经开了 12 家分店,赚到了 1000 多万元。

---

① 席佳琳:《惨败造就刘强东》,《文苑》2012 年第 10 期。

2003 年,非典暴发了。因害怕感染,顾客和员工都待在家里,刘强东的商店无法照常经营,因此他把赌注押在了网络上。

刘强东说:"要不是非典,我不会进入电商业。"从那以后,刘强东逐步将京东商城的经营范围从电子产品扩展到服装、配饰、化妆品及其他商品。

令刘强东无奈的是,如今他仍在频繁体会着创业早期的那种艰难。随着京东商城业务的迅速扩张,激烈的市场竞争也导致了一些不友好的言论。但最初的失败教会了他如何谨慎地经营一家企业。

在外人眼中,刘强东是个不顾风险、不计损失,只顾往前冲的铁腕企业家。形成这种印象的原因,一方面是京东的快速扩张——在中国所有自营在线零售商的交易额中,京东占了大半壁江山,一方面是刘强东有时喜欢在社交媒体上直言不讳。

早期的合作伙伴回忆道,在京东办公室的走廊里,这个胖胖的年轻人把自己的照片挂得到处都是。在他们看来,这反映出刘强东的自负与大胆。

经历过早期的失败,刘强东变得有些偏执,他用这种偏执对待着京东的每一名高管,但这种偏执依然控制在健康的程度之内。

刘强东喜欢向公司员工灌输他的观点。京东每年会录用约 100 名大学毕业生,要求他们从基层岗位干起以培养他们。

刘强东表示:"我们要求新人此前从未在其他公司工作过,这样他们才不会受到其他企业文化的污染。"

这些应届培训生的起步年薪为 10 万元。这对刚进入社会的年轻人而言,是一笔有吸引力的高收入。他们将接受为期一年的培训,其间,刘强东将与他们中的每一位建立密切的私人关系。他们会参加由刘强东主持的讲座,每周通过电邮向他汇报工作,轮流与刘强东共进午餐、参加周末的钓鱼活动或是和他一起出差。

刘强东的家族从事煤炭运输生意,将煤炭从中国北方运送到工业化程度更高的南方。刘强东说:"我和父亲聊天时父亲对我说,不要炫耀你在做互联网——你现在所做的和我已经做了一辈子的没什么不同。"

京东起步时,他只用不到 2 万元在中关村租了一个柜台,而现在他变成了未来的"中国首富"候选人,刘强东已是传奇。

点评:

如果说融资使企业获得血液,那么财务管理就是将这些血液发挥最大价值的工作。财务管理是企业得以生存的基础,贯穿于企业的一切经济活动中,是企业控制支出、提升收益的主要方式。企业通过有效的财务管理,既可以掌握企业运行状况,也可以与上下游之间建立稳定的联系。

刘强东作为京东的创始人,早期创业时也在财务管理上跌过跟头,由于对制度化财务管理的忽视,导致员工贪污行为的发生。财务管理是初创企业易于忽视的层面,在创业的拼杀过程中,细致琐碎,乃至"斤斤计较"的财务管理往往被有意无意的忽视,严重影响企业的持续发展。

【思考作业】

1. 企业财务管理有哪些作用和功能?

2. 企业财务管理的目标有哪些?

3. 企业财务管理有哪些内容?

第二节　初创企业的财务管理

【理论讲授】

初创企业的核心问题是生存,而维持初创企业生存的要点在于企业的财务管理。因此研究如何合理进行财务管理、提高财务管理效率,是提高初创企业生存率的重要方面之一。

一、初创企业财务管理的原则

财务管理基本原则是企业财务管理者根据工作实践经验和以往理论知

识不断进行总结、提升而得出来的,它是财务管理决策者在管理财务时的基本指导思想和行为准则。目前,被业界和学术界广泛认同的财务管理基本原则有如下几种。

(一)货币时间价值原则

货币的时间价值是一个客观的经济维度,它是指货币在一段时间内的投资和再投资所获得的价值。货币时间价值在投入生产经营后随着时间的变化,其货币价值会发生变化,一般会高于现在的价值。因此企业财务管理在对货币时间价值进行分析的时候要注意货币时间价值产生的条件以及对时点的把握,不带有强烈的个人主观色彩,做到客观分析,并根据企业其他的财务信息进行分析,明确货币时间价值在企业投资和筹资决策中的重要性,从而为企业的财务活动提供更多的依据。在财务管理实践中,货币时间价值原则被广泛地使用。长期投资决策中的现值指数法、内含报酬率法和净现值法,都要运用货币时间价值原则这个工具;货币时间价值原则在财务管理中有很多具体的运用,例如筹资决策中比较各种筹资方案的资本成本、营业周期管理中应付账款付款期的管理、存货周转期的管理、分配决策中利润分配方案的制定和股利政策的选择、应收账款周转期的管理等。

(二)资金合理配置原则

一个企业有一定的财力可供支配,这是开展自身工作的必要条件,但资金总是有限的,需要进行决策和资金合理配置。资金合理配置是指企业保持适当的资金结构和与其财务资源使用的比例关系,即企业的生产活动得到妥善开展,资金被有效地、部分地用于公司的使用,而并不以经济收益时刻保持最佳为判断标准。

就企业的财务管理活动而言,从融资的角度来看,资金的配置应被视为一种资金结构,具体表现为以下三种比例:负债资金和所有者权益资金的构成比例、长期负债和流动负债的构成比例、内部各具体项目的构成比例。企业不仅要筹集维持正常运营所需的资金,还必须使不同资金之间达到一个较为合理的结构。从资金的使用情况看,企业要使投资价值处于合理的结构中,包括内外投资的关系:对内投资中有形资产和无形资产的构成比例、货币资产和非货币资产的构成比例、流动资产投资和固定资产投资的构成比例等;对外投资中债权投资和股权投资的构成比例、长期投资和短期投资的构成比例等;除此之外还有各种资产内部的结构比例。因此财务管理应遵循合理配置资源的原则。

(三)成本—效益原则

成本—效益原则就是要对企业生产经营活动中的投入与收益进行分析比较,将花费的成本与所取得的效益进行对比,使效益大于成本,产生净增效益。成本—效益原则适用于企业的一切财务活动。在生产经营活动中,应将活动期间的生产经营成本与其所取得的经营收入进行比较;在筹资决策时,应将企业的资本成本与企业的利润率进行比较;在投资决策中,应将与投资项目相关的现金流出与现金流入进行比较;在不同备选方案之间进行选择时,应将所放弃的备选方案预期产生的潜在收益视为所采纳方案的机会成本与所取得的收益进行比较。

(四)风险—报酬均衡原则

风险与报酬具有密切的联系,形影相随。报酬与风险成正比,投资者要想取得较高的报酬,就必然要冒较大的风险;如果投资者不愿承担较大的风险,往往只能取得较低的报酬。风险均衡管理原则意味着决策者必须科学地权衡风险和报酬,并在财务决策中实现风险与收益的协调。在筹资决策中负债资本成本低,财务风险大;权益资本成本高,财务风险小。在确定其资本结构时,企业应权衡资本成本和财务风险。每一个投资项目都有一定的风险,做出这样的决定必须包括对影响该决策的所有可能因素的仔细分析,科学考察投资项目的可行性,同时考虑投资回报。因为财务决策者对风险持有不同的态度,所以企业应做好决策调控,使投资风险保持在合理水平,将公司利益最大化作为首要目标。

(五)收支积极平衡原则

财务管理代表着企业对资金的管理,代表着企业的收入和支出。资金不足会对正常生产,甚至是生存造成负面影响;过剩的资金会导致资金闲置和浪费,加剧企业不必要的成本。收支积极平衡原则要求企业积极调整收入结构,以确保其业务和内外部投资的资本需求公平而有意义,同时节省费用,减少低效支出和不必要的开支。为了保持企业一定时期资金总供给和总需求动态平衡,企业要在两方面加以努力:一方面在企业内部增收节支、开源节流、生产适销对路的优质产品、缩短生产经营周期、扩大销售收入、提高资金利用率、合理调度资金;另一方面在企业外部要保持同资本市场的密切联系,加强企业的筹资能力。

(六)利益关系协调原则

企业是涉及多个利益相关方的经济共同体。这些经济利益相关方主要包括企业的所有者、经营者、债权人、债务人、国家税务机关、消费者、企业内部各部门和职工等。利益协调原则要求企业协调、维护与各利益相关方的关系。通过工作、资源配置等方式,多个分配点相互配合,有效地维护当事人的合法利益。只有这样,企业才能创造一个和谐、协调的发展环境,充分利用有关利益相关方的激励和支持,实现其利益最大化。

二、初创企业财务管理的常见问题

(一)财务管理随意性大

对于初创企业来说,财务管理存在诸多问题的根本原因,主要在于初创企业的管理模式是典型的所有权与经营权的高度统一。初创企业的投资者就是企业的经营者,内部无法形成有效的约束机制。公司里老板一人说了算,不是按照既定的规则行事,而且管理者往往无法意识到财务制度的严肃性和强制性,即便是有了财务制度,往往在执行过程中也会大打折扣,无法保障其真实性与有效性。另外,初创企业由于缺乏专业的财务管理人员,使得企业财务管理基础较弱,促使初创企业财务报表和财务分析没有可信度,这样初创企业在筹资活动中很难取得银行的信任,影响企业做出正确的投资决策和判断,也会对企业的正常营运资金的严格管理产生影响。

(二)财务人员专业性不足

初创企业在自身经营规模与投入成本等多方面的因素制约下,难以聘请专业的财务管理人员。部分初创企业所招聘的财务管理人员是不具备从业资格的,他们在担当这一职位时,往往无法根据企业的实际情况制定一套科学有效的财务管理规章制度。同时,非专业财务人员不能运用专业的知识视角,掌握和解读国家最新出台的财经税收制度,无法向企业提供有效的财经信息。如果只是在账面上看到资金的变动,就无法根据行情的发展规律及企业的经营状况,对企业进行全局的未来发展规划。部分条件较好的初创企业向专业的经济机构提出申请,聘请其公司相关专业人员代理记账,在企业内部只设出纳的职位负责日常的项目收支,而收支的审核、资金结算、纳税等环节都交由经济机构的专业人员处理。这种财务处理方式看似既公正又便捷,但在实质上财务管理人员只是管理账目,对企业的经营与发展情况无法进行整体的认识,更不能根据财务状况在企业决策等环节发挥作用。①

(三)内部会计控制薄弱

初创期中小企业由于两权合一,一方面容易导致对财务人员任人唯亲;另一方面,为了节约人力成本,往往对不相容职务不加分离,导致内部控制制度失效。目前的资料显示,超过80%的私营企业主精通市场营销,在市

---

① 王思宇:《解析新创企业财务管理问题及应对方法》,《商场现代化》2019年9月15日。

场营销方面很擅长,然而他们之中只有 36% 擅长企业内部管理。这必然导致初创期中小企业不注重企业财务管理,财务工作仅仅是简单的事后反映。

所有权和经营权的高度统一使得初创企业的集权和家族化现象严重,企业财务管理往往与家族财务管理混淆。财产内部控制制度在中小企业初期尚不完善,如财产清查制度、成本核算制度、财务审批制度等。这些制度在初创企业中有些没有建立,有些制定了但未能贯彻实施。与此同时,创业公司通常没有能力建立内部审计部门,即使建立往往也很难保证内部审计的独立性。

(四)融资能力差、风险大

由于初创企业的发展前景不明朗、财务管理制度不稳定、管理人员缺乏经验等一系列因素使得初创企业面临着各种经济金融风险。初创企业的管理者往往缺乏决策前进行科学评估和分析的意识,片面认为企业能否发展下去关键在于经营规模的扩大,不科学不成熟地开展投融资的决策;片面认为如果企业经营规模宏大,就能在激烈的市场竞争中站稳脚跟,健康成功地发展下去。但事实是如果企业无法进行理性且有效的财务风险规避措施,会因为过度进行规模化扩张而导致资金短缺,面临巨大的财务风险,甚至最终导致企业倒闭。

初创企业大多不具备公开发行股票的条件和资格,无法利用股票来进行直接融资分担风险。在资金管理、资源控制分配、收支审核等方面也存在着漏洞和缺陷,缺乏成功抵御风险的经验,无法有效规避经营风险。

(五)投资决策盲目

在中小企业的初始阶段,为了生存,企业管理总是由创业者控制,财务预测和决策往往成为创业者的个人事务。大多数创业者的专业知识有限,在做出投资决策时很少使用科学的决策方法,往往依靠自己的经验来判断情况。为了提高公司形象,一些企业对固定资产投入过多,导致正常运营资金流动不足。为了尽快实现企业规模效应,增加利润,初创企业盲目扩大生产经营规模,企业快速膨胀,库存、应收账款等快速扩张占据大量资金,很容易导致资金管理不善,从而产生资金的流动性问题。

(六)现金管理不到位

充足的资本金是企业健康和长期增长的必要条件,而资本流动是限制企业增长的主要因素。有些公司投入了大量的资金在早期场地费用、人员薪酬、开发成本、市场推广等方面上。由于资金储备不充足,这些资金来源通常是向银行借贷的高利率资金,造成后期较大的资金流动压力。一些初创企业在早期阶段就制定了不适当的计划,或者只是在增产方面做了过于谨慎的决定,导致资金的不合理使用。资金不足意味着公司无法偿还贷款,资不抵债会严重影响企业的运转情况,资金无法周转进而影响企业在市场中的信誉。为占有市场并且受到客户的认可,初创企业需要前期大量投入资金,但是在负债平衡方面,非常容易被忽略,这就会导致贷款到期时,偿还压力大,从而使公司面临巨大的生存压力。

三、初创企业财务管理内容

(一)筹资管理

初创企业需要充足的资金支持,才能更好地生存与发展。资金管理涉及资金的形式、来源以及何时部署和调动资金的问题,重点是资金结构、融资成本等。

创业期企业的主要资金来源是创业投资,而主要的筹资渠道是吸引风险投资,因此创业者寻找适合自己的风险投资商尤为重要。战略投资者,如大公司及其所属公司,通常会为初创企业提供部分资金支持,甚至可能分享宝贵的客户资源给初创企业。资源型风险投资公司具备识别初创企业的相关经验,拥有较为全面的关系网络,能够及时发现初创企业成长中的问题并帮助其解决从而成长。投资银行则能够帮助企业改善管理、为企业发行股票并上市,实现更大范围的融资提供市场运作的专业服务。对于这些金融机构的选择,都是财务管理中重要的筹资管理工作。

(二)投资管理

投资管理要解决做什么(投资方向)、做多少(投资金额)、何时做(投资时机)、怎么做(资金来源与运用)等问题。初创企业需要大量资金,而市场又具有很大的不确定性,因此在创业初期阶段,企业必须权衡与投资相关的风险和回报。建立投资的可行性分析制度,在充分收集信息的基础上,进行深入细致的市场调查和充分的可行性研究,通过审慎的研究评估,科学预测企业的投资价值和可能出现的风险,事先防范,将投资风险降到最低。创业期企业通常允许公司集中投资,并将有限的资金用于特定市场的投资,以最大限度地提高效率。

（三）营运资金管理

营运资金管理是财务管理活动的重要组成部分。按月编制营运资金分析表可以有效地控制营运资金。企业可通过下面公式实施营运资金的动态管理。

$$资金获得量-资金占用量=营运资金不足量$$

当发现营运资金不足时，企业应立即采取适当措施予以补救，如增加资金获得量或减少资金占用量。

（四）利润分配

在对公司进行股利分配时，从公司的战略角度出发，选择适当的股利分配政策，以满足公司发展的需要和投资者的需要。股利分配关系到公司战略资源的有效管理，因为股利分配水平决定了公司内部有多少资金来源，从而进一步决定了公司财务战略的成败。如果企业的留存收益水平较高，那么意味着企业发放的股利较少，这些留存收益可以给企业发展提供资金保障。

初创期企业收益水平低，现金流波动较大、不稳定，因此低股利政策或零股利的策略通常是更明智的选择。

（五）财务控制

为了解决创业期企业治理中与财务管理有关的问题，需要确保内部控制作为初创企业管理的基础。只有制定并执行相对完善的内部控制，才能发挥财务管理的应有职能，实现管理目标。

创业期企业在加强财务控制的过程中，应该重视下面几个方面：

1.学习必要的财务知识，聘请专业的财务人员，加强财务部门的力量。

2.建立健全职务分离制度。根据分工原则，尽量将不同功能的工作由不同的人来完成。对于记账、出纳、保管等不相容职务实行分离，应尽量由不同人员担任，避免一个人从头到尾处理一项业务，减少错误和舞弊出现的可能性。①

3. 保持会计记录的准确完整。建立必要的会计制度,加强对雇员的培训并进行财务管理培训,以避免会计工作中的干扰、错误或缺点,是执行其他财务管理任务的基本前提。

4. 建立完善的资产管理制度,保证资产的安全性和完整性。首先,要建立健全财产物资购、销的内控制度,在物资采购、领用、销售以及样品管理上建立合适的操作程序,从制度上保证操作规范,堵住漏洞、维护安全。其次,不相容职责应该分离。资产管理和凭证记录一定要分开,形成有力的内部牵制。再次,要建立实物资产的盘存制度。

5. 避免任人唯亲。特定的亲属关系会削弱公司内部的相互控制,这就不能充分发挥内部控制系统的作用。这将助长不平等的趋势与苗头,影响企业的整体激励制度,有时甚至还会出现管理上的困难。

【案例分析】

"聚智堂事件"呼唤加强培训行业监管②

据媒体报道,一所名为"聚智堂"的教育培训机构突然停业,董事长跑路。目前,北京、天津警方已介入调查,其涉案金额据预估可能高达十几亿元。律师表示聚智堂的行为已涉嫌非法吸收公众存款罪和诈骗罪。这不由得让人产生疑问,一家教育培训机构怎么和非法吸收公众存款挂上钩了?

据多位家长表示,聚智堂在正常收取学费的同时,还以定金、承诺上大学的活动费等名目收取高额费用,并承诺返本付息,这已超出培训机构的经营范围。家长投入的资金在几万元到上百万元不等,据聚智堂官网信息,其全国校区数超过 170 个。

关于非法集资,国务院发布的《非法金融机构和非法金融业务活动取

---

① 王恩国:《创业期企业财务管理研究》,硕士学位论文,东北财经大学,2005 年。
② 金然:《"聚智堂事件"呼唤加强培训行业监管》,《中国城乡金融报》2016 年 5 月 30日,第 A03 版。

缔办法》规定,非法吸收公众存款是指未经中国人民银行批准,向社会不特定对象吸收资金,出具凭证,承诺在一定期限内还本付息的活动。事实上,目前全国还没有一部专门针对教育培训机构的法律法规出台。只有一些地方针对教育机构非法集资的问题颁布了规章制度,开展了专项治理活动。

比如,上海市制定的《上海市经营性民办培训机构登记暂行办法》和《上海市经营性民办培训机构管理暂行办法》明确,应依法设立本单位学杂费专用存款账户,在办学过程中按规定使用专用账户进行学杂费资金的缴存和收支管理。2015年石家庄市开展专项活动,重点检查各民办学校和教育培训机构是否存在违规、超范围开展吸收和发放资金业务。

民办教育培训机构办学需要获得教育主管部门颁发的办学许可证,并根据在工商管理局登记的营业范围进行经营,其经营范围参照《国民经济行业分类》,统一核定为"非学历职业技能培训"。但是,工商部门只对其纳税、法人等情况掌握,对公司资金使用情况不监督。而地方教育部门对一些培训机构开展年检,关注教室、教学等情况,对其资金收取和使用情况并不掌握。大量的教育培训机构超范围经营,甚至进行非法集资,已涉嫌违法犯罪。

此外,"聚智堂事件"的发生,凸显教育培训机构资金运营和经营管理问题,尤其是预付费制度,由于监管不到位,极易使学生权益受到侵害。机构会拿着学费去投资赚钱,不过一旦经营不善,资金链断裂,就会面临停业无法退费的状况。家长付出的钱就打了水漂。

要想保证教育培训机构合理收费、专款专用和资金安全,需要教育主管部门加强对企业的财务监管。此前有专家指出,应由教育主管部门、行业协会建立评价体系,评估教育培训企业的财务风险,建立"白名单"或"黑名单"制度。希望这一天的到来不会太远。

点评:

企业财务管理不能凭借创业者的一腔热情,而要遵从基本的原则,如货币时间价值原则、资金合理配置原则、成本—效益原则、风险—报酬均衡原则、收支积极平衡原则、利益关系协调原则等。

"聚智堂事件"的出现,是我国教育培训市场乱象的一个缩影。对于教育培训机构而言,违反了基本的财务管理原则和制度,并未专款专用,将资金收益随意挪作他用,且无法保证资金安全,极易出现财务风险和损失,导致资金链断裂;对于监管机构而言,并未出台有效的措施对企业财务状况进行实时监督,也是企业敢于违反财务制度的一大原因。

【思考作业】

1. 初创企业财务管理有哪些常见问题?

2. 初创企业财务管理有哪些具体内容?

第三节 如何实施财务管理

【理论讲授】

初创企业的财务管理实施,可以从规范记账方法、做好成本控制,以及现金流管理三个方面着手,逐一对照查找,保持企业财务健康。

一、规范记账方法

会计的记账方法是指根据会计的一定原理和规则,采用统一的货币计量单位,运用一定的记账符号,将发生的经济业务记录到账簿中去的方法。根据记录经济业务方式的不同,记账方法可以分为单式记账和复式记账。单式记账的优点是程序简单,但是由于没有完善的记账体系,账户之间没有形成关系,或是不平衡。在这种情况中,账户不能系统地反映经济活动的确切情况,也会阻碍核实账户记录的准确性。复式记账法是目前最通用的记账法,这种记账法是一种科学的记账方法,主要有三种:增减复式记账法、借贷复式记账法和收付复式记账法。

（一）规范记账方法的价值

1. 规范的记账方法有利于反映业务活动

会计是一种工具,通过反映经济活动的变量,从而分析企业的效益,为企业经营更好地发挥作用。当然,作为一种语法规则的借贷记账法显得过于神秘,记账方法应该更多地回归到经济活动中,以便其他人能够更多地利用它。

2. 规范的记账方法要利于会计职能的转变

财务工作专注于公司如何获得有价值的信息,而财务要服务于企业决策需要。信息共享支持企业各级、各层次的科学决策,会计数据之间的相关性分析成为企业管理的中心任务,管理者需要更多、更新、更明确、更具特色的财务信息。因此,原有的财务人员的职能即被动核算并提供决策参考信息的职能被主动提供更精准化、适时化的信息所替代。作为会计核算的基础方法之一,会计记账方法应促进这种转变,促进信息的转换和增强。①

3. 规范的记账方法要利于业务人员理解

核算环节被前置,使得业务人员也参与了部分财务核算工作,是核算信息的直接使用者之一。要使业务人员更加理解业务对财务的影响,更好地与财务人员进行沟通,有针对性地提出个性化需求的财务信息,更加有效地利用财务信息科学地进行经营决策,那么业务人员就需要掌握一定的财务知识。由此,记账方法不仅仅是财务人员的必备技能,也是业务人员更好地理解和运用财务信息的基础。

(二)规范记账方法的方式

借贷记账法要求使用简单的规则来完成业务的记录,同时,通过规范的会计信息,顺利恢复业务信息。它的最初意图是没有问题的,原理也是非常科学的。在这种情况下,遵循"回归业务"的理念,每一笔业务都有它的起源和发展。对记账规则加以扩展和理解,才能很容易地解决借贷记账法的问题。

1. 基于"回归商业"的理念,记账规则也开始创新。从业务的起源出发,并参照"右边到左边"的会计政策,显示出经济生活反映经济业务的发展进程,并制定新的规则如"有来有去、来去相等,借去贷来、左借右贷"。其中"有来有去、来去相等"反映的是经济业务本身;"借去贷来、左借右贷"反映的是记账符号与记账的方向,"借"表示的是业务流向的结果,"贷"表示的是业务流向的起源,资金遵循"从右到左"的流向关系。

2. 基于业务流转形成资金流向。在改善借贷记账规则后,业务的会计处理都因商业活动的环境而定。资金遵循"从右到左"的流向,将结果(去

---

① 缪启军、沈小燕:《业财融合时代借贷记账法新解》,《财会月刊》2019 年 8 月 8 日。

处)记在左边,来源记在右边,即会计信息表达的资金流转信息从右至左,它可以很容易地实现经济活动和会计信息的相互转换,促使会计信息使用者更好地理解和使用会计信息。

3.区别不同类别要素的流向与增减变化。对于诸如银行存款之类的资产,如果来源于业务流入,其项目金额就会增加;当它作为业务来源时,其项目金额会减少。对于权益类、损益类科目则相反,如实收资本,当其作为业务来源时,其项目金额会增加。又如主营业务收入,当取得新销售额时,企业的总销售额就会上升;相反,如果股本、盈亏和损益类科目被用于业务去向时,则金额减少。再如,如果股东收回投资和销售回报,企业就会用银行存款来支付这笔资金,并最终流入资本、本金和其他项目,导致其金额减少,这与借贷记账法下的结果完全一致。

二、做好成本控制

在初创企业的财务管理中,成本控制可以促使企业根据市场需要,从而形成标准化的成本控制信息。这样做可以维持公司的内部稳定,在不利的市场环境中促进公司的生存。

(一)成本控制概念

狭义上说,成本控制是指在某一时期内预先确定的成本管理目标。公司在其职能和职权范围内,为了控制影响成本的各种因素和状况,公司进行计算、统计、调整和监督,采取一系列预防和改善措施,以确保实现成本管理目标。特别是它所指的全面、科学和经常性各种投入和耗费,通过展示设计、发展、生产、试验和售后服务等环节,以实现经济运行质量和单位整体价值最大化的目的。

(二)初创企业成本开支的范围及标准

按照费用的类型,生产成本包括成本价、时间成本和资产价值下跌。而这也包括要使用的机器和设备、资产投资以及人类和财产消费的价值等。如果我们熟悉成本分类和成本来源,就能很好地降低成本。①

1.营业成本、投资成本、融资成本

(1)营业成本是指企业所生产销售的商品或者提供劳务的成本。

(2)投资成本是企业项目投资是实际支付的全部资金投入,企业投资的目标是保持低风险和高回报,即固定资本和杠杆投资。

(3)企业的融资成本通过直接或间接的融资解决资本需求,以保证自身生产和经营的资金供给。

2.固定成本、变动成本

固定成本指的是公司为了保持正常生产和经营而需要支付的最低成本。在一定的情况下,总成本不会因为总销售额的变化而改变,变化范围一般不受人类控制。包括无形资产摊销、期间费用中职工薪酬、固定资产折旧费用等。

变动成本指成本费用变化和生产量或销售量的变动同步变化。与固定成本不同,变动成本指的是企业成本在相应的范围内,总费用会随业务规模的变化而呈现线性变化。变动成本主要包括直接人工成本、直接材料、燃料动力消耗等。按照形成因素,变动成本分为因技术原因随消耗量变化而变化的技术性变动成本和因人为决策而改变的酌量性变动成本。

3.间接成本、直接成本

间接成本大部分是固定成本,无论生产或是停产都会发生的成本,比如管理费用中的职工薪酬、固定资产折旧等。直接成本就是直接与产品成本相关的成本,也是与生产量、销售量有着直接关系的成本。

4.可控成本、不可控成本

可控成本和不可控成本之间最大的区别在于是否可以通过人的影响来控制成本。

可控成本是通过制定流程、制度能够控制的成本,比如管理费中的办公

---

① 张灏:《企业成本分类控制的方法与策略探讨》,《财经界》2020年2月1日。

费、招待费、广告宣传费、售后服务费等,以及生产车间的燃料及动力、差旅费、销售费用中的运输费、物料消耗等。

不可控成本是一种不以公司的意愿为转移的成本。从某种程度上说,公司无法对支付款进行完全控制,如银行贷款利率、折旧费用、各项税金及附加等。企业为生产产品所发生的固定成本原则上可归入不可控成本。

(三)初创企业成本控制的方法

成本是公司经营效率的决定因素。鉴于公司财务管理方面的成本控制困境,可以从以下方面执行当前的公司成本控制。[①]

1. 加强成本控制意识

将成本控制意识根植于企业全员之中,可以为全过程成本控制打下坚实的思想基础,为成本控制作用的发挥提供保障。加强成本控制意识,一方面要由上而下,从领导层树立成本意识,加强企业领导的成本控制意识;另一方面要加强企业员工的成本控制意识。首先,企业领导应不断加强成本控制研究,用先进的、现代化成本控制知识武装自己,以便日后的成本控制工作中进行科学部署。如战略成本管理理念,以企业的全局为对象,从战略角度来研究成本形成与控制,由追求最低成本转变为增效,根据企业总体发展战略而制定成本。其次,企业员工成本控制的提升也至关重要,可以通过加大对成本控制的宣传,奖励成本控制优秀的员工等措施,筑牢成本控制思想。

2. 改善成本控制方法

成本控制方法决定成本控制的质量。在实施成本控制活动时,科学的和合理的成本控制可以实现双倍的成果。如今,大数据在许多公司的财务管理中扮演成本管理的重要角色,公司能够通过大数据评估不同产品的信息和数据,从而直观反映出公司发展趋势和整体发展水平。

---

① 李桂荣:《企业财务管理中的成本控制初探》,《财会学习》2019 年 10 月 5 日。

3. 以市场需求为导向

成本控制应该通过市场需求引导,避免公司财务管理上盲目的成本控制,以便企业在了解市场状况后,以生产和节省费用为前提,进行妥善的决策。在具体做法上,企业面对激烈的竞争环境,为了了解环境变化、内部条件和竞争对手可能带来的机遇和威胁,应该建立一个成本预警分析系统,它可以提醒和警告最重要的变化,实现以市场需求为导向。

4. 优化成本控制体系

成本控制系统应该立足于系统管理的理念。在企业财务管理成本控制方面,应该从企业全局发展的角度考虑企业成本控制,强调企业的总体和全局,由此出发设计企业发展的成本控制系统。首先,应该明确界定企业成本控制的适用目标,重点应放在可能对企业成本产生直接影响的因素方面,为实现企业价值的最大化,从市场需求、相关技术的发展趋势进行产品设计,以及在售后等方面,严格控制成本。其次,明确成本控制的岗位和职责,将财务成本控制制度化、规范化,从而让公司的所有工作人员都能够履行其自身的职责,共同帮助控制成本。

5. 不断完善成本信息

成本信息准确而详细是企业进行科学成本控制并做出正确决策的基础和前提。如果提供的信息不正确、不透明又不对称,那么,企业实行的成本控制就无法达到理想的效果,也无法在决策和公司战略执行中提供极具价值的参考。

完善成本核算制度,需要从三个方面来展开。首先,合理制定消耗定额,企业必须参考往年的实际情况,制定合理的消耗额度作为核算的基准。其次,充分实施资金定额,主要包括储备资金、生产资金、成本资金以及流动资金定额等。如企业在实施成本管理时,将总战略规划和资本规划结合起来,使公司成本管理更加有序。再次,确保原始记录及凭证的完整性,尤其是涉及费用报销、员工考勤、原材料的入库及领用等的原始记录,要安排相关责任部门进行统计整理,且必须由财务部门及时收回核对并保存。

三、现金流管理

现金流是指在某一时期内,企业由于经营活动而造成的现金流出、流入和净现金流。企业大量资本流入或流出是由资金流动造成的。公司的现金流可以有效地反映出公司在某一时期的经营状况和规模。

(一)现金流是企业生存和发展的血液

现金流管理是经过一系列的手段,依托于财务报告,通过对企业各阶段现金流入和流出的轨迹和金额进行合理有效、系统的管理,实现最大的收益,确保公司在一个安全和稳定的环境下经营。值得一提的是,资金流动管理是一种管理结构,这种结构是建立在对现阶段现金流的分析之上,依赖于相关活动而形成的管理架构。

现金流管理的目的,一方面,在保证企业生产经营活动所需现金的同时,尽可能节约现金,减少现金持有量,将闲置的现金用于投资,以获取更多的投资收益。换言之,企业如何在降低风险与增加收益之间寻求一个平衡点,以确定最佳现金流量。另一方面,就是通过对目标成本的管理与核算,控制各个环节的现金流出,分析考核目标成本的完成情况,促使企业节约开支,降低消耗,不断降低产品成本。同时,为检测成本、利润和编制新的成本计划提供数据资料,以促进企业改善生产经营决策和管理,提高企业经济效益。①

现金流管理应有效地控制和规划企业的现金流入和现金流出。通过控制公司的现金流,公司的现金可以在特定目标和方向上流动,从而加强公司现金流的流动性和稳定性。日常业务中,如果公司的现金流入较现金流出低,主管部门也未查明并采取有效措施,就可能会威胁到公司的安全。因

---

① 袁平:《企业现金流量的管理》,《郑州航空工业管理学院学报(社会科学版)》2005年10月30日。

此,一个可靠的内部控制系统可以有效控制现金流,有效确保资金流动在监督下完成。同时,考虑到债务流之间的重要联系,企业应严格控制偿还销售、信贷政策和其他与债务有关的资产。在资金方面,公司应仔细审核资金流入和流出情况,关注不同项目的实际状态,从而更好地界定每个工作的责任,确保资金流动安全有序。

(二)现金流量

现金流量指的是特定商业活动、投资活动及投资活动的收入与支出总和,以及收入与支出的差额。在财务管理方面,现金流量是公司在一段时期内实际现金流入与流出,是衡量公司财务状况是否健康的一个重要指标。①

其中现金流入量包括:每年销售商品、提供劳务收到的全部现金;出售固定资产的残值收入;收回投资以及取得投资收益收到的现金;其他现金收入,即不满足以上三项的现金收入。现金流出量包括:固定资产改造投资支付的现金;因进行经营活动支出的现金;各种税金支出;职工薪酬以及各项福利等支出;不满足以上四项的其他现金支出项目。

此外现金流量的概念也包含现金流的流向与流速。现金流向反映的是企业现金的分配情况,有助于了解企业现金的利用效率。现金流速指的是一个具体的生产经营活动从现金支出到收入所需要的时间,即投资到收到回报的速度。现金流速是公司资本流动周期和资本权益水平的一个重要指标。

(三)现金预算

现金预算管理是现代企业在科学经营预测与决策的基础上,运用现代管理理论和方法,从而使企业的生产经营活动按照预定的计划与规划运行,确保企业经营目标的实现。现金预算管理遵循收付实现制的核算原则,分别针对经营活动、投资活动和筹资活动。主要以市场为导向,以业务预算和

---

① 袁曦:《M公司现金流量管理研究》,博士学位论文,西安理工大学,2019年。

资本预算为基础,以经营利润为目标,以现金或现金等价物为中心。①

现金预算管理具有如下基本特征:

1. 以现金或现金等价物为中心

现金或现金等价物是企业的命脉与血液,是企业财务管理的中心,现金预算自始至终要贯穿现金或现金等价物这一主线。

2. 遵循收付实现制的核算原则

为反映与中心等价的现金或现金数额,制定财务预算和评估预算执行情况时,必须遵守收付实现制的核算原则。

3. 按照经管活动、投资活动和筹资活动对企业业务活动进行分类

现金预算必须将企业业务分成投资活动、经营活动及筹资活动。这种分类方法涵盖所有企业的业务,因各业务的基本特性有所不同,所以财务预算所需要的现金量也有所不同。

4. 从现金流入与现金流出两个方面反映企业现金流量

为体现公司运行能力、偿债能力和支付能力,避免金融风险,必须从现金流入与现金流出两个方面来反映现金流量情况。

5. 具有长期、广泛的适用性

现金是公司生存和发展的基础。现金预算管理以现金或现金等价物为主线,记录所有公司的共同点,从而应用于不同规模、不同组织的企业和同一企业不同产品的不同发展时期,具有长期、广泛的适用性。

(四)改善现金流的技巧

为了保证企业的稳定、可持续的经营和价值的改善,企业业务的资金流入必须大于资金流出。经营活动产生的现金流量包括存货、应收账款、应付账款。当一个公司购买材料以及制造商品时会减少现金,而出售商品时会增加现金。企业利用闲置资金进行投资活动,如对固定资产进行改扩建、投

---

① 湖南天华会计师事务所课题组:《关于建立以现金流量为中心的财务预算管理模式的构想》,《时代财会》2003 年 4 月 25 日。

资无形资产等,这些都是为了增加利润,提升企业价值,实现现金流量的最终增长。融资活动可使企业在资源不足时维持运作,并可维持资本链的持续性。融资的主要资金来源是股东的投资和各渠道的借款。流出的资金包括向股东支付分红以及贷款支付利息。

企业的资金回流率和资金发展趋势受到商业、投资活动以及融资活动的影响,因此公司现金流的分析和控制可以分为以下三个部分:

1. 经营活动现金流量管理

生产经营活动现金流量管理的目标主要为缩短现金周转期、保证资金安全、提高现金利用率。因此首先,公司应该建立一个信用评级制度、提前付款现金折扣等激励制度,并设立专门的财务人员来确保资金的回收。其次,企业应该尽全力防止库存积压,尽量减少库存,随时与买家保持联系,避免买家因为违约对企业造成的损失。与此同时,企业应该改善生产的成品率,避免因产品合格率问题造成不必要的返工和材料积压。再次,企业应注意对应付款项的管理,必须充分利用资金的时间价值,同时注意及时支付应付款项,维护自己的信用和形象。

2. 投资活动现金流量管理

投资回报包括项目收回、投资利率等。现金流出包括购置固定资产以及权益性、债权性投资等。企业在做出投资决定时,公司应该合理地计算现金库存、营运资金的需求量以及不确定性的支出,然后再进行投资。同时,对资产的选择也应该谨慎一些,应该做具体和详细的财务分析,并在此基础上评估资产的盈利能力、可持续性和潜在的投资风险,通过评估和分析能够提高资金流动的安全性。

3. 筹资活动现金流量管理

首先,我们应该评估未来行动所需的资源,并在此基础上制定筹资计划。其次,企业应该实时分析自身的财务状况,全面分析自身的偿债能力,避免超过自身偿债能力的借款。再次,企业应该考虑融资渠道和融资成本。拓展筹资渠道,选择多角度、多方面的筹资方式;降低金融成本,充分参与金融杠杆效应,利用市场潜力。

【案例分析】

苹果公司以现金为核心的财务战略转型①

现金是企业财务与资产管理的重要环节,有效的现金管理可以帮助企业降低运营风险,提升其资金的整体利用效率。苹果公司作为一个拥有大量现金的高速发展企业,其2015财年末现金储备高达2056.66亿美元,占总资产比重为70.8%。自从1996年乔布斯回归苹果公司后,苹果公司便实施了以现金为核心的财务战略转型,贯穿公司投资、营运、融资等活动,以助力企业实现价值创造目标。

苹果公司的现金储备包括现金及现金等价物、短期投资和长期有价证券投资。从1996—2015年间里,苹果公司的现金储备由17.15亿美元上升到2056.66亿美元,上涨了近118倍,现金储备与总资产的比值由33%上升到71%。近五年,苹果公司的现金储备保持在67%—71%之间。苹果公司现金储备的投资重点是"资本保值",并集中于"短期而高质量的投资"。苹果公司持有巨额的现金储备,能灵活应对企业风险、及时把握投资并购机会、获得技术优势、管控供应链风险,在激烈的市场竞争中保持竞争优势和主导地位。

2001—2015年,苹果公司的产品收入带来了巨额现金流入。2001—2011年间,苹果公司一直没有分配股利,除了2003年偿还了一笔3亿美元的银行债务,并未从企业外部融资,而是仅仅依赖利润留存现金。从2012年开始,苹果公司开始分配现金股利;从2013年开始回购普通股,同时发行长期债券融资。2011—2015年间,苹果公司所有者权益比重从66%下降到了41%;2013—2015年间,长期固定债务比例由8%上升至19%。由此可见,在不同的成长阶段,苹果公司融资渠道有所不同。2001—2011年间,苹果公司处于高速成长阶段,存在着巨大的投资机会和盈利能力,同时苹果公

① 张尧婷、沙秀娟:《苹果公司以现金为核心的财务战略转型》,《财务与会计》2017年第5期。

司的全球外包战略需要巨大的资金支持以控制风险,因此这个阶段公司不分配股利,依赖留存的现金利润进行再投资;2012—2015年间,苹果公司进入成熟期,由于前期公司巨大的盈利能力产生了巨额的现金储备,因此苹果公司在这个阶段开始实行现金股利分配战略,由于成熟期公司整体风险降低,苹果公司在回购股票的同时引入长期债务融资平衡公司的现金流,从而为股东创造更多的价值。

点评:

企业财务管理的主要对象包括规范的记账方法、企业成本控制、企业现金流管理等。科学规范的记账方法能够准确反映企业的运营状况;成本控制是通过标准化的成本控制信息反馈,以实现企业经济运行质量和整体价值最大化的目的;现金流管理是通过准确的流入和流出管理,有效反映企业的发展状况和规模。

苹果公司在发展过程中,良好的财务管理支持了企业的快速发展,公司在发展的不同阶段采用了不同的财务管理方式。在发展期暂停派发股利,为公司积攒了大量的现金流,保障了企业的顺利发展;在成熟期,派发股利的同时发行长期债券和回购股票,以平衡公司现金流,保障了企业的正常运营和价值创造。

【思考作业】

1. 初创企业成本控制有哪些技巧?

2. 初创企业现金流测算方法? 控制现金流有哪些技巧?

【综合案例分析】

星巴克的财务故事①

从一间咖啡零售店发展成为国际最著名的咖啡品牌连锁店,已经进入

---

① 谈多娇、吴珊琪、皮瑞繁:《星巴克的财务故事》,《会计之友》2014年第26期。

不惑之年的咖啡界巨头星巴克创造了一个企业扩张的奇迹。在华尔街,星巴克股票是投资者心目中的安全港,其收益之高甚至超过了通用电气、百事可乐、可口可乐、微软等大公司。

1. 规模经济成就典范

从资产负债表上看,2010—2013 年四份年报上账面资产分别为 64 亿美元、74 亿美元、82 亿美元和 115 亿美元,公司资产规模每年都以极快的速度扩张。在星巴克成功的秘诀中,很重要的一条是通过一系列并购以实现规模经济效应。2011 年星巴克收购果汁生产商 Evolution Fresh;2012 年收购法式面包连锁店 La Boulange;2012 年收购美国茶商品牌 Teavana。随着规模的扩大,星巴克每新开一家分公司,每生产一单位的新产品,都会为公司摊低平均成本,提高收益。今天,分布于全球的 13000 多家分店、雇用的专业人士、使用的专业化器具,都为星巴克带来滚滚财源。

从利润表上看,星巴克 2010—2013 年的营业收入分别为 107 亿美元、117 亿美元、133 亿美元和 149 亿美元。同期净利润分别为 9.5 亿美元、12.5 亿美元、13.8 亿美元和 880 万美元,其中 2013 年度的一笔高达 27.6 亿美元的赔偿款计入营业外开支,拉低了公司的净利润。这一笔非常规支出是用于赔偿公司提前三年终止与卡夫食品合作的业务。否则,样本期间内星巴克的净利润也会随着门店数的扩张逐年一路高歌,以两位数的速度增长。

2010—2013 年星巴克的四份年报上现金及现金等价物分别为 11 亿美元、11 亿美元、12 亿美元和 26 亿美元,其中经营活动产生的现金流非常可观,样本期间四年内分别为 17 亿美元、16 亿美元、18 亿美元和 29 亿美元。这些现金流除了来自一个个"现金奶牛"般的门店的零售现金收入外,还来自星巴克独特的充值卡、储值卡和移动支付方式所截留的顾客资金。星巴克与金融机构合作,发行了各种名目的消费卡,消费者在刷卡购买咖啡时可以得到返利优惠,同时卡本身也具有收藏价值。此外,星巴克还把绿色概念引入企业,推出可重复使用的杯子,这个举措也为公司带来了大量的正面宣传和火爆的销售。星巴克的客户在自愿为这些时尚、优雅的经营模式买单的同时,也为公司贡献了充足的现金流。

2. 直接融资拒绝举债

由于 2013 年对卡夫食品的那笔赔偿金,星巴克当年的流动负债中"应付费用"暂时突增,从而引起了相关指标的异动。2010—2013 年四年内星巴克的流动比率分别为 1.5、1.8、2.0 和 1.0,速动比率分别为 1.2、1.4、1.3 和 0.8,资产负债率分别为 42%、40%、37% 和 61%。扣除上述非常规性支出的影响,2013 年底上述三项指标与前三年变化不大。另外,在公司的资金来源结构中,有息负债率仅为 3%,而麦当劳和肯德基的有息负债率都在30% 以上。其原因是,近年来公司推行预付卡业务,顾客可以免费办理预付卡,在卡中存入现金。占得先机的预付卡业务带来了巨额的"无息存款",降低了资本成本。可见,星巴克的长短期偿债能力均处于较为保守稳健的水平。这样的财务安排源于星巴克的掌门人舒尔茨独特的价值观和行为准则。舒尔茨不怕摊薄股票份额,宁可出售股票筹钱也不举债扩张。事实上,星巴克曾于 1984 年举债买下了教父级咖啡豆专卖店毕特咖啡茶品公司,债务负担加重后,公司发展受限。公司从举债的严重后果中得出了重要教训:举债绝不是公司筹资的最佳选择。此后,星巴克在高速发展中,不仅成功绕开了举债扩张而导致的争吵、分裂的"暗礁",也成功避开了因举债而限制公司发展和创新的可能性。

3. 客户体验引导消费

推动星巴克高效运营的源动力来自企业持续改进、不断创新地加强与客户之间的联系。2010—2013 年,星巴克的存货周转率分别为 15 次、9 次、8 次和 10 次,在同行业中属于较高水平。星巴克公司通过社会化媒体来提高客户满意度,如通过 Facebook、Twitter 等社交网站联系来自全球 156 个国家的消费者;通过网络发起的"爱之歌"传递活动为全球基金募集资金;通过微博传递、推出苹果手机应用程序打造自己的品牌等。此外,公司推出"忠诚客户奖励计划",根据消费频率给予客户更多回报。这一切的精心安排为公司赢得了更高的客户满意度,提高了营运效率。

星巴克公司采用集中的供应链运作模式来支持其产品销售的三大渠道

（特殊渠道、直销渠道和零售渠道）。同时采用库存生产模式,按"模块化设计"理念将生产环节分解成在特定场所进行的装配、包装及贴标签等活动,有机衔接供应与需求,提高企业的反应能力,实现精确管理,降低成本,提高资源利用率,加快了资金周转。而缩短资金周转时间意味着企业资金利用率的提高,体现在财务指标上就是 2010—2013 年四年间公司总资产周转率水平高达 1.7 次、1.6 次、1.6 次和 1.3 次,不仅高于同行业水平,而且在所有的行业中都居于前列。

4. 股权激励惠及员工

星巴克的高毛利曾经在中国被媒体指责,但从报表上看,样本期间内,星巴克的毛利率均在 30% 以下。除了咖啡原料及人工成本等显性成本外,星巴克不断投入资金进行产品研发创新,并出资提升门店的设计,使每一家星巴克都成为独一无二的"第三空间",还投入大量资金培训星级咖啡师,以满足顾客口味不断变化的需求。这些都是星巴克提供给顾客的价值所在,也是星巴克在显性成本之外的投资。除去 2013 年非常规支出的影响,样本期间内星巴克的销售净利率只有 10% 左右,也就是说,公司的期间费用比毛利还要高得多。而在公司的期间费用中,广告费用几乎可以忽略不计,因为星巴克很少花钱做广告。但是,星巴克视品牌维护为一项终生的事业,公司用最大的努力来保持和维护其客户的忠诚度,客户体验后的传播效果远胜于付费广告的效果。也就是说,公司每年高达数十亿美元的期间费用主要用于物流成本和店面运营成本,这些巨额支出拉低了企业的销售净利率水平。

星巴克奉行店面租赁的"轻资产"战略,全部店面都是租赁的,所以每 1 美元固定资产能够产生 1.5 美元收入和 0.15—0.17 美元净利润。除去 2013 年赔款的非常规支出的影响,样本期间内星巴克公司的总资产净利率为 15%—17%。在财务杠杆的作用下,同期权益净利率高达 26%—28%。较高的权益回报在惠及大量外部股东的同时,还让星巴克的内部员工受益。星巴克实行全员持股计划,每个在星巴克工作五年以上的员工都可获得一份期权奖励。期权奖励的精妙之处在于,既能在一定程度上缓解企业扩张中带来的资金压力问题,又可以用"金手铐"锁定重要员工,而且股权激励也是星巴克保持品牌魅力的一大法宝。

点评：

现代企业的财务管理并非传统单纯的财务管理,而是与公司发展以及其他方面的管理融为一体、互为支撑的。在企业发展的不同阶段上,需要相应的财务管理配合和支持。良好的财务管理是企业持续运营和发展的重要支撑,而且财务管理有其客观性和独特性,需要遵循相应的基本原则,而不能仅凭创业者的热情。

从财务管理的角度看,星巴克无疑是成功了。遍布全球的门店降低了开店的平均成本,实现了规模效益;拒绝举债融资而采用直接融资的方式避免了企业发展中的暗礁,保障了企业的创新发展;引导顾客消费加速了资金周转速度,提高了资金利用率;通过轻资产战略和股权激励,星巴克既回报了股东和员工,缓解了资金压力,也保留住了核心员工。

【商业游戏】

如何分配你的企业资金?

授课老师可以提出一些问题,比如你想创建一个什么类型的企业? 你需要多少资金保证企业的运转? 如何分配这些资金? 如果你的企业现在正处于发展期,如何配置企业资金? 如果处于成熟期,如何分配企业资金? 当公司因为资金紧张而无法发出工资的时候,团队管理者该怎么办?

【现场体验】

百万财富游戏

1.根据小组创业项目,让小组讨论成立公司的启动资金及未来半年与一年的资金需求预测。

2.让小组用彩笔在白纸上画出拟成立公司的发展阶段及其规划草图。要用收入规模、员工数量、市场范围与规模等进行描述。

3.给小组派发 5 万元的支票,要求他们必须在接下来的 6 个月内将全部资金用在公司的成长上。然后让学生列出用这 5 万元完成的最关键的 5 件事情。

4.派发 50 万元支票,重复步骤 3 的活动。

5.派发 500 万元支票,重复步骤 3 的活动。

6.让学生重绘使用 500 万元后的企业发展草图。

7.分析讨论在此变化过程中,企业发展的目标愿景与规划发生了什么变化? 分析最原始的公司发展草图如何;有支票后的 3 张图分别包含哪些内容;最后一张图的不同之处在哪里;现在的想法如何?

8.结论通过"资金""市场"和"管理"三个模块,进行结构化分析思考,在企业成长过程中,三者之间的关系如何?

【本章知识小结】

1.伴随着知识经济时代的到来,企业管理中每项财务活动都是由人发起、操作并管理的,因此,企业发展的好坏直接取决于财务管理的强弱,也就是取决于财务人员的知识智慧以及努力程度。做好财务管理,建立责权明确的财务运行机制,是企业有效开展各项工作的基本要求。

2.财务管理作为一种经营管理手段,贯穿于企业经营活动的各个环节,保证企业价值最大化目标的实现。将财务管理与企业经营活动联系起来,可以确保在营销活动时不会出现大的资金问题,密切把握资金动向,加大了对企业债务、资产、投资回收、现金回流和资产增值等方面的管理与监督作用。

3.科学的财务管理确保企业在正常运营的同时扩大生产,促进企业的发展壮大。财务管理可以指导各项管理工作的深入开展,并且对各项管理工作的过程和最终结果进行全面综合的反映,根据企业的总目标和实际情况制定财务计划,控制成本,实现资源利用最大化;同时,还可以防止生产过程中不必要的开支和浪费。

第七章　初创企业的公关与市场营销

【本章知识要点】

1. 了解公关与市场营销的基本概念；

2. 了解初创企业的市场营销重点及常用战略；

3. 了解初创企业的品牌管理与客户管理的基本内容；

4. 掌握目标市场细分与圈定客户群的方法。

第一节　公关与市场营销

【理论讲授】

想办好一家初创公司,就要考虑所面对的客户,以及学会分析市场,做好企业公关关系管理,才能为后续的市场营销打下良好基础。

一、市场与客户

(一)市场

市场是一个具有多重含义的概念:

1.商品交换的场所,即卖主和买主发生交易的地点或地区。在这里市场是地理层面的,每一家企业都应该仔细审核产品出售的地点和地区。

2.某一产品的所有现实和潜在买主的总和,即把顾客当作市场。这是管理战略和具体选择的基本起点,可以用来说明产品的市场规模以及消费者或用户的情况。所谓企业要面向市场,就是指要面向消费需求,从顾客出发。

3.买主、卖主力量的结合,是商品供求双方的力量相互作用的总和。商品的供给和需求关系角度反映出"市场是强制性供给和需求"。"买方市场"和"卖方市场"反映了相对的供求以及不同的交易力量的对比。在买方市场中,商品供应超过了需求,需求力量占据着有利的位置,商品的价格趋向于下降,甚至极低水平,顾客主宰着销售关系;卖方市场则反之。显然,评估市场供给和需求的相对强度和趋势是决策的重要前提。

4.商品流通领域,反映的是商品流通的全局,是交换关系的总和。这是一个"社会整体市场"的概念。商品流通是以货币作为媒介的商品交换过程,是商品交换过程连续进行的整体,即商品——货币(卖)——商品(买)。

任何一个企业都是在整体市场上开展营销活动的。

市场的上述几种含义对企业营销都有实际意义。前三种含义具有微观意义,第四种含义具有宏观意义。在当下的市场经济中,企业必须集中开发并逐步完善自己的商业模式。同时企业要熟悉了解本企业每一种产品的目标顾客、销售地区(地点)、供求态势,同时通观整体市场的流通全局。

(二)消费者市场

商品卖方认为,市场是一个现实和潜在的买家组合,市场营销的核心即是如何最好地满足购买者(消费者)的需求,这是企业制定营销战略、决定营销组合策略的出发点。

消费者市场是最终市场的购买,意味着商品价值和使用价值的最终实现。消费者市场研究的核心是消费者的购物行为,即消费者购物活动和决策过程的研究。购买行为是一系列显而易见的与购买商品有关的活动,例如收集信息、比较、购买及之后的反应。这些活动必然由消费者的心理活动主导,并受消费者个人特点,以及由于这些复杂因素的相互制约和互动而产生的社会和文化因素的影响。

因此,为了研究消费者的购买行为,不仅应该考察消费者在购买过程中的各种活动,还应该分析主导和影响这些活动的因素,以便说明谁是购买者(Occupants),他们买什么(Objects),他们为何购买(Objectives),谁参与购买(Organizations),怎样购买(Operations),什么时间买(Occasions)和在何处购买(Outlets),即"市场7O's"问题。

(三)市场细分

根据市场细分理论,整个市场中的客户需求变化很大。企业需要根据影响客户需求和购买意愿的相关因素将市场上的总体客户群体划分为更加具体的细分市场。在不同的市场细分群体中,客户需求相差较大,在同一细分市场中客户需求也相对相似。

目前,企业在划分市场时,主要是把有相同需求和对营销活动有相近想法的潜在客户划分为一类。在这种市场细分方法下，客户群体可以被分为不同的市场细分，而不同的市场细分也由相似的消费者组成。不同细分市场的存在迫使企业实施多样化的市场策略，也就是说通过各种市场活动（如产品的特点和广告的组合），以便让消费者意识到这一产品不同于竞争性产品，并且比其他产品更好。

企业有效的市场细分的基础首先包括两个方面：一是建立一个科学的、合理的细分群体，二是设计具体的营销方法。因此，企业需要根据个人或群体是否有相似的需求，是否在购买中寻求相似的利益，将个人或群体分为不同的群体。此外，市场细分还应该与具体的市场干预相结合，这些市场措施是企业可以采取的，如价格、促销或销售策略和其他独立的产品或市场配置。

（四）客户

客户，也被称为顾客，是指使用金钱或一些有价值商品以获得资产、服务和产品的个人或企业，是商业服务或产品的采购者，他们可能是最终的消费者、代理人或供应链内的中间人。

客户生命周期一般指的是企业对客户进行开发，从开始与客户发生联系到与客户联系结束的这一过程。管理客户生命周期的主要目的有两个：一是对客户所处的生命周期阶段进行判定，按照不同阶段的性质适当分配资源；二是在不同的阶段都满足客户的需要，并为客户提供满意的服务。

在客户生命周期中，客户和企业之间的关系是一个动态发展过程，可以分为三个阶段：提升期、稳定期、衰退期。

1. 提升期

这个阶段双方都会感到极大的不确定性。企业通过评估客户的潜在价值来减轻风险，从而进行更科学的决策。在这个阶段之后，双方将就此达成初步认识。因此，企业在这一阶段收集客户的基本信息，并没有太多的投入。在这个阶段双方的关系逐渐成熟，建立了一定程度的信任关系，并愿意建立长期稳定的客户关系。在这个阶段,企业开始盈利,这个时候就可以扩大顾客的购买规模,产生更多的利润。

2.稳定期

稳定期是客户关系最稳定的时期。这一阶段具有几个明显的特征:双方满意度较高、投入与交易规模是最大的。因此,在这一阶段,双方的信任和交易数量是整个客户生命周期的最高点。同时,在这个时期,企业所获的利润最高。

3.衰退期

衰退期不一定会在稳定期后出现,有可能会突然出现在这三个阶段的任何一个阶段内。有可能在稳定期,也有可能在提升期,出现这一阶段的原因可能由于一方终结了双方的合作,可能由于双方在交易过程中有作为其中任何分支机构参与的干扰事件,还可能由于产品出现变化从而影响合作。衰退期的明显特征是交易量下降、一方寻求其他的合作伙伴等。进入衰退期时,企业可以有两种途径解决问题:一是加强市场投入,改善客户关系,特别是一些重要客户,可以建立二次关系;二是直接放弃这部分客户,及时调整政策。不管要做什么决定,企业决策都应该结合企业实际面临的情况。

二、企业的公关活动

(一)公共关系

公共关系是由英文"Public Relations"翻译而来,现在也经常简称为"公关"。哈洛博士以其极强的概括性和全面性总结"公共关系是一种独特的管理职能,它帮助一个组织和它的公众之间建立交流、理解、认可和合作关系;它参与各种问题和事件的处理;它帮助管理部门了解公众舆论,并对之做出反应;它明确并强调管理部门为公众利益服务的责任,以使组织与社会变化同步发展;它以良好的、符合职业道德的传播技术和研究方法作为基本的工具"①。

在我国,关于公共关系的定义,也有很多解释。中山大学王乐夫教授在《公共关系学》一书中提出:公共关系是一种内求团结、外求发展的经营管理艺术。它运用合理的原则和方法,通过有计划而持久的努力,协调和改善组织机构的对内对外关系,使本组织机构的各项政策和活动符合广大公众的需求,在公众中树立起良好形象,以谋求公众对本组织机构的了解、信任、好感和合作,并获得共同利益。② 在居延安主编的《公共关系学》中,给公共关系的定义:公共关系是一个社会组织或公众人物,在一定职业伦理规范的指引下,为谋取有关公众的理解和合作而从事的一种交流、沟通、劝说活动。③ 而秦启文教授在《现代公共关系学》一书中指出,所谓"公共关系",就是一个社会组织为了推进相关的内外公众对它的理解、信任、合作与支持,为了塑造组织形象、创造自身发展的最佳社会环境,利用传播、沟通等手段而努力采取的各种行为以及由此而产生的各种关系。④

(二)企业公关

企业公关指的是企业作为主体,聘请专门的公关人员或者委托专门的公关企业,利用适当的传播工具来塑造和维持自身的良好形象,管理和维持能促进企业发展的公众舆论。特别是在过去的几年里,公共关系领域越来越多的案例,体现公关工作如何帮助企业解决突发危机、维护良好社会形象。企业常规的公共关系手段包括召开新闻发布会、接受或组织记者采访、为目标媒体发布新闻稿件、策划公关活动等。

相较于一般意义上的传播,公关传播具有明显的目的性,其传播的内容更加丰富。在传播途径上,公关传播主要依靠大众媒介,并辅以人际传播。公关传播具有五大特点,即传播方式策略性、传播行为受制性、传播渠道多

---

① 王晨:《1 号店微博营销的公共关系策略研究》,硕士学位论文,西南大学,2013 年。
② 王乐夫:《公共关系学》,辽宁人民出版社 1986 年版。
③ 居延安主编:《公共关系学》,上海人民出版社 1987 年版。
④ 秦启文:《现代公共关系学》第二版,西南师范大学出版社 2012 年版。

样性、传播内容求实性以及传播活动高效性。在传播方式方面,公关传播通常会通过各种创造性的传播技术和方法,巧妙地向公众传递信息,从而实现沟通公众、服务公众、影响公众、赢得公众的目的;传播行为受制性主要体现在传播行为在时间、空间、内容和形式上都加以限制,而这种限制是为了使传播行为与组织目标保持一致;在传播渠道方面,根据具体对象,新闻活动可以采用一个或多个传播信息的通讯渠道,同时努力扩大信息的影响,使目标明确且有效;在传播内容方面,最重要的是新闻宣传的真实性和真诚性,因为公众传播的信息应是客观、真实、公正的;在传播活动高效性方面,传播时机的选择也非常重要。除此之外,企业的公关传播部门要按照组织发展不同时期的特点制定传播方针、政策,对传输渠道进行严谨的筛选,以确保公共传播的高效性。

(三)企业公关的职能

1. 信息搜集的职能

企业需要搜集和分类信息,并在此基础上处理信息,这才能指导其自身的决策。只有这样才能在经营过程中尽可能地避免风险,并在此基础上发展企业的发展战略。

2. 咨询建议的职能

首先,企业的公关部门与其他部门不同,企业公关部为企业决策者提供的咨询服务着眼于企业的形象、社会大众。其次,公关部为决策者提供可行性评估,对企业的形象定位、外部包装的建议都应从统领的角度出发,并且它们的业务可以涉及人力资源、经济、设计、营销和其他方面。再次,决策人员在这些获得的信息基础上进行科学的决策。

3. 宣传推广的职能

企业公关部门对企业的宣传推广程度影响着公众对该企业的信任和了解。公众越了解和支持企业,企业就越容易实现自身的目标。

4. 协调沟通的职能

这一职能主要是处理企业的内部和外部关系,这是企业的一项基本职能。对内能够协调雇主和雇员、上级和下属之间的关系;对外能够协调促进企业与公众之间的关系,为企业树立良好的信誉与形象。

5.教育和服务的职能

企业的职员无论何时何地都代表着企业形象,都要自觉地为企业利益着想。所以企业的公关部门要肩负培训教育企业员工的职责,提升企业形象。企业通过公关部门向公众提供服务,以便公众能够了解企业并接受产品。

三、企业的市场营销活动

(一)市场营销的概念与意义

在 20 世纪 90 年代,格伦斯指出为了实现所有各方的目标,营销手段旨在在一定程度上为了利益而与消费者和其他参与者建立、维持和加强关系;菲利普·科特勒完善了"营销"的定义:营销是一种社会活动和管理过程,是个人或群体通过创造、提供和交换商品来满足自己的需要和梦想。2004年,美国市场营销协会给出了营销的定义:营销不仅是一个组织功能,也是一系列产生客户价值、交流、传递客户价值以及管理客户关系的过程,让组织自身及其利益相关方受益。市场营销定义的变化表明,市场营销不仅是简单的销售活动,也是社会活动和管理过程,在这个过程中,一个企业通过提供、创造产品获得价值。

1.需求和欲望

市场交易的基本动机是满足人们的需求和欲望。营销者需要试着理解目标市场的欲望和需求,满足消费者的需求。

2.产品和服务

所有的需求都必须依赖于合适的产品。产品不仅仅是物质上的产品,而且是服务,甚至是信息。好的产品可以更有效地满足消费者的需要,在市场上有强大的竞争力,实现交换的可能性也更大。

3. 价值和满意

顾客要从不同的产品中选择,挑选哪些产品会对他们带来最大的价值。价值可以看作是质量服务和价格的结合,随着质量和服务的提升而上升,反之下降。产品如果能够给购买者带来价值和满意,它就会畅销。

4. 交换和交易

交换和交易是市场的核心,指的是产品的转让或者从另一方取得一定价值的利益。

5. 市场和客户

从广义上讲,市场是一系列交易关系的总和。在市场营销中,"市场"一般指的是与企业相关的客户群体。

6. 关系和网络

实现平稳销售,企业不仅要关注交易的实现,还必须与供应商、经销商和消费者建立密切、互利的关系,并保持这种关系。企业和主要集团在其业务中建立的一系列交易关系,将逐渐形成企业的营销网络。建立强大的分销网络是企业营销的一个重要目标,它将提高企业的市场竞争力。

(二)初创企业营销的要点[1]

1. 品牌

对于初创企业来说,企业成立不久,品牌在市场上还没有知名度,品牌影响力的建设还需要一定的时间。一个品牌的建设需要不断的宣传和推广,吸引人们的关注和了解,才能使品牌获得有效性、价值和忠诚度。而一个老牌企业不需要再花更多的精力建立一个品牌,只需要维护自身的品牌,将品牌对消费者进行营销即可。

2. 广告

通常一些初创企业的广告,都是直接告诉客户企业做的是什么产品,广告创意却通常不是特别吸引人。而成熟企业的广告目的很明确,主要是为了推

---

① 赵宏波:《初创企业营销策略研究》,博士学位论文,北京邮电大学,2019 年。

销产品,一般会把企业的理念灌输到消费者心里,已经不再是单纯地卖产品。

3.产品和服务

初创企业的产品和服务都是新的,需要投放到市场上等待市场的反响。同样,产品和服务必须不断更新,以满足市场需求,从而逐渐占领市场。因此,必须从一开始就保证产品和服务的质量,以确保稳定性和功能性。而成熟企业无需为此担忧他们的产品和服务是否能适应市场,因为市场上已经积累了许多他们的"忠实"客户,这些忠实客户为他们创造了可观的收益。

4.市场

目前的市场主要分两种,一种是空白市场,即蓝海市场;另一种是成熟市场,即红海市场。不同的市场有不同的优势和劣势,而初创企业往往因为创新的产品或者模式,优势在于刚步入市场时没有竞争对手,只要掌握好了方向,就可以独占鳌头并获得不菲的收益。缺点在于由于是新的领域,一切都从零开始,顾客对产品的认知度不高,信赖度不够。因此要想打开市场,就必须要不断培养客户的认知度,促使客户形成使用习惯。以打车软件为例,在手机打车市场出现之前,人们很少使用手机 App 进行叫车、打车的习惯,出租车司机也不习惯使用手机软件接单。为了开拓这方面的市场,打车软件企业通过对乘客和司机的补贴来扩大认可度,花费数十亿元,最终打开了手机打车的巨大市场。

总而言之,企业进入成熟市场的优点是市场已经培养成熟,不需要重新培养客户的认知度,只要将自身企业拥有的独特优势展现给客户,就会使自己分一杯羹,获一份利。缺点在于市场存在很多的竞争者,进入之后就会面临价格的威胁,受价格影响,初创企业的收益就会降低。

【案例分析】

三只松鼠体验营销的营销策略

1.视觉体验

三只松鼠用这三个可爱的小松鼠作为品牌的宣传,人们看到松鼠就会想到松鼠吃坚果的画面,非常可爱,使消费者有新的视觉感受,达到食品的宣传效果。这个图片的设计主要是让消费者有个初步印象。用可爱的松鼠作为宣传是企业的创新之举,从这个宣传上与同行业相比就有了竞争优势,在第一步就做到了创新,占领了市场。这种新理念使产品深入人心,企业文化的宣传更能让人产生深刻的印象。

2. 服务体验

三只松鼠有自己的服务态度和理念,在线上购买三只松鼠的产品,联系客服的时候,客服都会说一句"主人",这样的感觉让消费者觉得有很大的存在感,并且每一个问题均能得到重视和解决,这样的线上客服给了消费者不一样的体验。购买坚果时,每一个包装袋子里都有一个果皮袋,这样会让吃的人更加方便,随手携带。这样的服务体验也是一种成功的营销方式。

3. 思想体验

三只松鼠品牌成立以后,举办了几次大型的促销活动,如松鼠陪你睡;并通过社交软件来实现消费者与品牌厂商之间的互动。这种营销方法预见了一种趋势,考虑到消费者的心里所想,拥有了把握消费者心理的能力,将思维体验和行动结合起来,形成良好的消费习惯,使消费者形成一种认同感。

4. 认同体验

三只松鼠创始人章燎原把这些接触点分为物理和感知两方面。在他看来,传统购物主要是物理接触,眼见为实,感知只有广告;而电商反过来了,收货之前全是感知接触,只有通过一种情感来对未知做出判断。因此,电商企业首先需要营造一种好感,才能引发消费者第二次、第三次购买。网络中三只松鼠十分注重情感体验,天猫旗舰店会用俏皮的语言来回答客户的问题,发货后消费者也会接收到一条温暖贴心的提醒短信,使消费者有了相同的认可和共鸣。

总之,三只松鼠的体验营销迎合了大众的需求,是互联网模式下的成功营销宣传,可以更好地把品牌文化宣传到位,实现了产品的质量、服务态度的提升以及客户的认同感,为品牌的发展奠定良好的基础。

点评:

市场是实现交易的场所,对于企业而言,市场是能与企业实现交易的对象,即消费者和客户,能够购买企业产品的场所。企业需要根据产品对客户和消费者进行细分。为了保持和维护良好的公共形象,促进企业持续发展,企业需要有效的传播方式和途径以实现这一具体目的,这就是企业的公关。

三只松鼠作为干果厂商,充分利用了多种传播方式,有效达成了其营销目的。首先通过三只松鼠的卡通形象,有效传达了企业的主营商品——坚果,松鼠的可爱形象易于引发消费者的喜爱;以此为基础,不断强化消费者的视觉体验、服务体验、思想体验和认知体验,将品牌的形象深植于消费者的心中。

【思考作业】

1. 什么是市场?什么是客户?

2. 如何理解企业的公共关系及其职能?

3. 初创企业市场营销活动的特点有哪些?

第二节　初创企业的市场营销管理

【理论讲授】

在学会如何分析市场与客户,做好企业公关的基础上,需要合理有效地制定公关营销策略,做好市场营销管理。

一、公关营销对于初创企业的重要性

与其他企业功能相比,公关营销对于新企业的前途至关重要,多数情况下,一个新企业的成功或失败很多取决于公关营销而非技术。公关营销在企业的业务开展层面有着举足轻重的作用。[1]

---

[1]　万国邦:《营销公关的功能浅析》,《企业导报》2012 年 11 月 15 日。

（一）开拓市场

初创企业的公关营销最初是通过目标市场的竞争展现的。公关营销可以通过公共关系帮助企业获得公众的关注和期望的市场，从而创造一种趋势，而这些影响是潜移默化的。当今社会企业的品牌非常重要，商品大量涌现，各种商品的同质竞争达到了前所未有的激烈程度。企业和广告商充分运用现代主流传播媒体，造成大众认知上的爆炸，迫使消费者对某一具体商品信息的注意力淡化。而传统的销售传播手段相比之下则逊色很多，无法快速吸引公众的注意。为使消费者准确了解商品的特性与功能，就必须运用专业的营销公关能力，认真分析市场，对商品进行精确定位，设计一系列旨在深入教育引导消费者的公共关系传播活动，以将商品信息更明确、更有效地诉求至消费者的头脑中，吸引目标公众，使公众对企业产生兴趣和好感，赢得公众的信任和支持，从而帮助开启市场大门。

（二）扫清市场障碍

市场的竞争也是人的竞争。在企业的营销工作中，一旦道德观念、风俗习惯、文化背景、公众心理等因素妨碍商品的推广，那么就较难扩大市场。在这种情况下，只有通过公众信息进行交流，才能相应地改变人们的态度，将公众的怀疑、冷漠、偏见和敌意转变为同情、支持和接受，克服这些阻力之后，市场才会扩大。营销公关的市场宣传推广、教育引导活动，因其以公共关系为主要工具、以公共关系为导向，所以常常能够发挥这样的作用，为企业创造适宜的营销环境。

（三）推进产品开发

企业之所以要不断地向市场投放新产品、更换新产品，根本原因就是为了满足消费者的需求。消费者对产品的期望，部分是消费者对产品的心理判断、要求和期望，是消费者购买时对产品核心利益、有形部分、延伸部分内在的衡量标准。

一方面,这与消费者的自身条件有关;另一方面,它需要消费者的购买体验、亲朋好友的建议以及企业和竞争对手的承诺。忠诚的顾客更有可能喜欢他们的产品。因此,在设计、生产和销售时,企业必须考虑到客户的利益,实现他们的愿望,并以最大可能的方式实现高利润,以加强其品牌的美誉度。

消费者只有购买和使用了满足自己期望的产品,才能形成良好的品牌形象,从而真正认知并认可品牌。有效的市场营销可以通过客户对产品需求的反馈,来进行产品开发、产品改进和产品换代,从客观上倒逼产品的快速升级。在这个意义上,营销可称为"产品开发助推器"。

(四)维护市场稳定

由于市场上存在的各种外部原因会影响公众对企业的看法,例如竞争对手的不良竞争行为,各种冒牌产品、不公正的评论,甚至诋毁等,都会对企业的销售市场造成影响。这种恶意竞争和负面影响,仅通过传统模式是很难有效维护的。对于现代企业而言,可以通过有效的营销公关向公众进行说明和解释,消除舆论影响,揭穿竞争对手诽谤的谎言,从而拯救企业或企业的市场形象,进而保护企业利益不受过多影响。企业营销公关应该发挥市场营销的功能,在日常经营时要通过企业的整体公关工作和营销公关塑造具有社会责任感的良好形象,明确自身的市场营销策略。但是,公关营销不仅要认识和服务消费者的需求,而且要通过售前、售中和售后服务,增加消费者对企业或品牌的忠诚度,不断扩大顾客的范围,扩大产品的潜在市场。

二、初创企业公关营销的重点

(一)产品决策

产品决策围绕市场,以客户需求为目标,明确服务项目范围,寻找产品定位,进而满足客户要求,完成销售任务。产品决策包括技术路线推进、开展演示验证、呈现解决方案等技术要素的组合和运用。

产品决策是市场营销的主要战略,也是商业决策的重要组成部分,目标是生产物美价廉、适销对路的产品。市场营销的基本目的是用企业的产品满足消费者的需要。企业根据标准市场的需要,并在某一段时间内,在企业战略及其对应条件的指导下,决定产品的类型来满足目标市场的需要。当一家企业制定其战略时,首先要解决的问题是如何利用不同的产品将其与市场连结起来。企业处于专业领域,创造产品;客户处于非专业领域,应用产品。产品是企业技术水平的直接反映,是企业管理和满足顾客需求的直接结果;在跟踪市场需求的同时,客户需求也应被引入企业技术体系。产品选择在很大程度上决定企业成败,市场竞争首先在产品中反映出来。消费者最终会从产品中感受到企业的风格和力量,并从产品消费中得到企业的服务。

(二)渠道决策

渠道决策主要涉及目标客户,调动渠道资源、扩大企业的影响,促使渠道作为企业的支撑条件和保障条件,协助企业完成销售任务。渠道决策对企业的其他所有市场决策都有直接的影响。企业的产品决策、价格决策、促销决策都与渠道决策关系密切。营销渠道的选择直接影响最终价格、产品形态、产品包装和市场上产品的促销方案。

有效的渠道决策首先必须确定渠道目标。渠道目标需要仔细分析消费者对渠道服务的需求并充分考虑企业的长期目标。跟其他市场策略相比,渠道决策是长期的决策,一旦确立,就不能随意改动,因此要慎重并且多方位考虑。企业必须理解客户所期望的服务以及分销机构将能提供的服务。所有生产商在制定渠道目标时,都必须考虑客户、产品、竞争者、中介机构、企业政策和环境的各种限制。

由于营销环境不断改变,厂商不但要设计完善的渠道系统,也要定期改良渠道系统,使之更能适应市场的变化。这种改进包括三个层面,即增减个别渠道成员、创立一个全新的渠道系统、增减某些特定的渠道。在进行渠道改进决定时,企业要考虑渠道变动所产生的消极影响,比如中间商转向竞争者,对其他中间商产生的负面心理影响等消极作用。①

（三）促销决策

促销决策是关于营销战略中的沟通部分。在大部分情况下,企业的促销是混合方法而不是单一方法。企业在战略计划中将制定促销方法,通过这种方法来与企业的用户和中间商沟通产品或服务。促销工具和技巧的复杂多变,促使企业可以采取多种不同的战略选择。②

1. 丰富多彩的促销活动

促销活动是用来提高销售人员或广告的效率的,一般来说形式是多种多样的。这些活动本质上是无法重复的,但是一种类型的促销活动很成功的话,可能会持续好几年。

2. 灵活多变的公关决策

当一家企业或其产品和服务通过媒体创造新闻,这就是企业使用了公关。公关可以利用一种隐晦的方式来让人们更容易理解和接受某一问题甚至是一种产品。公关如果使用得当,可以提供另一个促销产品的机会。

3. 严谨的预算

企业所面临的最难的市场决策之一是要花多少钱用于推广,因为这个投放额度很难把握。这需要对促销预算进行合理而有效的分配。分配促销预算有很多种方法,例如竞争对等法、销售额百分比法、单位定额法、量力而行法和目标任务法。

4. 合理的促销方式

企业在促销它的产品和服务时有两种基本的方式可以选用:人员销售和非人员销售。非人员销售包括广告,诸如商业展览和陈列之类的销售促

---

① 张庚森、陈宝胜:《营销渠道决策系统分析》,《科技与管理》2000 年 1 月 15 日。

② 齐薇:《企业如何制定合理有效的促销决策》,《今日工程机械》2008 年 6 月 15 日。

进活动以及公开展示。

(四)价格决策

价格决策主要是指企业针对目标客户群体,通过价格影响客户决策,扩大客户经费预算的过程。通过反制客户缩减预算的倾向,保护价格体系。通过确认合同收入、基本价格、折扣价格、支付方式,完成销售任务。[①]

价格策略对市场目标和其他营销策略有着很大的影响。价格方案是价格战略中重要的一部分。要实施一个合理的价格计划,企业必须根据产品需求可塑性衡量价格方案和销售方案。

企业定价目标一般包括扩大销量、维持生存、扩大市场占有率、增加利润、改善形象、应对竞争、保证质量等,企业必须按照不同的价格目标来确定适当的价格水平。在制定产品价格方案时,要定义企业的价格目标,并按照价格目标来制定价格方案。定价是价格决定的关键而且是最艰难的一步。制定价格之所以难,主要表现为价格的高低很难确定,价格与销量的矛盾很难权衡。[②]

三、初创企业的市场营销战略[③]

(一)"空白领域"营销战略

为了赚取额外利润并实现经济效益,大企业一般采用少品种、大批量的生产方式。这样的生产方式就导致会有很多"狭缝地带",即所谓的"空白领域"。这种"空白领域"给初创企业的发展提供了更多自然发展的空间。

---

① 王迪:《基于 4P 营销理论的企业销售战术研究》,硕士学位论文,华北电力大学,2014 年。

② 徐长进:《需求价格弹性在企业价格决策中的应用》,硕士学位论文,西北农林科技大学,2012 年。

③ 赵陆战、张好收:《中小企业市场竞争战略的选择》,《焦作大学学报》2000 年 5 月 15 日。

在市场竞争中,初创企业应该在任何时候都关注这些"空白领域",并且明确自身的特点有选择地进入。

　　很多初创企业就是抓住这种"空白领域"发展起来的。在这种"空白领域"里,它可以充分利用初创企业的优点,避免与大企业的不利竞争,填补市场的需求。一般来说,常见的"空白领域"产品具有如下特点:一是规模较小,对大企业来说,生产的价值不大;二是大企业认为信誉风险大;三是属于多品种、小批量生产方式;四是小批量特殊专用。在寻找"空白领域"的时候,初创企业应该能够及时分析市场趋势、抓住机会、做出决策。因为在市场竞争中,任何初创企业都在寻找这个"空白领域",谁先进入,谁就有优势。

（二）"专门化"营销战略

许多初创企业的失败常常是由于它们与大企业有着相同的战略,然而由于它们的实力不够强而陷入了困境。如果选择大企业不感兴趣的"角落"市场,提供专门服务,那么初创企业不但能生存下来,还能发展自己。中小型企业应该利用市场调研和市场分析来进行市场细分,并找到被较大的竞争者所忽视或放弃的细分市场。能够依靠所建立的顾客信誉,保卫自身地位,对抗较大企业的攻击。

"专门化"战略具体可分为以下三个方面的内容:

第一,产品类型专门化。即企业集中力量于一个产品系列、一种产品或某种产品特色的生产和经营上。

第二,顾客类型专门化。即企业只为某种类型的顾客提供他们所需的一种或多系列产品与服务。

第三,地理区域专门化。即企业将其产品销售范围集中在某一个地方、区域。

（三）"生存互补"营销战略

中小企业无法进行大规模生产,因此无法像大企业那样凭借规模经济取得产品成本优势。然而大企业为了获得"规模经济"必然要摆脱"大而全"的生产体制,求助于社会分工与协作。事实上,这是初创企业的生存领域,并增加了大企业对这些初创企业的依赖,这就是"生存互补"战略。

因此,初创企业的发展必须反映发展趋势和大企业的需求,以跟上大企业的发展。在"生存互补"这个领域基础上,初创企业应该走专业化发展道路,并实现逐渐从小到大、从落后到先进的发展。例如杭州万向节厂就是在这种"生存互补"领域中成长起来的企业。起初,工厂是一个乡镇企业。它们利用了国内万向节生产的缺乏,结合它们自身的专业特长,为大企业做配套,没多久就成为中国最大的专业万向节制造厂商。

（四）"专知生存"营销战略

在生产经营过程中,技术开发和工艺创新可以产生创新性、先进性、实用性很强的技术发明成果或新结构和新风格的新产品。这些可以被看作是初创企业的市场细分,以满足新的社会需求,降低生产成本,扩展产品的多样化,从而增强初创企业的竞争优势。

然而,大企业具有更强大的研发能力、商品化能力和市场控制能力。初创企业的"专知"一旦被模仿就会因知识价值的提前下降而被挤出市场。因此,初创企业要注重产权保护。为了保持自身发展环境的稳定,适当的时候应运用法律手段维护自己取得的"专知"产品的专有权或垄断权。

（五）"潜在需求"营销战略

在现实生活中,存在某些被部分满足的社会需求或是正在孕育的新的社会需求,这些需求点形成的潜在市场被称为潜在需求。潜在的市场需求是由企业来开发和制造的。一方面,这取决于消费者对产品的需求;另一方面,这取决于企业能否制造和管理需求,生产出市场所需要的产品。初创企业对市场研究和分析后,一旦发现有良好前景的潜在需求,就应该做好开发、生产、销售和管理,同时加固经营堡垒,提高后来者的进入门槛,提高垄断能力,延长自己垄断这一市场的时间,从而取得更多的经济效益。

（六）"满足服务"营销战略

由于初创企业数量较多,具有广泛的市场分布,尽管初创企业产品没有任何特殊特征,但是它可以通过提供特别服务来扩大自己的业务领域。建立服务网需要大量的人力和物力,即便是大型企业也难以覆盖各个方面。初创企业可以针对大企业产品销售后服务不到位的现象,向这些大企业提供支持服务。此外,由于自身的特征,通过提供特殊的售前、售中、售后服务,在无差异市场上划出相对安全的经营领域,如初创企业可以实行包装、包送,在产品销售后负责产品的安装调试、故障排除、终身维修等,从而为自己营造一个新的市场空间,实现市场营销的成功。

【案例分析】

"得到"产品运营策略分析①

知识付费平台是随着知识付费的兴起应运而生的,它连接知识服务生产者与需求者,促进双方达成知识付费交易并从中获利。"得到"是罗振宇带领的逻辑思维团队创立的知识付费 App,2016 年 5 月上线,创办三年,用户已突破 3000 万。《互联网周刊》与 eNet 研究院联合发布的"2019 知识付费平台 TOP50"榜单中,"得到"高居榜首。

产品是知识付费平台核心竞争力的关键来源。"得到"产品定位精准化、生产高质化、呈现多元化,在"产品为王"背景下为同类平台提供了良好的借鉴。

1. 产品精准定位认知升级,解决难题

艾瑞 mUserTracker 数据显示,2018—2019 年"得到"25—35 岁用户占比为 70.43%,24 岁以下用户占比为 20.75%。前者多为刚入职场或在职场上稍有建树的青年人,他们深耕专业领域,也希望学习跨领域的知识,并掌握职场中的生存技巧与管理技能;后者多为大学生,他们求知欲望强烈,渴望从知识走向实践。"得到"瞄准核心用户对提高认知水平、解决多场景难题的需求,设立"科学学院""商学院""能力学院""视野学院"与"人文社科学院",提供多元知识服务,助力用户提升对自己、对世界的认知,交付多场景难题的解决方案。

---

① 黄潇潇:《互联网知识付费平台运营策略分析——以"得到"App 为例》,《时代金融》2020 年第 20 期。

2. 产品高质生产权威背书，严格把关

"得到"采取"专家+团队"模式，邀请权威专家加盟，并提供团队支持为专家赋能。专家们对知识有深入独到的见解，具备持续输出的能力，能确保知识服务定期高质产出。团队与专家进行深入细致的选题讨论，不断提供文稿修改意见，并给予录音录像硬件支持与专业指导等，反复打磨产品，严控产品质量。

3. 产品个性呈现形式多样，精准推荐

"得到"产品形式多样化，现有专栏课程、电子书、听书、讲座、付费问答五大形式，音频、视频与文稿结合，用户可在不同场景下选择合适的呈现形式，有效利用碎片化时间，提升学习效果。"得到"还利用用户阅读记录、购买记录、搜索记录等历史数据，为用户精准推荐产品，降低用户筛选产品的成本，大大提高用户体验。

点评：

市场营销是企业开拓市场、扫清市场障碍、维护市场稳定和推进产品开发所必须的企业行为。为此，企业必须有准确的产品定位、高效的销售渠道、有效的营销方式以及科学的定价机制。企业需要根据产品和市场细分，采取不同的营销策略，如"空白领域"战略、"专门化"战略、"生存互补"战略、"专知生存"战略等。

案例中的"得到"App 正是在精准的市场分析下，做出了合理的产品决策，通过精准的产品定位和高品质的产品，在市场的空白领域进行准确的推荐，有效实现了其营销目标。

【思考作业】

1. 初创企业有哪些优势与不足？

2. 持续创新为何对初创企业如此重要？

第三节　如何实施市场营销管理

【理论讲授】

实施市场营销策略,可以从圈定目标客户、选择适当的销售渠道、做好品牌管理以及客户管理四方面着手。

一、目标市场与客户的圈定

(一)目标市场

目标市场,指的是企业已经明确决定准备进入的市场。一般来说,企业需要对已经细分后的市场开展科学有效的评估,而后立足于细分市场的竞争对手状况、企业资源情况以及产品市场潜力等多方面因素,从中选择一个或者是多个细分市场,作为企业准备进入的目标市场并开展营销攻略。

在企业对细分市场开展充分合理评估之后,企业需要结合自身的发展目标、资源配置等综合情况选择本企业适合进入的目标市场。目标市场的选择对于企业未来的发展十分关键,将直接关系到企业在市场当中的竞争力以及可持续性发展。因此,企业在选择目标市场时,应该综合考虑各种因素,并使目标市场符合以下条件:

第一,目标市场具备足够、充分的潜在购买力,对于企业生产产品或服务存在比较充分的消费需求。

第二,企业的发展目标和目标市场需求方向相一致或者具备相似性,这将有利于企业长期可持续性发展,同时有利于企业更好地应对市场的各种变化情况。

第三,基于市场规模基本相当这一前提条件,企业需要优先选择竞争对手较弱的市场,从而有利于企业获取更大市场份额赢取更多经济效益。

第四,进入目标市场所需具备的资源条件与企业的资源配置要存在匹配性,从而有利于企业充分利用自身资源开展目标市场的营销策略,否则将不利于企业的长远发展。

（二）客户的圈定

所谓目标客户,是指营销者根据商品的性质而设计的客户方向。目标客户必须具有以下基本特点:对所销售的产品的某一功能有迫切的需求,而这一需求是目前市场上其他种类产品所不能完美提供的;对服务的要求适合销售者来达成;在时间与空间上具备购买条件;具备一定数量的支付能力。

1. 了解市场定位

目标客户群的定位以市场定位为前提,要确定目标客户群首先要从三个层面上来考量市场定位,即自"我"所能(达到)、市场所需(空白)、竞争者所弱(不足),寻找这三个层面的交叉地带是目标客户群定位的前提。

2. 目标客户群定位的步骤

在完成市场定位的前提下,首先,在地理上划分客户群体的销售区域;其次,确定预期的客户群体的人文属性;再次,描述客户群体的内部心理特性;最后,描述客户群体的外部行为特征。

3. 确定市场开发的顺序

其实在一个产品的不同时期内,其目标客户群是不一样的。面对新产品,客户有五个层次的考虑:用得上、买得起、信得过、看得中、急着用。在一般情况下,每增加一个条件,客户群的规模和数量会减少一些。换句话说,要将所有的客户放在金字塔中。顶尖客户(即满足"用得上、买得起、信得过、看得中、急着用"五大条件)是最优选择,而最低客户(即满足"用得上"条件)最不好开发。在操作中要从易到难,一步一步地把销售引向深入,一步步把市场规模做大。

二、销售渠道与方式的选择

(一)销售渠道与销售方式的种类

销售方式可以多种多样,应从企业与市场竞争的实际出发,选择恰当的销售方式。从销售渠道环节和销售的组织形式来看,销售方式有直销、代销、经销、经纪销售、联营销售等方式。

1. 直销

直销是指生产企业不通过中间商直接把产品出售给目标市场。直销可以通过自己设立的专卖店或特许经营连锁专卖店进行,也可以自找零售商,设立店中店或专柜直销。直销有助于减少销售环节,降低出售价格,并从市场信息中得到及时反馈。但它也分散了企业精力,增加了企业投资,不利于发展企业专业化。直销常常被一些专业性很强的生产企业使用,或对销售策略有特殊要求时采用。

2.代销

代销是生产企业将自己经营的商品委托其他中间商代理销售的方式。中间商并没有承担投资和出售的风险,只按协议领取代销佣金。一些难以销售的新产品,可以通过生产企业与商业企业之间的谈判进行,可以经工、商双方协商而开展代销的方式。因此,代销应该以企业的声誉为基础,通过促进双方的合作收益,相互帮助以达成双方的共同发展。

3.经销

经销是一种商业企业向工业企业买断产品开展商业经营的销售方式。买断产品经销的实质是:工业和贸易企业在各自市场分享的情况下进行正常合理、风险共担、利益共享的合作关系。

经销模式需要制定标准化的经销规范,可以鼓励商业企业研究市场、慎重进货,提高市场的经营和管理水平,并增强市场实际的竞争力。产品质量要契合市场需求,企业可以专注于提高产品质量,不断地创造产品以提升产品在市场上的竞争力。

4.经纪销售

经纪销售则是供货商与销售商利用经纪人沟通信息、达成交易的方式。经纪人不直接管理,不能承担风险,只是通过为供、销双方牵线搭桥,以收取佣金。

5.联营销售

联营销售是指根据自愿互利的原则,通过协议或合同,对两个或多个领域的企业进行联合。联合经营某种销售业务,按投资比例或协议规定的比例分配销售效益,联销各方共同拥有商品的所有权。

(二)影响企业渠道选择的因素

1.产品因素

(1)产品的重量、体积。较轻、较小的产品,可用较长、较宽相对复杂的销售渠道;笨重及大件的产品,多用较短、简洁的渠道。

（2）产品的物理化学性质。易损易腐产品,应尽量避免多转手、反复搬运,故多用较短渠道。

（3）产品单价高低。一般来说,昂贵的产品都由较短、较窄的渠道出售;较便宜的产品则由较宽的渠道出售。

（4）产品的标准化程度。对于标准化程度高和普遍性高的产品,渠道可长可宽;对于非标准化的产品,渠道短而窄。

（5）产品技术的复杂程度。产品技术越复杂,相关销售服务的需求就越大,特别是售后支持服务,一般多用较短渠道。

（6）是否时尚产品。新产品上市,多用较短渠道,以减少中间层次或环节;款式不易变化的产品,可用较长渠道。

（7）是否新产品。当新的产品进入市场时,需要选择较短渠道。一是销售渠道尚未畅通,企业不可以自主选择;二是短渠道也有利于企业强劲促销。对于打开销路的产品,可以考虑使用更长的渠道。

（8）是否耐用品。非耐用品多用较短渠道,耐用品多用较长渠道。

2. 市场因素

（1）市场区域的范围大小。市场区域宽广,宜用较宽、较长渠道;地理范围较小的市场,可用较短、较窄的渠道。

（2）顾客的集中程度。顾客较为集中,可用较短、较窄渠道;顾客分散,多用较宽渠道与之适应。

（3）竞争状况。大致上,在与竞争者有类似的渠道或是品牌相同时,如果竞争很激烈,应该寻找独一无二的销售渠道。比如竞争对手如果使用短而窄的分销产品时,则要选择长而宽的渠道。

3. 购买行为因素

（1）顾客每次的购买量。购买量较小,一般需要较长、较宽的渠道与之适应,故消费品市场多用此类渠道。反之,顾客一次购买批量较大,如生产者市场、社会集团市场,则可用较短、较窄的渠道。

（2）购买频率。顾客经常要买的产品,应用较宽的渠道;购买频率较低的产品,可用较窄的渠道。

（3）季节性。消费有明显的季节性的产品,宜用较长渠道分销,由较多层次的中间商分担储存任务。反之,可考虑较短渠道。

（4）选择性。顾客需求的选择性较强的产品,多用较窄的渠道分销。

（5）品牌敏感性。顾客对品牌较为敏感的产品多用较窄的渠道。

4. 企业自身因素

（1）财力。财力薄弱的企业,多用较长渠道;财力雄厚的企业,可以根据需要使用较短渠道。

（2）销售渠道的管理能力。管理能力较低的企业,多用较长渠道;有能力控制销售渠道的企业,可选择较短渠道。

（3）分销及市场经验。初入市场的企业,缺乏分销经验,多用较长渠道。

5. 中间商因素

（1）合作的可能性。中间商普遍愿意合作,企业可利用的中间商较多,渠道可长可短,可宽可窄,否则只能使用较短、较窄渠道。

（2）费用。利用中间商分销,要支付一定的费用。若费用较高,企业只能选择较短、较窄的渠道。

（3）服务。中间商能提供较多的高质量服务,企业可选择较长、较宽的渠道。倘若中间商无法提供所需的服务,企业只有使用较短、较窄的渠道。

如果经济形势乐观,销售渠道的可选择性可能就更大。同时,渠道选择应考虑到各项有关政策和法律的约束。

（三）网络销售异军突起

互联网的快速发展、互联网用户数量的持续增长、网络购买力的提高以及对消费者在网上的消费习惯的培养,为网络购物打下了良好的基础。这些都成为刺激网络购物市场繁荣的主要动力。因为看到了巨大的商业机会,传统的企业营销进入了网络,因此丰富了网络市场的类别和渠道。线上产品越多,线上和线下的互动越频繁,就会相应地提升用户的购买体验,有助于提高网上购物的比例。

网络营销是企业整体市场策略的一个组成部分,企业通过多种活动创造网络商业环境,是企业实现整体商业目标的必要手段。与传统营销方式相比,网络营销具有独特的特点:

1. 时空无限性

与传统限时限地的市场营销不同,人们可以在任何时候、任何地方通过互联网进行在线购物,从而打破时间和空间的界限。企业还可以在本地或全球范围内传播其品牌和信息。

2. 传播及时性

在网络信息传播中,最显著的部分就是它的及时性。在传统媒体中,传播信息需要一定时间。在互联网上,部分信息可以同时从全球用户那里获得。网络信息的高效率可以大大提升销售效率。

3. 成本经济性

报纸、电视、广播和其他传统媒体费用相对较高,而以网络为基础传播信息的费用相对较小。此外,由于这种方式使房租等成本都有所降低,所以越来越多的品牌纷纷投入网络营销中。

4. 信息交互性

在网络营销中,信息的传播已经从传统媒体的由企业到消费者的单向顺序,开始转变成双向、多维的互动交流,消费者开始变为主导,拥有比以往更大的自由选择权。

5. 市场精准性

在互联网信息技术的支持下,企业可以实现更好的市场选择、细分和定位。

6. 反馈及时性

在网络营销中,可以及时衡量销售效果,比如点击率、转化率、网络广告成本,这些都可以通过网络平台得到及时准确的数据反馈,帮助企业发现问题并做出及时的调整。

7. 服务精准性

通过使用网络技术更好地满足消费需要,企业鼓励消费者参与产品设计,并制定自己的需求,真正做到"顾客就是上帝"。

总体来说,互联网对人的生活有着深刻的影响。网络的独特优势向企业展示了它超越传统媒体的更多价值,改变了传统市场竞争模式和商业模式,也创造了新的商业模式。

三、初创企业的品牌策略

(一)初创企业的品牌设计要求

品牌设计是在企业自身正确定位的基础之上,基于正确品牌定义下的视觉沟通,它是一个协助企业发展的形象实体,不仅协助企业正确地把握品牌方向,而且能够使人们正确地、快速地对企业形象进行有效深刻的认知与记忆。

在发展市场营销的战略整合过程中,现代企业都同意品牌设计是企业概念形象化的传播手段,也是企业形象和文化最好的体现。这就是为什么越来越多的企业都在寻找专业品牌设计组织来全面规划和实施其企业形象。

品牌设计的主要内容包括对企业或产品的标准化整合,包括企业名字、文化观念、市场定位和商业广告。更一般地说,内容包括商标、版权、视觉传播、包装、展示的提炼等活动,目的是区别于其他企业或产品的个性化设计过程。在品牌设计过程中,应注意遵从如下几个原则:[1]

1. 品牌名简明易懂,利于顾客记忆

企业如何提高品牌形象和使之更容易记住,品牌名的设计是非常重要的。品牌设计师要完成的第一件事就是让客户感受良好,品牌名本身是顾客了解的基础。如果一个品牌名称的设计非常复杂,人们难以记住,那么顾客就会对这个品牌失去兴趣,这对企业的发展是非常不利的。如果一个品

---

[1]　任喆:《论品牌设计的基本原则》,《品牌》2015 年 7 月 20 日。

牌名看起来非常简洁又能充分表达该商品的特征,便很容易给顾客留下深刻的影响。

2. 彰显品牌个性之处,吸引顾客了解

一个品牌具有独特之处才能在众多的品牌中脱颖而出。为了在竞争激烈的市场上占据有利的位置,它必须具备其他品牌所没有的一些特性。所以在品牌设计的过程中员工需要强调品牌的独特特征。没有必要用华丽的词汇,只要让人们了解他们的特殊性就可以。美丽的辞藻容易让人产生一种距离感,使消费对象范围变窄,平实形象的描述会让品牌更有特色。

3. 品牌设计新颖独特,加深顾客的了解

品牌设计包括品牌标志、品牌名称等内容的设计。在品牌竞争市场中,如果某企业的产品标志与另一家企业的产品标识相同,那么它不仅会使企业的品牌设计被否定,还会被确认为剽窃,影响大众对企业创新力的认可程度。因此一个企业的品牌设计必须和其他品牌不同,要设计出属于自己企业的品牌,只有这样顾客才能对品牌有深入的理解。

4. 尊重文化差异,做到合法设计

文化上的差异不是不可逾越的障碍。在品牌设计过程中,面对的是或多或少的文化差异。这种情况下,应该尊重各国各民族的文化差异,互相学习,创造一个接受度广泛的品牌。许多商家经受不住诱惑,为了吸引眼球不择手段,从事非法行业,破坏了市场竞争规则,违反了国家法律,这是品牌设计中应该坚决禁止的。

(二)品牌命名的十种方法

1. 地域法。商业产品的品牌包含了当地名称,当地消费者信任这些地域,从而信任与地名有关的产品。将地区名称与企业产品连上关系,利用区域积累的影响力确定品牌的方法有助于加深消费者对这一品牌的认知。

2. 时空法。把产品的历史背景作为其品牌组成部分,这样消费者就能对这一产品有真实的认同。通过历史来赋予这个品牌深刻的内涵,它很快就能赢得消费者的喜爱。

3. 目标客户法。将品牌与目标客户联系起来,进而使目标客户产生认同感。

4. 人名法。将名人、明星或企业家的名字作为产品品牌名称使用,充分利用名人效应,促使消费者认同自己的产品。

5. 中外法。运用中文和字母表或者两者的组合来命名品牌,这样消费者就会产生中西结合的新颖感觉,从而促进产品销售。但是也不能一味地为洋而洋,或是为中而中,切忌乱用"洋名",否则消费者会感到疲倦,甚至产生消极的反应。

6. 数字法。用数字来为品牌命名,借用人们对数字的联想效应,促进品牌的特色。

7. 功效法。用产品功效为品牌命名,使消费者能够通过品牌对产品功效产生认同。

8. 价值法。凝练企业追求的价值主张,来为品牌命名,使消费者看到产品品牌,就能感受到企业的价值观念。

9. 形象法。用动物、植物和自然景观来命名的品牌。当看到动物、植物时,人们会产生具象的联想和感情的反应,从而提高认知速度。

10. 企业名称法。将企业名称缩写或关键词作为产品品牌来命名。运用企业名称法来进行产品品牌命名,有利于产品品牌、企业品牌相互促进,从而有效地提升企业形象。

(三)初创企业的品牌策略

1. 提升品牌意识,积极打造自主品牌

中小企业需要认识到品牌建设是品牌资本的前提。只有建立独立品牌,才能建立自身资本的品牌价值,进而影响长期的盈利和现金流,使得企业拥有可持续的竞争优势。为了在新常态下实现变革和现代化并持续改善企业表现,中小企业应该增强品牌意识、积极维护自身品牌和自身竞争力。初创企业应当积极推进品牌化策略,利用品牌来塑造产品的差别化优势。

2.提升品牌质量,创造核心竞争力

质量是创新的动力和保证。品牌化战略意味着广告投资和宣传造势,高质量的产品、清晰的品牌形象和明确的品牌定位缺一不可。中小企业应将品牌质量的建设和开发视为其长期战略的组成部分。在高质量产品的基础上定位塑造核心品牌形象,坚持品牌建设,将品牌融入企业整体战略部署,同时提高品牌质量,保护品牌价值。[①]

3.控制品牌规模,实现成本效益转化

品牌投入是一种沉没成本,过度培育品牌不仅会提高企业成本,而且还容易导致品牌结构的不平衡和市场分散,从而影响到企业的总体处境。中小企业应该对自己的状况进行客观的分析,精简品牌,以避免盲目地推广多品牌,消除低价格竞争,与消费者建立良好的沟通,并获得品牌力量与文化的固定消费者团体。为保证更好的市场业绩,应集中优势资源打造单一品牌,充分发挥品牌的规模效益,实现成本向效益的转变。

四、初创企业的客户管理

(一)客户管理的目的

客户关系管理是指利用相应的信息技术和网络技术,协调企业与客户在销售、营销、服务等方面的互动,从而提升企业的核心竞争优势,优化企业的管理模式。[②] 企业客户关系管理的首要目标是吸引新客户,照顾老客户,将现有客户转变为忠实客户,并增加市场份额。客户关系管理的目标是通过多方优化业务过程的管理方式来降低商业成本,并通过自身更快和更好的服务来吸引和维护客户。它作为一种新出现的管理制度,广泛应用于服务、分配、技术支助和营销领域,充分优化了企业和客户之间的关系。实施

① 徐承宇:《无品牌、单一品牌还是多品牌?——基于绩效的中小企业品牌策略选择研究》,《宏观质量研究》2016年9月28日。
② 谢媛婷:《YY公司客户关系管理研究》,博士学位论文,广西师范大学,2019年。

客户关系管理可以通过大幅改善商业流程管理来降低企业成本,并通过提供更快、更周到的质量服务来吸引和维持更多的客户。客户关系管理作为一种新的管理机制,被广泛地运用到营销、分销、服务、技术支持等领域,能够大大改善企业与客户的关系。

（二）客户管理的原则

1. 动态管理原则,即客户资料要不断加以调整,使客户关系能保持动态性。即如果企业想充分利用客户数据库的优势,就不应该害怕投入精力和金钱。一定要尽可能地完成客户资料的随时更新。

2. 突出重点原则,要分清主次客户,通过调查、阅读资料找到重点客户。

3. 灵活运用原则,不能仅仅建立客户资料卡或客户管理卡,而是应该充分配合销售人员和其他相关人员,提高客户管理效率。

4. 方便快捷原则,即消除不必要的信息、取得显而易见的信息,并且可以在任何时候、任何地点为执行决定提供有效的信息。

5. 专人负责原则,即客户服务必须制定特定的规则和方法,并由特定的工作人员负责管理,顾客信息的使用应被严格管理。

6. 安全性原则,即为了保证系统中客户数据库的安全运行,这些数据的意外损失或泄露将给企业带来无法估量的损失。

7. 详尽务实原则,即客户资料力求详尽、全面、具体,管理方式符合实际、操作性强。

（三）客户的评价与对策

客户评价是一种心理体验,是通过产品和服务的效应体现出来的,反映出顾客需求的规律。满足感是一种心理状态,当产品或服务满足了客户的心理期望,顾客们会觉得,给他们带来满意经验的企业可以继续满足他们,至少也可以减少风险和不确定性。所以,只有能够让客户对企业更加的认可,才能让客户长期地与企业合作,客户才能为企业提供更多的价值而不会流失到竞争对手的手中。由于竞争压力的增加,企业必须从顾客的角度看待问题,同时考虑客户的满意度。测量客户的满意度可以从美誉度、知名度、回头率、投诉率、购买额和对价格的接受度几个方面进行。一般而言,愿意向他人推荐企业、产品或服务的客户是对企业具有很高满意度的。

客户是否过滤掉其他品牌,坚持可以花钱购买同一企业的产品,是否能做到想购买一种曾经买过的产品或者服务时,主动寻找曾提供过此项产品和服务的企业,即为客户忠诚度。只有维持一定数量的忠实顾客才能保证企业的长期可持续发展,同时这些顾客是可靠的合作伙伴,是现有产品与服务的最有力的证明。

为了衡量顾客忠诚度,不能简单地以购买次数来衡量。对价格的敏感性、对质量问题的承受能力,以及对竞争性品牌的感知都应该成为衡量客户忠诚度的指标。要维护客户忠诚度,首先要替客户着想,客户价值的核心定位是维护客户利益。如果顾客在长期关系方面获得特殊待遇,这会鼓励他们能够维持长期关系。相反,如果较忠诚的老顾客没有更多的折扣,他们的忠诚就会受到限制,从而导致顾客流失。

为了妥善地处理客户的投诉,首先要清楚投诉要点,判断投诉成立与否,并对投诉进行详细的记录,例如投诉的原因、内容及时间。如果投诉成立,必须提出并实施使顾客满意的解决方案,从顾客的角度找到解决问题的办法,并从速采取行动。在获得客户认可并开始操作后必须进行情况处理的追踪。将客户投诉问题做出的整改告知客户,反映了企业对顾客的诚意,并能把顾客和企业的发展紧密地联系在一起,以便提高客户的忠诚度。

(四)客户管理的内容

1. 建立客户信息档案

必须定期审查和评估客户维护计划的影响,并及时根据情况调整计划。在客户维护计划执行完成后,应该充分利用一切机会与客户联系和交流,不断收集客户信息,并维护更新客户信息。

2. 服务(产品)时刻跟进

和客户签协议后,必须尽快执行协议而不是被客户催促甚至施加压力,严格遵守合作协定,并及时了解顾客对产品(服务)的使用情况。

3. 提供超值服务

物超所值永远是商家的最大卖点。客户关系维护中的"物超所值"是指从参与市场竞争、赢得客户的角度出发,以自觉的行动、情感的力量、精神的感召、智力的支持、信息的传递、科技的手段为客户提供服务,超出客户对产品服务需求的心理预期,超出服务本身的价值。

4. 情感维护,保持接触

交易的终止并不代表客户关系的终止,向顾客出售东西后,要保持联络,为他们提供售后服务。日常的拜访,节日的真诚问候,婚庆喜事、过生日时的一句真诚祝福,及时告知客户自己在读书、看报时注意到的其可能感兴趣的信息,在客户生活中有困难时及时伸出的援手,都会让客户深受感动。

5. 及时沟通,避免误解

顾客流失的关键是顾客的需要不能被有效的满足。要留意客户的意见和建议,鼓励客户表达不满,及时解决客户的不满。在对市场的了解和尊重方面,应该从客户的角度了解问题,并采取积极、热忱和迅速的方式加以处理。

6. 制造客户离开的障碍

保留和维护客户的有效方法是制造客户离开的障碍,让他们无法随意离开。这就是为什么必须持续创新,努力维护与客户的紧密合作关系,以使客户能够实现对企业产品和服务的依赖和习惯。

【案例分析】

是的,我知道你在想什么[①]

2007 年 6 月,《商学院》记者采访了正在旅行中的美国心理学家、著名营

---

① 施智梁:《是的,我知道你在想什么——专访说服术与影响力研究专家罗伯特·西奥迪尼》,《商学院》2007 年第 7 期。

销心理学畅销书《影响力》的作者罗伯特·B.西奥迪尼(Robert B.Cialdini)。

BMR:《商学院》

罗伯特:罗伯特·B.西奥迪尼

BMR:你对于影响力的研究角度很特别。我注意到,"自我催眠之父"埃米尔·库尔说过一句话:"无论日子怎么过,我总会变得更好。"而你却说:"无论日子怎么过,我总是会变得更忙。"

罗伯特:我是一个很容易"上当受骗"的人,我总是轻信那些小摊小贩、募捐者以及某些经纪人的推销之词。于是,作为一名社会心理学家,我开始研究顺从心理学。我很想搞清楚,到底是哪些因素促使一个人对另一个人说"是"?而且采用哪些技巧可以更有效地利用这些因素让人们如此言听计从?我很纳闷:为什么用某种方式提出的请求会遭到拒绝,而稍微换一种方式提出同样的请求就会成功?

通过研究,我发现那些让人顺从的高手们采用的手段五花八门,但归根结底可以归纳为六种基本类型。每一种类型都受到一则能指导人类行为的基础心理学原理的控制,即互惠、承诺和一致、社会认同、喜好、权威以及短缺原理。每一则原理会产生让人明显地、自动地、无意识地顺从他人的能力。而现代生活不断加快的步伐会使这种不假思索便顺从别人的特殊情形在未来变得越来越普遍。于是,大量的信息和极易伪造的信息,使得有人引诱我们做出机械的反应并从中获利。

BMR:现代商业营销往往打的就是心理战,你怎么评估人们的心理定势在其中的影响力?

罗伯特:无疑,消费者的一种先入为主的定见在他们做出购物决策时起了至关重要的作用。别小看了这种在购买最后关头的摇摆。这也是为什么在零售大环境里厂商会在外包装上写上本产品特别优质等字样来提醒顾客产品的质量。仅仅在包装上标明产品名、成分之类已经不足以满足大众的心理定势了,人们通常会怀疑这种产品的质量。

BMR:就以这两个定见为例吧:"价高者优"和"物以稀为贵"。显然这两种心理定势已被证明并不正确,而且顾客也常被忠告"性价比才是最重要的",但为什么他们还是会一而再再而三地顺从于这两种心理定势?

罗伯特:所谓心理定势并不意味着它绝对正确。心理定势之所以成为人们判断事物的一种规律性认识,是因为它在绝大多数情况下确实合理而正确。让我们来谈谈"价高者优"原则或者是中国人的"一分钱一分货"原则。你不能否认商店里价格昂贵的商品通常比价格低廉的商品优质。我们可以不必花时间和精力对某些感兴趣的商品进行调查研究就能够得到直观的、量化的比较,而这样的比较多是正确的。现代社会人们更看重时间的重要性,不想花时间检验商品。于是大家运用常规的普律"价高者优"来判断商品的优劣,这本无可厚非,也确实快捷实用。

如果说运用"价高者优"原则九成奏效,那剩下的一成就是商家有意识地针对这一普律设下的陷阱。譬如对一些滞销货做出不削价反而涨价的营销策略,居然取得了意想不到的成效等。

至于"物以稀为贵",扩展开来就是机会越少,价值越高。我们害怕失去一件东西的恐惧似乎超过了希望得到一件东西的渴望。医生劝瘾君子戒烟时指出不戒烟少活多少年远比戒烟多活多少年有效。还有一个关键因素就是时间限制,稀少的东西通常给人们一种即将失去的感觉,人们没有时间考虑这样的商品是否对自己有用,这助长了他们当机立断的购买行为。

BMR:你提出了一个非常敏锐的营销定律——互惠定律。你是怎么察觉到营销过程中有这样一种微妙的心理博弈?

罗伯特:互惠定律认为,我们应尽量以相同方式回报他人为我们所做的一切。其核心就是一种普遍存在于人类文明中受惠后的负债感。整个社会群体对接受了恩惠却不打算回报的人是极不欢迎的。

所以营销中的互惠定律具体操作起来就很强调先发性,先行动(先送出礼品、祝福、服务甚至让步)的人往往占据有利位置。对方受根深蒂固的教育、习俗等影响通常会下意识地想到"我该回馈他些什么",这时他甚至会忽略自己先前收到的礼物是不是必需、是不是自己要求得到的。在这里,给予是一种义务,接受是一种义务,偿还也是一种义务。中国读者看到这里——如果他们想让自己更成功的话——他们最该问自己的问题就不会是"我该得到点儿什么",而是"我该先给别人点儿什么"。

中国的大型超市里有那种免费试吃的节目吗? 顾客们好意思把牙签或杯子归还就转身离去吗? 免费试用策略就是互惠定律的一个有效变种。

BMR:中国超市会这样做。不过顾客现在也变得越来越警惕,他们学会了直接拒绝这样的"小恩小惠"。商场发出的礼券、赠品在有经验的消费者眼里就好像启动了欺骗的扳机。零售商们该怎么应对消费者狐疑的眼光? 或者说是不是互惠定律在这里已经部分失效?

罗伯特:零售商们要做的就是向那些充满怀疑精神的顾客展示:我们的馈赠仅仅是希图给你们带来真正的帮助,而不在于觊觎销售额的企图。

对于消费者而言,一概拒绝的策略并不合适。他们并不能很清醒地分辨,到底是一个诚实友善的帮助还是一个有预谋的盘剥企图的第一步。很有可能他错过了一个真诚合理的恩惠。

点评:

初创企业实施市场营销的过程,首先需要准确选定目标市场和圈定客户,需要将营销对象从大海中筛选出来,然后构建有效的销售渠道和销售方式,并逐渐形成企业品牌和形象,最终维护好客户和不断拓展市场。

罗伯特在《影响力》一书中明确指出了营销其实就是心理战,是企业针对消费者心理进行的,而消费者为什么会在这场心理战中处于劣势,是因为社会心理中存在的互惠、承诺和一致、社会认同、喜好、权威以及短缺原理。企业根据这些原理就能把握消费者的心理定势,知道消费者在想什么,从而进行有针对性的营销。

【思考作业】

1.如何确定目标市场并进行市场细分? 如何圈定你的客户群?

2.如何根据销售渠道的特点选择销售方式?

3.初创企业的品牌管理主要包括哪些内容?

4.客户管理的原则是什么？客户管理有哪些基本内容？

【综合案例分析】

红罐王老吉品牌定位战略①

2002 年年底,加多宝找到成美营销顾问公司(以下简称"成美"),初衷是想为红罐王老吉拍一条以赞助奥运会为主题的广告片,要以"体育、健康"的口号来进行宣传,以期推动销售。成美经初步研究后发现,红罐王老吉的销售问题不是通过简单的拍广告就可以解决的——这种问题目前在中国企业中特别典型:一遇到销量受阻,最常采取的措施就是对广告片动手术,要么改得面目全非,要么赶快搞出一条"大创意"的新广告——红罐王老吉销售问题首要解决的是品牌定位。

首先品牌定位的制定,是在满足消费者需求的基础上,通过了解消费者的认知,提出与竞争者不同的主张。

同时,任何一个品牌定位的成立,都必须是该品牌最有能力占据的,即有据可依。如可口可乐说"正宗的可乐",是因为它就是可乐的发明者,研究人员对于企业、产品自身在消费者心智中的认知进行了研究,结果表明,红罐王老吉的"凉茶始祖"身份、神秘中草药配方、175 年的历史等,显然是有能力占据"预防上火的饮料"这一定位的。

由于"预防上火"是消费者购买红罐王老吉的真实动机,自然有利于巩固加强原有市场。而能否满足企业对于新定位"进军全国市场"的期望,则成为研究的下一步工作。通过二手资料、专家访谈等研究表明,中国几千年的中医概念"清热祛火"在全国广为普及,"上火"的概念也在各地深入人心,这就使红罐王老吉突破了凉茶概念的地域局限。研究人员认为:"做好了这个宣传概念的转移,只要有中国人的地方,红罐王老吉就能活下去。"

至此,品牌定位的研究基本完成。在研究一个多月后,成美向加多宝提

---

① 《红罐王老吉品牌定位战略》,《中国防伪报道》2011 年第 2 期。

交了品牌定位研究报告,首先明确红罐王老吉是在"饮料"行业中竞争,竞争对手应是其他饮料;其品牌定位——"预防上火的饮料",独特的价值在于喝红罐王老吉能预防上火,让消费者无忧地尽情享受生活:吃煎炸、香辣美食,烧烤,通宵达旦看足球……这样定位红罐王老吉,是基于从现实格局的通盘考虑,主要益处有四:

其一,利于红罐王老吉走出广东、浙南。

由于"上火"是一个全国普遍性的中医概念,而不再像"凉茶"那样局限于两广地区,这就为红罐王老吉走向全国彻底扫除了障碍。

其二,避免红罐王老吉与国内外饮料巨头直接竞争,形成独特区隔。

其三,成功地将红罐王老吉产品的劣势转化为优势。

淡淡的中药味,成功转变为"预防上火"的有力支撑;3.5元的零售价格,因为"预防上火"的功能,不再"高不可攀";"王老吉"的品牌名、悠久的历史,成为预防上火"正宗"的、有力的支撑。

其四,利于加多宝企业与国内王老吉药业合作。

正由于加多宝的红罐王老吉定位在功能饮料,区别于王老吉药业的"药品",因此能更好促成两家合作,共建"王老吉"品牌。

成美还提出,由于在消费者的认知中,饮食是上火的一个重要原因,特别是"辛辣""煎炸"饮食,因此建议在维护原有的销售渠道的基础上,加大力度开拓餐饮渠道,在一批酒楼打造旗舰店的形象。重点选择在湘菜馆、川菜馆、火锅店、烧烤场等。

凭借在饮料市场丰富经验和敏锐的市场直觉,加多宝董事长陈鸿道当场拍板,全部接受该报告的建议,决定立即根据品牌定位对红罐王老吉展开全面推广。

"开创新品类"永远是品牌定位的首选。一个品牌如若能够将自己定位为与强势对手所不同的选择,其广告只要传达出新品类信息就行了,而效果往往是惊人的。将红罐王老吉作为第一个"预防上火的饮料"推向市场,使人们通过它知道和接受了这种新饮料,最终红罐王老吉就会成为"预防上火的饮料"的代表,随着品类的成长,自然拥有最大的收益。

明确了品牌要在消费者心中占据什么定位,接下来的重要工作,就是要推广品牌,让它真正地进入人心,让大家都知道品牌的定位,从而持久、有力地影响消费者的购买决策。

紧接着,成美为红罐王老吉确定了推广主题"怕上火,喝王老吉",在传播上尽量凸显红罐王老吉作为饮料的性质。在第一阶段的广告宣传中,红罐王老吉都以轻松、欢快、健康的形象出现,避免出现对症下药式的负面诉求,从而把红罐王老吉和"传统凉茶"区分开来。

为更好地唤起消费者的需求,电视广告选用了消费者认为日常生活中最易上火的五个场景:吃火锅、通宵看球、吃油炸食品薯条、烧烤和夏日阳光浴,画面中人们在开心享受上述活动的同时,纷纷畅饮红罐王老吉。结合时尚、动感十足的广告歌反复吟唱"不用害怕什么,尽情享受生活,怕上火,喝王老吉",促使消费者在吃火锅、烧烤时,自然联想到红罐王老吉,从而促成购买。

红罐王老吉的电视媒体选择主要锁定覆盖全国的中央电视台,并结合原有销售区域(广东、浙南)的强势地方媒体,在 2003 年短短几个月,一举投入 4000 多万元广告费,销量立竿见影,得到迅速提升。同年 11 月,企业乘胜追击,再斥巨资购买了中央电视台 2004 年黄金广告时段。正是这种急风暴雨式的投放方式保证了红罐王老吉在短期内迅速进入人们的头脑,给人们一个深刻的印象,并迅速红遍全国大江南北。

点评:

初创企业市场营销既是拓展市场的过程,也是树立企业形象的过程。市场营销是所有企业都要面对的问题,其中的关键之处在于产品定位和市场定位,准确的产品定位能将企业的产品从众多的同类产品中分离出来,突出独特性;准确的市场定位能够明确产品的消费者,将消费者从人海中圈定出来。

王老吉起初作为一种地方凉茶饮料,既不是功能饮料,也不是普通饮料,没有准确的产品定位导致市场打不开。成美公司针对王老吉的凉茶特性,将其定位为"预防上火的饮料",而且在市场定位上,明确将现代人在生活习惯上易于导致上火的情形呈现出来,将产品定位和市场定位完美地结合起来,迅速带火了这一款地方饮料。

【商业游戏】

你的需求是什么?

每一组学员按5—6人为一组,将自己的需求、产品写在纸上,然后交给我们授课老师,由所有其他组的学员负责询问,争取在20个问题之内询问出这一组需求的内容。

要求所写的需求必须是生活当中实际的需求,而非一些天马行空的幻想。

在询问过程当中掌握识别个人需求的要领。

【现场体验】

观察顾客流

请选择一个消费场景(如书店、餐饮店、手机卖场、服务中心等),在一天或一周的不同时段观察,计数顾客流量。

结合所观察的店家,用所学的市场营销管理理论,写一份营销策略改进与客户管理的方案。然后将该方案与所观察的市场管理者进行沟通,体会感受市场营销管理的要素与技巧。

【本章知识小结】

1.公关与市场营销活动对于初创企业的管理工作及其生存发展是至关重要的。

2.初创企业市场营销管理的重点是产品、品牌、定价与销售渠道的管理。

3.初创企业的市场营销活动要结合企业实际,尽量选择空白领域、专门化、互补领先和创新服务等策略。

第八章　初创企业的风险管理

【本章知识要点】

1. 了解企业风险的分类及其构成；

2. 了解规避系统风险的可能途径；

3. 了解防范非系统风险的可能途径；

4. 掌握创业者风险承担能力的估算方法。

第一节　企业风险概述

【理论讲授】

由于经济的推动、社会的发展、科学技术的进步以及跨国企业的出现，企业生存的环境面临着巨大的变化。随着周围环境的变化，企业生存的危机也随之出现。企业生存面临的风险不仅体现在企业的生存环境中，也伴随着企业经营的每时每刻乃至每个环节中。只有时刻重视风险，并能对风险进行有效处理，才能使企业在生存过程中求得发展，立于不败之地。

一、风险的概念与分类

（一）风险及其要素

风险，是指由于存在风险因素，使得企业发展的未来结果和人们期望的结果会有所不同,从而产生了差异的可能性。系统中存在许多不确定因素,企业发展的未来结果受系统中的各种主观和客观因素的影响,这些因素可能导致企业系统运行结果的不确定性。

在这种不确定性中,存在两种可能趋势:风险和收益。和预期相比,结果比人们预期得好,这时差异为正,可以看作是收益;另一种是比人们预想得差,差异是负面的,即风险损失。因此,在实际结果付诸实践之前,有两种可能,但在事情发生之前是无法预知的,影响程度也是不可预见的,这些因素影响企业活动,进而影响企业生产、经营目标的实现程度。

构成风险的要素主要包括风险因素、风险事件和风险损失三个方面。

1. 风险因素

风险因素是指风险发生的潜在原因,可能导致或增加发生风险事件或造成严重损失的影响因素。风险因素的形式可以分为物理因素和人为因素,物理因素一般和实际的物品相关,例如形成产品的成分或者零件,或者制造产品的机器或者生产线,等等。人为因素涉及职业道德、心理素质和自身状态,例如团队成员的不诚信、不够细致、违反纪律等。

引发风险的因素很多,但在风险发挥作用的过程中也存在主次之分,有的时候物理因素的影响占主要作用,有的时候人为因素占据主导地位,风险控制的时候,也要结合项目的情况和周围环境的变化,考虑主次风险。

2. 风险事件

各种风险因素综合在一起相互作用,就会形成风险事件,从而对创业产生影响,这是风险损失的主要原因,也是风险损失的载体。换句话说,风险事件是指由风险变为现实,从而导致损失后果成为现实。例如各种自然灾害以及社会政治经济环境的巨大变化等都属于典型的风险事件。风险事件不同于风险因素,是各种风险因素的相互联系形成的,二者存在着一定的逻辑关系。

3. 风险损失

风险损失是指出于非本意的,无法预期的在计划之外的企业利益上的缩减,这种减少可以用货币来衡量。通常来说,风险和损失是一定的因果关系,风险为形成因素,损失为产生的结果,但是风险不同于损失。风险是指发生损失的可能因素,损失是在实际上已经发生的,如财产或物资的消耗。

风险只有在转变为现实的情况下才会形成损失,但本身并不同于损失。在这里值得注意的是,风险与损失的前后因果关系只适用于纯粹的风险分析,这里的风险分析指的是静态风险,不适用于动态的投资风险分析。

风险损失有两种形态:一是直接损失,包括财产损失、收入损失、费用损失等;二是间接损失,包括商业信誉、企业形象、业务关系、社会利益等损失,以及由直接损失而导致的第二次损失。①

---

① 万文清:《基于 Timmons 模型的创业风险管理研究》,硕士学位论文,南京理工大学,2008 年。

（二）风险的类型

对于风险类型,巴塞尔委员会和国际证券组织联合会于 1994 年发表的场外衍生工具交易的风险管理文件中定义了 6 种风险类型:[①]

1. 市场风险

市场风险本质上是与市场参数发生变化时企业金融工具或证券的价值波动所引起的风险有关,这些参数包括利率、汇率、股票指数和商品价格等。

2. 信用风险

传统观点认为,信用风险是指一方未按照既定的约定履行承诺,进一步的解释是风险的本质,信用风险是违约风险;另一种理解是由于交易对方的变动使其履行能力不具有经济意义的价值水平,损失了企业资产价值的风险。

3. 清算风险

清算风险是指企业不会如期收到对方资金或结算的风险。清算风险是一种复杂的风险,包括确定限额,进行交易前的资本状况验证、交易记录、交易确认、无法控制的报告、付款管理、收据确认、收据失败管理、活动分析和重点管理等。

4. 流动性风险

企业通常面临的流动性风险有两种,一种涉及特定产品或市场,另一个与企业活动的整体财务状况有关。前者意味着由于市场深度不足或市场中断,企业不能简单地以先前的市场价格或类似价格对冲头寸的风险;后者是指交易对方企业在清算日结束时未履行付款义务或支付保证金的风险。[②]

5. 操作风险

信息系统或内部控制中的缺陷,可能导致意外损失。此风险是由人为

---

① 王农跃:《企业全面风险管理体系构建研究》,博士学位论文,河北工业大学,2008 年。

② 李慧、黎明梅:《全面风险管理视角下的企业风险预警机制研究》,《区域金融研究》2013 年 10 月。

错误、系统故障以及错误的流程操作和控件引起的。

6.法律风险

法律风险是指合同不符合法律,文件的表达不正确等,这种风险不仅包括文件是否具有法律可执行性的问题,还包括金融机构是否已正确履行其法律义务,并监督客户。

对于风险类型,一种更典型、更有效的方法是将风险分为三类:环境风险、流程实施风险和决策中使用信息的风险。

环境风险是指由外部因素引起的风险。例如资本可用性,竞争对手的行为和法规变更,可能导致重大损失或使企业难以实现其战略目标。

流程实施风险是指由于设计流程和业务活动未能实现设定的目标而引起的风险。原因可能是该流程未与企业的战略目标有效整合,无法为客户服务;流程无法有效运行,无法保护重要资金和实物资产的安全;工艺设计不健全,信息技术风险导致流程操作失败等。

信息风险是指决策中使用的信息不完整、过时、不准确或不相关,导致决策失败的风险。

二、企业与风险

(一)企业风险的含义

企业风险,也称为运营风险,在国资委发布的《中央企业全面风险管理指引》中对企业风险的定义是:未来不确定性对企业实现其目标的影响。企业在实现自身投资和经营目标的过程中,受到各种内、外部不确定因素或不可控因素的影响,造成一种不确定的未来的结果。企业风险按其内容不同可分为:市场风险、产品风险、经营风险、投资风险、外汇风险、人事风险、体制风险、并购风险、自然灾害风险、公共危机、政策风险、外交风险等。

企业是一个独立的经济实体,不同于一般自然人和社会组织。企业风险有明显的特征,主要反映在以下方面:

1. 复杂性

作为一个非常复杂的社会组织,企业的生产和运营活动应涵盖社会的各个方面。比如,国内和国际市场的政治和经济秩序,消费者和企业都面临着诸多不确定性,风险因素和风险事件的产生和发展是非常复杂的。

2. 普遍性

企业的生产活动是一个连续的、系统的有机过程,企业内部的各个环节都处于风险之中,一个环节的风险会影响到其他环节。因此,企业在生产经营中存在普遍的风险。

3. 差别性

风险对企业影响存在差异,风险损失对大企业可能影响不大,但对小企业的影响可能是致命的。风险事件的发生可能会给一些企业带来巨大的损失,但也可能给其他企业带来巨大的利益。

4. 进步性

风险和成长可以看作是孪生子的关系,认识到企业风险会让企业陷入绝境,迫使企业提高生产率,引入新技术,开发新产品,增强生产和管理,从而增强它们适应变化的能力。

(二)企业的内部风险

风险因素主要是指由于生产管理周期和企业管理职能的不确定性而导致企业风险的某些因素,如供应不正常不能确保企业正常的生产和销售,决策是否正确,其他企业带来的风险因素等。一般的管理实践所造成的不确定性,企业可以加以控制和防范,但由于企业的管理过程是复杂的,存在着许多不确定性,很难完全控制。

从企业内部构成的角度来看,企业内部风险分为:一是人力资源流失的风险,主要是重要部门和技术工程师的流失;二是财务风险,即与企业融资、资金和现金流管理相关的各种风险;三是货物风险,即企业产品的生产和销售存在风险、物流系统存在风险、设备的运行和过程存在风险等;四是信息风险,即由于不准确、不对称和不及时等原因,各种类型的信息无法有效处理。人员、财务、货物和信息这四个要素的有效流通对企业的良好管理至关重要。这四个基本要素构成了企业的全部资源,其中的任何一个出问题都可能危及企业的管理。在某些情况下,各种因素结合在一起产生业务风险,这也决定了业务风险的复杂性和普遍性。

(三)企业的外部风险

企业作为商品的生产者,其生产经营活动除了具有自身的个性外,还受到内外许多因素的影响,具有较大的社会性。也可以说,企业活动是某种形式的社会活动。另外,追求利润是企业的本能,收益与风险密切相关。一般来说,回报伴随着风险,高回报伴随着高风险。

就企业外部而言,企业活动的环境不是静态封闭的,而是动态开放的。业务风险因素是造成风险的主要因素,主要表现在:一是自然风险因素,它属于不可抗力,如洪水、干旱、地震、海啸、强风等。对于自然风险因素,通常是不可控的,但可以预测,可以采取适当的应对措施,防止发生危险事故。二是社会风险因素,社会变化导致企业风险的因素,例如战争、社会和政治斗争、国家政变、国际经济制裁等。三是市场风险因素是造成商业风险的主要因素,如市场供求状况、价格走势、消费者心理等,这包括供应、资本、货币、技术和劳动力的各种市场。市场风险因素通常也是不受企业控制的。四是一般影响消费者构成的人口因素变化所引起的风险。

【案例分析】

"老师来了"项目将关闭[①]

在 2015 年 9 月 26 日,创始人虞益栋向外界透露,家教 O2O 平台"老师来了"App 由于 B 轮融资失败,项目即将结束,公司正在清盘当中。"老师

---

① 《创业不易,"老师来了"项目将关闭》,见 https://www.iyiou.com/news/
2015092621062。

来了"内部宣布停止运营,目前打开官网已经无法查询相关教师的介绍了。

"老师来了"隶属于杭州来了网络科技有限公司,2014 年 7 月创办,是一家基于教师认证、用户评价、地域判定等方式,匹配学生与教师的家教平台。在 App 当中,以家教为主业的教师占据绝大部分,还有部分在公办学校任教的教师和大学生家教。2014 年 9 月,"老师来了"获得 IDG 资本数百万人民币的天使投资。2015 年 3 月,"老师来了"获得 200 多万美金的 A 轮融资。不过创始人虞益栋向外界透露,A 轮此前并没有披露出具体金额。

其实,"老师来了"并非是虞益栋的首次创业。2009 年,虞益栋创办过一家线下的教育机构,当时中国涌现出了大批线下传统的教育机构。但是在虞益栋看来,大部分线下教育机构模式相近,问题也相似,于是团队开始探索 O2O 平台,做线上匹配和线下教学。

创业成功可以被当作经验,而失败同样能带来启示。虞益栋说,"老师来了"犯过一些错误,比如说 2015 年七八月,平台的数据非常可观,为了加快这种势头,平台在模式尚未完全摸清的情况下,进行了明显的扩张,这种节奏加快了平台的资源消耗。

面对告别,虞益栋认为自己很幸运能得到投资方的信任。在资金出现困难的时候,投资方和创始团队自掏腰包为团队垫付资金。而今天虞益栋的工作重心将转移到员工的安顿上。员工和平台教师虽然伤心,但是大多表示理解。平台上的教师在得知项目关闭的消息之后,为"老师来了"App 众筹,这也说明教师对平台的认可。当中除去教师在平台上找到学生之外,还依赖于运营团队,为教师提供了良好的服务。虞益栋说,现在公司还有不足一百人,其中运营人员占 60%,研发人员占 40%。

点评:

市场洪流中的企业随时随地都会遇到风险。根据不同的标准,风险可以有不同的类型区分,较为简单的是将风险区分为企业内部风险和外部风险。内部风险可表现在人员、财务、货物、信息等方面;外部风险可表现在社会、自然、市场和人口变动等方面。

"老师来了"的倒闭,看似是融资不成功造成的,但融资不成功只是其风险的结果。从案例的介绍中可以看到,"平台在模式尚未完全摸清的情况下,进行了明显的扩张,这种节奏加快了平台的资源消耗",引发了企业的财务风险导致融资的不成功。

【思考作业】

1. 什么是风险？风险有哪些要素？

2. 风险如何分类？

3. 初创企业的风险主要表现在哪些方面？

第二节　初创企业的风险

【理论讲授】

初创企业由于尚处在发展的初级阶段,不确定因素较多,会面临更多的内部和外部的风险。通过了解初创中的风险来源和分类,能够在创业过程中进行更加充分的准备,提升风险防范意识,规避一些有可能对创业产生严重打击的重大风险。

一、创业风险及其来源

创业风险来源于创业环境的不确定情况、创业机会与初创企业的复杂情况、创业者的能力与实力的有限性,导致创业活动偏离预期目标的可能性及其后果。新创立的企业在创业初期面临诸多内部和外部的不确定性因素,所面临的风险也比较多,因此相比于一般的企业风险是具有一定的特殊性的。创业风险是指企业风险的一种阶段性的特殊形式。在创业环境不确定的情况下,创业者或者创业团队本身的能力是具有局限性的,创业机会具有时效性,初创企业的本身具有很大的复杂性,这都是创业风险的根本来源。创业往往是将某种项目的技术或者某种构想转变为现实的产品或者服务,并且推向市场。在这个过程中,存在了很多对接问题,资产与所研发的技术对接,科技技术与产品的衔接和市场的对接等,每一个环节都是重要风险因素的节点。在企业创立初期,会有众多生产要素的衔接,都是创业风险的重要来源,在外部环境因素的推动下,从而形成了创业风险。①

因此,创业风险是初创企业内外环境不确定时各种因素共同发展作用的结果。这些因素包括了创业者的能力和水平、创业时机和创业领域的选择、企业战略的制定和实施,以及在企业运营和管理的情况中,各种生产要素的获取和衔接问题。

---

① 邱洪业:《新创企业创业风险评价与防控研究》,山东科技大学出版社 2017 年版。

（一）创业风险的内生机理

创业者和初创企业的自身因素是内在风险的主要来源。创业者会因为先天的素质不健全或者后天的能力不足,掌握的资源有限,对创业机会识别产生负面的影响,在创业机会出现不正确的判断时给企业带来较大的风险;创业机会的错误识别会进一步影响到企业战略的制定,由于企业战略会直接影响到企业的市场定位和预判,初创企业战略一旦有所失误,会带来非常大的创业风险;在企业创立前期时,创业者针对企业的实际经营管理行为,在创业者自己本身的素质和水平较差的情况下,会影响到企业的经营管理,给企业带来较大的风险;企业的运营与管理自身又包含了许多因素,例如企业的自主研发创新能力、企业资产预算管理、劳动力资源、内外部组织结构、信息资源与交换的有效性、企业的生产物流与企业文化等,都会影响组织的运营。无论在哪一个环节出现问题,都会给新创立的企业带来危机;初创企业内部形成条件的不健全,资金周转的不够完善,信息交流效果的不佳,会导致企业的管理不佳,给创业带来风险。

（二）创业风险的外生机理

外部影响因素的动态变化会影响到创业机会的识别,因为外部影响因素为企业决策分析提供有效信息,是需要重点关注的问题。不能有效把握外部影响因素的存在状况及其以后发生的变化,企业发展计划的构建就会出现很大的误差,企业发展计划设定不合理就会导致创业风险;外部的影响因素也会直接影响到企业的运转,资金和财务的变化、各项规章制度的变化、技术发展和产品市场的变化等,都会直接影响到企业的日常管理,对企业的资产链、技术和劳动力供应关系、产品的营销推广方式等方面产生消极的影响,进而为企业创业活动带来风险。

（三）创业风险的综合作用机理

创业机会往往具有很强的即时有效性,外部环境因素的变化会诱发创业潜在因素的变化。创业者自身能力上的缺失或者受资源有效性的制约不能及时地抓住机会,就会带来创业时机把握不准确的风险;外部环境风险的不断发生,会对企业发展战略产生重大影响,企业发展战略的制定,如果不能随风险的变化进行合理的调整,就会给企业发展带来风险;内部环境与外部环境的风险因素并存,加剧了初创企业的创业风险。初创企业本身在每个方面的发展都不够完美,生产经营方式与企业的运营存在非常多的缺陷,外部环境因素的变化会增加企业缺陷的产生,带来更多的风险。同时,外部环境的因素会有无法判断的变化,也会在一定程度上增加了企业的风险程度。

二、初创企业创业风险的分类

(一)环境风险

1. 政治风险

国家政治稳定性和经济政策的延续性对初创企业有重大影响。对于初创企业来说,国家是否承认其参与国民经济的发展,所采取的政策对其是否有利,形成影响初创企业的政治风险。对于这些风险,企业必须在创建过程中积极跟踪和预测国家政策的未来走势。如果某项政策预期会限制企业的发展,企业可以提前做好准备,改变企业的经营方式,适应政策的变化。

2. 法律风险

法律法规的制定和修改将影响到初创企业产品的生产、销售和使用。例如,近年来的转基因食品,由于转基因产品的销售与国家政策法律有关,某些转基因食品的生产和销售是被政策禁止的,企业一旦进入法律禁止的领域,所投入的成本是不可收回的,更无法获得潜在的商业回报。

3. 宏观风险

宏观风险是指国家宏观经济状况、产业政策、利率波动、汇率波动等因素造成损失的风险。任何企业的发展都会受到国家和地区的经济环境、利率、价格水平和通货膨胀,以及金融和资本市场的水平、规模和稳健程度变化的影响,而这些因素都具有高度的不确定性。当这种风险发生时,企业必须迅速做出反应,以便应对这些变化。

4.社会文化风险

由社会意识、社会认知、社会心理等社会文化层面的影响而造成的创业风险,我们称之为社会文化风险。这些因素中有许多是社会文化和社会发展所决定的,短期内不太可能发生重大变化。企业必须加强自身的企业文化,创造有利于企业长期稳定发展的企业文化,在一定程度上减少社会文化风险对企业发展的负面影响。

(二)企业自身风险

1.技术风险

(1)科技成果转化阶段的技术风险。所谓转化阶段,是指研究开发阶段的科学研究结果,通过试验和放大,升级到满足市场需求的产品阶段。这个阶段需要综合各种各样的技术,排除一些限制技术整体水平的弱点,将主要的技术优势真正转移到开发产品上。比如,一些产品虽然在一些核心技术上有优势,但工业设计、产品组装等其他技术水平可能无法满足要求,技术的这种不均衡状况使得创业企业很难发挥高科技产品的技术优势,从而导致生产的失败。

(2)市场营销阶段的技术风险。进入商品化阶段的技术成果,已基本完成产品创新,并占有一定的市场,尚需注入大量资金进行工艺创新、管理创新和开拓市场,建立起完善的营销网络,创立品牌,并形成主导型技术产品。此阶段的技术风险主要是技术替代风险,技术替代都会改变产业的竞争态势,使该产业丧失原先所拥有的技术优势。①

2.市场风险

初创企业面临的市场风险主要是指能否在生产后成功销售产品。造成

---

① 史文清:《高技术产业化风险投资的决策与管理》,西安交通大学出版社2000年版。

这种不确定性的主要因素包括:①一是产品开发战略的失败。初创企业的产品开发战略必须严格关注市场需求和市场消费模式。否则,如果违反了市场需求和消费习惯,开发的产品可能会不被市场接受。二是产品开发不足。企业只关注单一的市场和单一的活动范围;只专注于高科技产品,忽视了中、低技术产品的更大市场,有些产品忽略了相关产品系列的开发;筹资战略不适当,由于无法及时筹资,新产品的销售被推迟。高科技产品的生命周期越来越短,技术不断更新,产品更新越来越快,为了在市场上取得成功,获得良好的经济效益,降低企业的市场风险,必须根据企业的产品开发和市场情况,按照一定的标准实施各种战略。三是市场创新能力不足。大多数初创企业不会因为产品质量差和市场规模小而倒闭。相反,它们的产品质量可能相当好,但由于缺乏市场创新能力,而总是被排除在外。四是不重视产品技术的保护。缺乏技术保护是高科技创新存在风险的主要原因之一。如果企业要保持特定的竞争优势,就必须注意保护核心技术。否则,它将失去在市场上的竞争优势。五是生产管理不够有效。初创企业根据市场需求生产高质量产品的能力与生产过程的科学控制有很大关系。在初创企业的生产中,为了确保高质量的零部件和原材料的及时供应,有必要及时从外部来源获得高质量的原材料。

3. 生产风险

生产风险是指因为生产相关因素的不确定性和生产环节的变化,企业有可能无法开展生产,或者在创业过程中利益受损。对初创企业来说,企业刚开始经营,生产要素的供给、各种生产资源的分配、新产品最初的生产工艺和设备等容易发生问题,生产风险可能会影响生产的顺利进行。

4. 财务风险

财务风险主要由不可预测的风险资本、较低的初始资本周转率以及新企业普遍缺乏可持续投资能力和财务管理能力所导致。

---

① 许之春:《高技术企业创业风险识别、评价与控制研究》,硕士学位论文,南京财经大学,2007 年。

在创业初期阶段,创业者可以证明自己的想法是可以实现的,但是在很多情况下,很难有足够的资金或持续的资金来支持这些想法,确保初创企业的稳定运营。企业成立后,财务风险会暴露出来,面临资金筹措风险,如果不能筹集足够的资金,生产和销售将面临重大压力。

5. 管理风险

管理不善,将事业暴露于危险之中,会使初创企业的生存也变得危险,得不到期待的利润。这样的风险,主要是从不谨慎的业务决策、错误的战略计划、不合理的营销组合、非科学的组织系统、低质量的综合管理水平、不充分的内部沟通和管理等方面产生的。

6. 人力资源流失风险

当今的企业人才流动性很大,合理及适度的人员流入与流出,不仅可以使企业不断吐故纳新,保持创新精神,而且对企业内的人员也有激励约束作用。但是新创企业的人员流失,不仅会使原来的企业伤筋动骨,而且可能会泄露企业机密,同时壮大了流入企业的竞争力,危及企业的生存与发展。人员流失还对企业造成直接和间接的有形影响——货币化的影响。对企业来说,更替人员是要花费成本的,人员流失还会影响工作绩效,人员流失后在该职位空缺阶段而造成的潜在收益的损失。因此,人员的流失风险对新创企业来说,也是一个重大的风险。①

7. 合同风险

合同风险是企业在生产经营活动中基于合同法律关系或者与合同法律行为相关的各种风险因素相互作用,在一定条件下导致风险事件发生并产生一定的结果。

在大多数情况下,企业都对签订合同这一过程有很大的把握,对签订合同的每一环节都加以重视,但往往忽视了合同在履行过程中所出现的一些不可抗力的因素。主要有以下几种情况:一是在履行合同过程中,对方因突发状况无法继续履行合同;二是一方因企业内部经营出现问题,无法继续履

① 牟永红:《创业中的人员风险及管理》,《经济管理》2003 年 4 月 8 日。

行合同内相应条款;三是在签订合同时,双方当事人对风险预见能力不足,导致合同在履行时出现经济、法律等风险。因此,企业要增强在签订合同后履行合同过程中的风险防范意识,一旦在履行合同中对风险防范有所松懈,就可能后患无穷。另外,如果在合同签订时出现了纰漏或失误,后在履行过程中一经发现,双方可以通过后期签订补充合同方式加以弥补,也能在一定程度上避免风险。①

8. 道德风险

在创业的过程中,根据管理和商业需要,需要聘请新研发技术负责人和职业经理人加入企业,形成被认可的代理关系。很多情况下,利益关系和目标之间的矛盾,有可能产生了信息不对称。职业经理人的行为追求自身利益的最大化,创业者的利益被损害,并可能把客户的利益置于危险之中。

三、大学生创业的常见风险

(一)内部风险

1. 项目选择过于盲目

如果大学生在创业之初没有进行市场调研和试运营,只是根据自己的兴趣来决定创业方向,一般来说比较失败。学生创业者要以对市场的理解为基础,在创业的早期阶段做好市场调查。大学生创业的融资能力较弱,低成本,对资金技术要求不高的项目更适合起步。

2. 缺乏创业技能

不少大学生创业者对自己的项目抱有很高的期望,但是眼高手低,在创业计划转换为实际运营时,就会发现自己完全没有解决问题的能力。因此,大学生创业者一方面需要在企业兼职或实习,积累管理和市场营销相关的经验;另一方面应积极参加创业培训,积累创业的知识,接受专家的建议,提

---

① 张雁力:《企业在履行合同过程中的法律风险及其防范》,《企业改革与管理》2020 年
11 月 15 日。

高创业的成功率。

3. 资本风险

在企业成立后,有必要判断是否有足够的资本来支撑每天的运营。对于大学生创业,几个月的资金亏损或其他原因导致的现金流混乱就会带来严重的威胁。由于资金不足,相当数量的企业在起步阶段就死掉了。因此,如果没有可靠的资金筹措渠道,创业计划也只是空谈。因此,大学生创业融资除了采取银行贷款、个人资金、民间借贷等传统手段外,风险投资等其他融资手段也可以灵活运用。

4. 社会资源少

商业创新、市场开发、产品宣传等工作需要动员社会资源,大学生在这一方面往往比较欠缺。一般来说,如果需要参加各种各样的社交宣传活动,则需要扩大人际沟通的范围。大学生在开始自己的事业之前,可以在相关行业工作一段时间,依托职业平台积累未来的商业联系和社会资源。

5. 管理风险

一部分大学生虽然是优秀的技术创业者,但是财务管理、市场营销、沟通、管理能力一般都比较欠缺。创业起始阶段的失败,多是因为管理上的问题,如恣意的决策、有效信息的缺乏、商业计划的不明确、对收益和投入的分析不合理、人员的不当使用、无视革新、希望迅速成功、盲目的诉讼、软弱的意志等。特别是,大学生缺乏创业知识、经验、经济能力和心理素质,增加了管理的风险。为了让创业成功,学生需要同时具备专业能力和管理能力,为此可以从合作、加盟或虚拟开店开始,提升自己创业能力。

6. 定位风险

每个企业都要面对定位的风险,特别是对于初创企业来说,定位风险更是应该经常考虑的。寻找蓝海市场是创业的好办法,但并不是所有的初创企业都能找到它。另外,蓝海市场也是暂时的,竞争是不可避免的。因此,如何避免产品同质化,找准自己的产品和模式定位,是初创企业生存的必要准备。

7. 团队意见分歧的风险

现代企业越来越注意团队的力量。优秀的创业团队可以帮助初创企业快速发展。但与此同时,团队的力量越大,风险也越大。如果创业团队的主要成员对特定问题持有不同意见,无法达成统一,这可能会给初创企业带来很大的影响。实际上,一个好的团队是不容易组建的,特别是当它不能平衡不同意见的时候,很多优秀的合作伙伴可能会陷入分裂。

8.缺乏核心竞争力的风险

对于有长期发展目标的创业者来说,他们的目标是持续发展和扩大企业规模。因此,具备核心竞争力是至关重要的,依赖别人的产品和市场的企业绝对不会成为优秀的企业。而大学生创业者的创业项目往往技术含量不高,业务护城河不够深,缺乏足够的核心竞争力。

(二)外部风险

1.创业政策风险

创业政策风险是指政府部门出台的鼓励和支持大学生创业的政策和措施力度不大、宣传和落实不到位导致部分大学生创业者无法或难以享受到政策匹配优惠的风险。总体而言,我国大学生创业政策多为原则性政策,缺乏易于实施和运作的细节方法。具体而言,大学生在创业过程中存在办事难的问题,很难便捷地享受到例如快速进行工商注册、创业补贴领取等优惠政策,从而给创业带来了很大阻碍。同时,很多大学生创业者对现行创业方面的政策并没有进行深入的了解,也没有意识主动去利用政策利好为自身创业减轻负担、加快其创业进程。①

2.市场竞争风险

企业的利益和长期运营的根本原因是市场竞争。只有通过持续的市场竞争,企业才能提高影响力和主动性。因此,创业还面临着行业内的冲突和市场竞争的问题。由于缺乏社会经验,学生在市场竞争中的信心明显不足。一方面,大学生没有充分考虑自身业务的优势和劣势,在市场竞争中以自己

---

① 张燕:《高校大学生创业风险分析与防范》,《金陵科技学院学报(社会科学版)》2019年9月11日。

的短处挑战其他企业的优势实不可取。在激烈的产业竞争中,每个企业都有自己独特的竞争优势和支点。大学生只有明确、透彻地认识自己的优势,才能在激烈的市场竞争中胜出。一些大企业为了吞并或挤压中小企业,往往会采取低价倾销以及价格战等策略。对于大企业来说,由于规模经济优势,短期的降价可能不会致命,但对于初创企业来说,被迫参与价格战可能意味着快速破产。

3. 社会机制的风险

目前,大学生创业还是新生事物,社会在对创业的具体支持方面,如法律的完善、舆论的引导、文化的认同等方面还存在某些欠缺。这些欠缺和不足往往为大学生创业者的创业活动带来了阻力和困扰。大学生创业需要一个健全的、公平的、有活力的社会机制。这一机制不仅是政府制定的政策,也应该是法律、舆论和文化的多方位扶持,从而实现法律、伦理和社会规范的统一。

【案例分析】

不成熟的"西少爷"①

打造一个成功的创始人团队,固然需要具备诸多要素,但其中一个必不可少的底线要素是"成熟",即成功的创始人团队必须由"成熟的个体成员"组成。成熟的个体,才会有成熟的行为,才能建设性地解决分歧和冲突,推动共同目标的实现。而在"西少爷"拆伙事件中,我们看到的则是比比皆是的不成熟行为。

先来看孟兵一方,当他看到"西少爷"开始赢利,并且可能马上引入巨额融资、前景一片大好的时候,却在不与其他任何创始人商量的情况下,偷偷跑到天津,以隐瞒关键信息的方式劝退了"西少爷"母公司的一位原始投资人,并把此人退出的股权纳为己有。这一行为直接破坏了创始人之间最宝贵的互信。而在清退与之发生分歧的合伙人宋鑫时,又在该创始股东不

① 程建岗:《"西少爷"拆伙记》,《董事会》2015年第1期。

在场的情况下,推动形成股东决议并且以"微信"方式通知对方"已被清除"。这种试图回避正面冲突的做法,实际上反而更加激化了矛盾冲突,并最终导致宋鑫以发表公开信自曝家丑的极端方式做出回应。

而在宋鑫一方,我们则发现,在孟兵就其个人投票权倍数做出让步,并且另两位合伙人也都同意的情况下,依然没有表现出任何解决问题的诚意和行为,而是选择了坚持己见,绝不妥协,并且展示出不惜在投资人面前暴露内部冲突的姿态,使整个融资过程陷于停顿,其固执己见、不顾大局的做法,进一步丧失了另外两个合伙人对他的同情和支持。

此外,从公开披露出来的信息看,孟兵、宋鑫之间在整个创业过程中的多次发生争吵、冲突,矛盾不断积累、升级,却始终没有一个人尝试让大家坐下来把"疙瘩"解开,反而采取了假装没看见的"鸵鸟政策",期待着问题会自行消失。

仔细梳理整个事件的来龙去脉,不难发现,这次"西少爷"拆伙事件,就是一群不成熟的合伙人(不成熟的能力、不成熟的心理),用不成熟的方式,不断制造出的合伙人矛盾不断积累后的总爆发事件。

点评:

对于初创企业而言,面临的风险是多样的,几乎个个环节都会存在风险。就社会环境而言,政治变动、法律修订、政策调整以及社会意识的变化都会给企业的运营形成风险;就企业自身而言,技术革新、市场竞争、生产、财务、管理、人力资源,乃至合同和道德方面都存在不可预计的风险。

"西少爷"原本作为一个有着很大发展潜力的创业项目,最终以拆伙结束的原因,即缺少明确的规则约束合伙人之间的"不成熟",致使合伙人之间的矛盾和问题不断累积,却没有合适的解决途径,最终导致各自为政的局面,葬送了这一创业项目。

【思考作业】

1. 初创企业有哪些优势与不足?

2. 持续创新为何对初创企业如此重要?

第三节　企业风险的防范与管理

【理论讲授】

创业和企业经营过程必然伴随着各类风险。一方面,对于可预见风险进行有效规避,另一方面对于尚不可预见风险,提升抵御和控制风险的能力是创业者的必修课。风险防范与管理,是企业生存和发展的重要影响因素。

一、创业风险的识别

(一)风险识别的重要意义

一般情况下,企业风险是指与企业本来的、原初希望的产出出现的偏差及其可能性。从初创企业方面来看风险,主要是指对企业的资产和创业过程中潜在的获利机会出现损失的可能性。这里所说的财产不只包括企业有形的资产,还包括企业的以人力资源、企业信誉等为代表的无形资产。识别并防范企业面临的风险,对于初创企业而言,有着重要的意义。

第一,有利于减轻企业所负担的财务压力。在创业初期,资金短缺压力是困扰创业者最为常见的问题。由于初创企业积累较弱,在资金方面往往比较单薄,收支不平衡的问题更为突出,进而导致现金流量不足。在这种情况下,创业者有效地识别风险,能够提前预判企业的财务压力状况,防止发生财务风险导致影响企业的正常运转。

第二,促进企业的管理科学化。在企业的创建阶段,创业者几乎负责管理企业所有的运营业务,鉴于其精力和能力的局限性,对于可能面临的不同风险,企业可以构建满足初创企业管理要求的风险管理系统,推进企业管理的科学化。同时,应提高创业者的整体素质,树立风险识别和防范意识,因为创业是一个从零开始的过程,所有因素(包括各种潜在损失)都是不确定的,创业者需要系统地识别和防范这些风险。

(二)风险识别的基本途径

识别创业风险是建立发现、确定和防范企业风险机制的基础。风险识别的基本途径可以借鉴如下几个方法:[1]

---

[1] 许之春:《高技术企业创业风险识别、评价与控制研究》,硕士学位论文,南京财经大学,2007年。

1. 环境分析法

商业环境的构成非常复杂,包括宏观环境和微观环境。自然、经济、政治、社会、技术等环境构成了宏观环境。企业的微观环境主要包括投资者、消费者、供应商、公共部门和企业自身。初创企业可以通过环境分析来确定机会和威胁,发现企业的长处和短处,调查其风险和损失。环境分析法是把焦点放在不确定性的环境分析上:新的竞争企业进入了市场吗?竞争对手的倾向是什么?市场需求如何影响产品销售?这些问题的答案如果不确定,很难确定商业运作的方法。深入分析环境的变动因素及其相互作用对企业产生的各种制约和影响,综合分析外部环境和内部环境的相互作用及其影响程度,有助于企业在初创阶段识别和防范所面临的风险。

2. 财务报表分析法

财务报表分析法是指对有形固定资产、流动资产等状态进行风险分析。报表聚焦于企业的财务状况和业绩,通过对报告的分析可以发现风险因素的线索。除了基于企业业务的分析以外,从财务的角度看,也能发现企业业务可能面临的潜在风险。根据财务报表的特性,创业者通过对报表的分析,能够提高风险的识别效率。

3. 专家调查法

专家调查法是重要的风险识别方法,并且被广泛应用。这一方法借用专家的经验、知识、能力来评估风险的可能性及其结果。一般来说,运用专家调查法需要有如下步骤:一是选择主要的风险要素,任命相关领域的专家;二是专家评估和记录潜在风险的各类型;三是收集和分析专家的意见,并将结果发送给专家;四是把专家的第二次结果总结到比较满意为止。

(三)风险识别的方法和步骤

风险识别需要一定程度的专业知识,必须根据不同的特点、条件、方法和工具来实现。识别风险的基本步骤如下:

第一,相关信息必须通过调查、实地研究,以及其他可靠渠道获得,然后对各种数据和现象进行细致的观察和科学分析。

第二,根据风险识别和信息分析的结果,确定风险或潜在风险的程度。

第三,在集中评估的基础上,采用定量分析、定性分析、假设和模拟等方法,对风险影响进行评估,预测可能的结果,从而选择方案。

第四,制定计划,提供风险管理方法和行动计划。

在风险识别过程中,应考虑以下几点:

1. 信息必须完整收集

收集信息有两种方法。一种是内部积累,由专业人员负责,另一种则必须利用外部专业组织的能力。第二种在确定企业面临的潜在风险方面具有优势,因为专业组织可以提供更为充分的信息。

2. 因素列表须完整

根据企业在经营过程中可能遇到的风险,逐步确定风险因素,然后细分为多级风险因素。例如,管理风险是一级风险因素,管理人员的素质是二级风险因素。

二、初创企业风险的规避分析

创业风险可分为一般风险和具体风险。一般风险是任何类型企业都会面临的共同风险,主要与宏观经济环境有关,包括产业政策、法律法规、企业股权结构等;具体风险是指因企业特点而产生的各类经营风险。因此,除了一般风险外,各类企业还要有自己的风险防范方法。对于初创企业的风险来说,重点需要在技术、市场、财务、管理这四方面进行风险的规避。

(一)规避技术风险

在创业过程中,为了应对技术创新的风险,一是要加大技术的研发投入,简化程序,缩短研究开发的周期;二是加强对市场的调研,以便能够很快地获得现有和潜在的市场信息,不断引领所在领域的产品潮流和趋势;三是不断加深与高校等科研单位的研究合作,通过产研结合不断推进产品技术的更新;四是注重技术专利的申请与保护,要避免技术扩散给企业带来损

害。对初创企业来说,具体可以采用如下两种方式:

第一,采用基于模仿的创新战略。模仿创新是基于已有的成功技术为基础的技术创新,通过模仿、完善、改善等技术过程,大幅节约开发成本,提高成功率,缩短技术投入市场的时间,避免完全原创的创新风险。

第二,建立研究及技术开发联盟。商业上的技术革新,尤其是独立的技术革新,风险极大、时间周期长、技术复杂,很多时候是单一企业是难以承受的。如果能在这个阶段形成技术开发联盟的话,技术开发所带来的风险就能在一定程度上得到分散。技术开发联盟是两个以上组织的合作,目的是技术互补、共担风险、共享利益。技术合作在很多情况下是企业和研究所、大学之间的合作,企业能够接触到满足企业特殊要求的新技术,能够迅速将该技术转换为新产品,消除了企业和研究机构各自为政的风险,使企业在风险较小的条件下获得自主创新技术。

(二)规避市场风险

初创企业的最佳市场营销战略,就是花费最小的投入,开发出最大的市场。考虑外部环境因素和人力、物力,最大限度地规避市场风险,可以从如下几个方面采取有效的行动:

第一,开发面向市场的综合营销。为了在急速变化、激烈竞争的市场中生存下去,初创企业的营销方式需要经过合理的评估,这是企业所有营销活动的前提条件。为了规避营销风险,初创企业首先要强化现代营销理念,在产品的计划、价格的设定、渠道的选择以及促销战略的开发上从客户的角度考虑。同时,制造研发部门要与市场营销部门合作,满足市场需求,完善技术和市场。

第二,生产适销对路的产品。面对不断变化的消费者需求,要加快竞争产品的更新,加快新产品开发是预防产品风险的重要方法。面对与现有产品相关的风险,快速开发符合市场需求的新产品是使企业摆脱困境的有效措施。企业必须根据市场需求和业务目标来确定其产品组合的广度、深度和相关性。在正常情况下,扩展产品组合的广度,深化产品线并增强产品组合的相关性可以使企业降低投资风险,增加不同产品并适应不同客户的需求,从而提升市场营销的效果。

(三)规避财务风险

第一,根据企业的经营策略确定合理的债务结构,即企业根据其业务战略组织其资产和负债结构。最优资本结构是综合成本最低、股东投资收益最高的资本结构,从财务角度来看,也是风险最小的资本结构。企业必须根据其生产活动的合理开展设计各种比例的资本结构,例如负债与总资产之间的比例、流动负债与非流动负债之间的比例等。财务各种要素的有机协调旨在降低财务风险并促进业务发展。

第二,做好现金预算,加强财务预算控制。有借款的初创企业必须确保将来还本付息资金,否则将不得不借新债以偿还旧债。但是,初创企业的借贷能力很弱,可能无法偿还到期的债务。企业应提前预算现金流量,合理分配资金,加速现金流速,改善收支管理,加强财务和预算控制以及控制其未来发展的程度。控制现金和其他财务预算有助于防止盲目发展造成的财务困难。

第三,保持资产的流动性。企业的资金流动是周期性的,而流动性是企业的生命。企业需要加快库存周转期,缩短应收账款周转期,以保持良好的资产流动性。初创企业会减少固定资产在总资产中的份额,这将大大减少产品中固定成本的份额并降低企业的运营风险。

(四)规避管理风险

在创业的过程中,机遇和风险并存。风险控制要把分级控制和分阶段控制结合起来,同时确保风险的全面监测,建立风险控制体系,使风险控制措施更加系统化,建立全面的管理制度和科学的决策程序。

第一,为企业建立一个现代而健全的管理体系。建立科学的决策控制机制是控制企业管理风险的前提,而这离不开合理的产权制度和治理结构。因此,为了降低与企业管理相关的风险,企业必须按照现代企业管理制度的要求,建立真正完善的企业治理结构。对管理者的激励机制并非是微不足道的,尤其是中层管理人员和经销商利益的分配问题,不仅对企业利润的最大化具有重要意义,而且有助于将管理风险和运营风险降到最低。

第二,完善企业内部控制制度。健全严格的内部控制制度必须覆盖企业的所有活动、各部门和各级人员,渗透于投资决策、实施、控制和信息反馈中。同时,企业必须建立科学的授权制度和授权程序等。

第三,提高决策者和管理者的素质。企业对中高级管理人员的使用必须符合能力和诚信的标准,在员工选拔过程中必须兼顾质和量的两方面,同时加强员工的道德教育和专业培训。

三、大学生创业风险的化解方法

(一)风险回避

如果不能有效降低或减少风险的发生,不能直接承担风险损失,就需要适当地调整创业计划,取消或自愿放弃。

(二)风险预防

在企业成立的前段时期,大学生必须采取措施,通过收集信息和做出民主化决策,提前防范风险。

(三)风险转移

如果企业面临超出其财务能力的风险,可以将责任转移到另一个人或另一个工作场所:通过合同转移到另一个实体;将全部或部分风险以保险的形式转移给保险人;利用期货、期权等多种风险交易工具进行风险转移。

(四)风险分散

大学生在创业初期可以通过多种形式的管理,如多要素投资、产品多样化和多种创始人策略的组合,使不同管理活动之间的风险分散。

四、创业者风险承担能力的估计与决策

当创业者必须对两种或两种以上的选择进行主观评估时,就会出现一种风险情况,其潜在后果是不透明的。风险意味着可能成功,也可能失败,损失或潜在收益越大,风险也在增加。创业者在不确定的情况下做出决定时,必须在潜在的成功和损失之间取得平衡:这个选择有多雄心勃勃? 风险承担者能够接受的最高损失有多少? 成功和失败的相对概率是多少? 个人努力对成功概率增加和失败概率降低的影响是什么?

不同的人有不同的风险承担能力,有些人有足够的能力和资源来承担风险,而一些人则可能无法承担由创业而造成的损失(包括物质和心理损失)。如果是这样,创业者不仅要分析是否选择正确创业时机,还需要明确是否适合创业,因为一旦选择创业,就必须认真考虑和评价家庭、员工、社会责任、个人职业发展等问题。

对创始人承担风险能力的评估主要在以下几个领域进行。

1. 个人目标和自发性程度

由于创业过程中遇到的困难和风险非常大,了解创业者的创业动机并确定他愿意为创业活动付出的代价是很必要的。如果创业者认为创业目标最终实现的可能性相对较高,承担风险的能力也自然会增长。

2. 机会成本

创业者需要仔细考虑创业的机会成本。对机会成本的客观判断可以显示一个新的创业机会是否真的对一个人的职业发展有吸引力。

3. 对于失败的底线

创业必然会面临失败的风险,但创业者也不希望把自己的声誉和资源押注在一项事业上。理性的创业者需要为失败设定下限,以便保证下一次重来的机会,对失败底线的设定可以很好地反映出创业者的风险承受能力。

4. 个人风险偏好

创业者的风险偏好各不相同。一般来说,敢于冒险并意识到风险的创业者比那些安全而保守的人风险更大。

5. 风险容忍度

风险承受能力因人而异。一般来说,过高或过低的风险承受力都不会促进新业务的发展。风险承受能力过低的创业者,由于他们的决策过于保守,创新机会也会更少;那些风险承受力过高的创业者也常常因为一笔交易导致业务全面失败。能够理性地面对风险的人是理想的创业者。

6. 压力承受度

容忍和承担压力的程度也是评价创业者承担风险能力的一个重要标准。压力承受度与创业者愿意为一项新业务投入多少工作时间以及他愿意付出的努力程度密切相关。

【案例分析】

电池一哥封神记①

苹果背书,成聚合物电池龙头

曾毓群不是一个安分的人。从上海交通大学毕业之后,他被分配到一家国企。这个"铁饭碗"仅仅捧了三个月,曾毓群就毅然放弃而南下东莞,加入新科电子。新科电子是日本著名电子工业品牌 TDK 旗下的子公司,如今已成为全球最大的独立硬盘磁头供应商。

曾毓群也是安分的,他在新科电子一待就是十年。凭借努力,他在 31 岁时成为新科电子的研发总监,也是公司第一位中国大陆籍总监。在此期间,他接触到了改变他命运的两位伯乐:新科电子的总裁梁少康和自己的直属上司陈棠华。

梁少康对这个年轻人的才华非常欣赏。1999 年,他对曾毓群提出想拉

---

① 　徐姝静:《电池一哥封神记》,《创新世界周刊》2020 年第 3 期。

他入伙做电池这一构想时,曾毓群正准备前往深圳淘金,猎头介绍的下家为他开出了总经理的职位。

梁少康请来曾毓群的直属上司陈棠华,劝说曾毓群入伙。陈棠华曾经在新科电子的队伍中发现了这个勤奋又聪明的年轻人,选拔他出国留学,对曾毓群有知遇之恩。

彼时,便携式的消费电子产品正席卷全球。1997 年,世界上第一台 MP3 诞生,其小巧的尺寸决定了传统的圆柱形电池或者是方形电池在这里无用武之地。为这些新产品打造新电池,就是梁少康想大干一场的生意。出色的合作者和有前景的行业,曾毓群就这样被说服了。1999 年,三人主导的电池公司在香港成立,起名 ATL 新能源科技。

在当时的电池市场上,日系巨头手里掌握着圆柱、方形等电池的绝大部分订单。三人决定避开正面竞争,从聚合物锂电池入手。2003 年,正为 iPod 续航发愁的苹果找到了 ATL,希望 ATL 能为其定制一款用于新一代 iPod 的高性能电池——既要满足特殊的形态以安置在小巧的 iPod 中,又要有高容量以提升续航,还得保证安全。ATL 技术正好能够满足这些需求。成功为 iPod 开发出异形聚合物锂电池后,ATL 拿到了苹果发来的订单——为 1800 万台 iPod 供应电池。和苹果的合作成为了 ATL 产品质量优异的最好证明。打入苹果的供应链也为 ATL 日后撬动更多的资源与订单奠定了基础。

随着智能手机的兴起,ATL 势头更盛,先后成为 vivo、华为、三星手机的电池供应商。2016 年,三星 Note7 电池发生爆炸事件。在后续责任追查的过程中,检测结果显示爆炸的电池为三星子公司 SDI 的产品,而同为供应商的 ATL 生产的电池安全系数远高于三星。

2017 年,在曾毓群的带领下,ATL 已成为全球第一大聚合物电池生产商。而最早开发聚合物锂电池的索尼公司现在喊出的口号则是——超越 ATL。

提前布局,宁德时代一飞冲天

三人创办 ATL 的过程中,留下了一个不小的遗憾。2002 年,企业业务快速增长,需要扩大规模。为了筹集资金,ATL 引入一大笔风投资金,而创始团队只持有很小比例的股份。后来,日本 TDK 集团买下了相当大比例的股份,成为 ATL 的最大股东。明明是一家中国人创办和主导的公司,却由日资控股。对于这件事,曾毓群始终无法释怀。

2008 年,我国借奥运会这一百年良机,通过"政策补贴+财政补贴"的方式推广新能源汽车,以期实现在汽车产业的换道超车。而新能源车无论是插电混动车还是纯电动车,都需要用到大量的电池。曾毓群敏锐地察觉到了动力电池的巨大前景,经过管理层讨论,ATL 决定在内部正式成立动力电池团队。

2011 年,新能源车在市场初露头角,但受国家法规限制,外商独资企业无法生产动力汽车。曾毓群决定将动力电池团队完全独立出去。当年,CATL 在曾毓群的家乡宁德成立,中文名为宁德时代。

宁德时代成立伊始,曾毓群便吸取了之前的教训,强调公司完全中资背景,并在发展中要求创始团队紧紧抓住绝对控股权。CATL 的英文全称是 China Amperex Technology Limited,多多少少体现了曾毓群的家国情怀。

这时的宁德时代,尚未等来新能源车市场的爆发,曾毓群给宁德时代的阶段目标定为以技术研发为主,不断积蓄力量,等待着一飞冲天的机会。2012 年,宝马汽车给了宁德时代这个机会。看到新能源车发展迅猛的宝马汽车,想为旗下新能源车品牌寻找一家中方电池供应商,宁德时代就这样被选中了。

虽然这时宁德时代在行业内还未达到顶尖水准,但却有自己独特的优势。其一,宁德时代有大量的锂电池研发经验,并且在领域内默默耕耘多年,在宝马汽车管理人员看来其极具专业度。其二,ATL 长期在苹果的供应链系统中担当重要角色,对宝马汽车来说有着很强的说服力。

由于种种原因,宝马旗下的新能源车并未取得成功,但宁德时代仍然从中获益颇多。宝马汽车对合作伙伴有着严格的技术要求,条条款款都要标准化,800 多页的要求促使宁德时代提升了自己的生产检测水平。宁德时代内部一位工程师说道,在宝马汽车的项目之后,企业电池检测工作马上就有了明显的优化。

宝马汽车的背书将宁德时代推向聚光灯下。在这之后,北汽、吉利、长安等业内知名企业相继将宁德时代选为其供应商。宁德时代开始在动力电池领域站稳脚跟。

2015 年,国内新能源汽车市场开始爆发式增长,宁德时代积蓄的潜力显示出了惊人的力量。在国内新能源车的供应商名单上,宁德时代开始"霸榜"。工信部公布的新能源车目录中,3200 款车型有 500 款是由宁德时代提供电池的。2017 年,宁德时代超越松下、LG 化学等传统巨头,成为全球第一大未上市的动力电池巨头。其动力电池装机量占国内市场总装机量30%,比第二名比亚迪的市场占有率整整多出一倍。曾毓群的名字在业内成为一个传奇。

2018 年,宁德时代成功登录 A 股市场,成为动力电池第一股。一朝成名,宁德时代彻底起飞。

对战比亚迪,占上王座持续迎敌

2018 年,宁德时代以 23.43GWh 的电池装机量稳坐全国电池总装机量第一的位置。同年 6 月,宁德时代 24 天的过会时间打破了国内纪录,九个涨停板之后,宁德时代市值突破 1700 亿。曾毓群这个幕后巨擎也被无数股民封神。但如果可以选择,一贯低调的曾毓群更喜欢闷声发大财。他干净利索的一剑封喉,让王传福的"电池大王"宝座从此易主。被超越的王传福,在 2019 年上半年依旧没有夺回自己的宝座。

比亚迪为什么会被宁德时代后来者居上?业内普遍认为,一方面,比亚迪坚持押注磷酸铁锂电池,出现了战略失误。2014 年后,三元材料电池兴起,用"磷酸铁锂+三元材料"两条腿走路的宁德时代趁机抢先半个身位。另一方面,笃信"垂直整合模式"的比亚迪满足于自给自足,这一模式严重制约了比亚迪电池市场份额的再度扩大。

宁德时代的独大引起了部分车企的警惕,它们有意采购宁德时代之外的产品,以培养更多的供应渠道。王传福在此时发动蓄谋已久的大反攻,将比亚迪电池分拆上市,无疑是正确的选择。

与说话个性十足、大张旗鼓发起反攻的王传福不同,曾毓群很少在媒体前露面,接触过他的记者都评价其"低调、踏实、诚恳、有亲和力"。这位低调的剑客自从 2017 年登顶后,便一直在为这场意料之中的王位争夺战做着准备。

早在 2017 年 4 月,曾毓群就给旗下的员工群发了一封题为"猪真的会飞吗? 当台风走了,猪的下场是什么?"的邮件,警告员工要居安思危。

他在邮件中这样写道:当我们躺在政策的温床上睡大觉的时候,竞争对手正在面临生死而玩命干,一进一退间的差距可想而知。如果外国企业下半年就回来,我们还可以蒙着眼睛睡大觉吗? 答案不言自明。

电池业务占宁德时代收入的近 90%,因此守住电池市场是这场大战关键中的关键。曾毓群深知,想要长久守住自己的地位,单纯依赖短期的市场占比远远不够。2018 年,宁德时代投入研发金额超过 20 亿元,研发人员超过 4000 人。国内锂电行业拥有博士学位的研究者,近一半被他收入麾下。截至目前,宁德时代主导和参与制定了超过 40 项标准,拥有 907 项境内专利及 17 项境外专利,正在申请的境内和境外专利合计达 1440 项。而这其中,作为中科院物理研究所博士的曾毓群,亲自参与和主持发明的专利有12 项之多。

与此同时,曾毓群也非常清楚原材料供应的重要性。根据招股书显示,宁德时代的上游材料供应商极为分散。其中正极材料供应商多达 9 家,三元材料为 6 家,隔膜也与 5 家企业开展合作。2018 年,宁德时代还控股了NAL(北美锂业),在全球锂资源的争夺战中再下一城。面对卷土重来的王传福,曾毓群正在王座上持剑而立严阵以待。

高手过招,守疆土暗战特斯拉

2020 年 1 月底,马斯克宣布宁德时代将成为特斯拉继松下和 LG 化学之后的第三位合作伙伴。全球最大新能源汽车公司和最大动力电池公司的合作,引发了股民狂欢。在车企寒冬的大环境下,特斯拉逆风而上。公布消息后,特斯拉股价飙升至 780 美元,而 7 个月前,它的股价还只处在 178 美元的低点。

宁德时代紧随其后。2 月 3 日,春节假期后的 A 股,在新冠肺炎疫情笼罩的巨大利空下开盘,宁德时代逆市飘红。2 月 4 日,宁德时代再度涨停。

全球最大的新能源汽车公司和最大的动力电池公司,在资本市场携手一飞冲天。特斯拉市值达到了 1405 亿美元,宁德时代的市值也达到了 3288 亿人民币。然而接下来,宁德时代发布公告称,特斯拉没有责任和义务必须购买公司产品,对产品采购量不做保证,特斯拉将根据后续具体订单提出采购需求。换句话说,宁德时代是在自爆双方达成的只是一个意向,并没有签订实质的采购协议。

双方在这次合作中表现出的姿态,异乎寻常的微妙。事实上,早在 2019 年 8 月,双方就基本敲定了合作意向,但双方都对合作避而不谈,一向高调、喜欢营销的马斯克也三缄其口。双方看似淡漠的表态背后,是针对价格的博弈与暗战。

从大方向上看,两家全球顶级公司的合作是双赢。特斯拉巩固了其新能源车销量第一的位置,宁德时代也巩固了其动力电池销量第一的宝座。然而对于特斯拉而言,动力电池在汽车成本中所占比例过大,所以只有不断和对手撕咬,降低电池成本,才可能争取到最大的利益。

本质上,特斯拉和前合作伙伴松下的矛盾,就源于马斯克要求松下不断降低成本。到最后,松下不得不拼死一搏,不惜将与特斯拉合资的美国电池工厂停产,并撤离技术人员。然而,曾毓群并非马斯克可以随意捏的"软柿子"。他并不缺合作者,所以才会发出一份"带温度"的声明。两大高手过招,招数出于无形。

从 ATL 到宁德时代,看上去似乎只是外部机会成就了曾毓群与他的两个"时代"。但回望曾毓群的创业史会发现,对于我们如今习以为常的趋势,他能比常人要早 5 年捕捉到。登顶的曾毓群享受着行业顶尖的荣耀,也受到无数企业的虎视眈眈。群狼环伺,曾毓群要想长久立得稳、站得实,还有很长的路要走。

点评:

宁德时代是幸运的,消费升级是谓"天时",中国庞大的市场提供了"地利",强大的研发团队聚成"人和",曾毓群的"能耐",就是将这些优势聚合到一起。

天时指的是创业的时机和市场大环境。创业的时机是对创业成功影响最大的因素,尤其是对于小微创业者来说,最理想的状态就是在行业即将启动高速增长又没有什么竞争的时候进入,不早不晚。

地利指的是创业所需的各种各样的资源。现在创业的大环境好,想要办一家公司也是比较简单的事情,但是市场竞争也变得异常激烈,所以现状就变成了办公司易,活下来难。在市场竞争激烈的当下,初创公司要想存活下来,就要有足够的资源来支持自身的发展。在创业所需的各种资源中,最为核心的自然是资金、人才、用户三大资源。当然,除了三大核心资源外,人脉、渠道等资源也不容忽视。

人和是指创始团队。现在创业,想要靠自己的一双手打下一片天地恐怕不太可能,而是需要一个团队来分担协作,贡献智慧,甚至提供心理支持,这是非常必要的。创业初期,能够吸引一批人拿出自己的时间和生命来投资你,这本身就是一件很了不起的事情。

【思考作业】

1. 创业风险识别的内容与方法有哪些?

2. 创业者应怎样规避要素市场的风险?

【综合案例分析】

豆神教育:触底反弹轻装上阵
还是暴雷巨亏败走大语文?①

1月27日,豆神教育发布2020年度业绩预报,公司预计全年亏损19.8亿—24.66亿元,同比由盈转亏,经营大幅亏损。豆神教育称,主要是受疫情影响,除了核心战略大语文业务外,公司其他各项业务均遇到了不同程度

---

① 见 https://finance.ifeng.com/c/83VTjzhxOom。

的困难,公司对出现减值迹象的子公司进行了商誉减值测试,需计提商誉减值准备约为 17 亿—21 亿元。此外,还存在其他资产减值约 1.1 亿元,合计达 17.1 亿元至 22.1 亿元。

而业绩预报发布的当日,豆神教育的股价在开盘初小幅下降后急速拉升至涨停,最终报于 9.34 元。对于此种表现,市场也是出现截然相反的两种观点,一种观点认为这是暴雷概念,因为在 2019 年时也曾出现多个业绩暴雷股大涨,而多个业绩表现优异的股票却出现持续下跌的现象,外界表示 A 股的表现永远让人摸不着头脑。而另一观点则认为,不能一概而论,针对豆神教育个股而言,此次业绩亏损主要由于商誉减值的大规模计提造成,而且从 2020 年 7 月 17 日开始,豆神教育股价持续下跌,一度跌至历史最低点,其实已经是对于此次业绩不达预期及商誉大规模减值的提前反应,利空已经提前消化,本质上是利空出尽,所以此次股价涨停是正常市场反应。

外界对于豆神教育截然不同的两种反应,究其原因在于公司转型大语文教育以来尤其是 2020 年的一系列经营操作。

大规模收购转型大语文

据资料显示,豆神教育从 2013 年开始转型教育领域,大规模并购随即启动。先是收购以数字化校园建设和教育行业信息化为主营业务的合众天恒;2015 年收购了为学校提供 IT 整合方案服务的康邦科技 100% 股权,涉足智慧校园整体建设和运维业务。2016 年,公司先后收购了 360 教育和百年英才,教育业务逐渐布局 C 端。2018 年,又分三次收购中文未来 100% 股权,中文未来主营语文学科辅导及"大语文"课程等。在收购教育资产的同时,豆神教育从 2019 年开始对信息安全资产陆续进行剥离。豆神教育实控人兼董事长、立思辰创始人池燕明在接受媒体采访时表示:"从公司的角度,我们希望能加速剥离信息安全业务,尽快成为纯粹的教育企业,聚焦一条赛道,给公司和所有投资者一个新的开始。"

而在频繁收购和剥离信息安全资产的过程中,豆神教育的商誉也达到了前所未有的高点——36.02 亿元,在公司陆续减值之后,2020 年达到 28.61 亿元,仍然处于较高的位置。而此次引起极大讨论的商誉大规模减值主要由于新冠疫情及国内外相关政策变化的影响,不仅导致康邦、百年英才、叁陆零教育等公司当期出现大额亏损,而且经营受到持续影响,预计短期内难以完全恢复,对公司的未来发展造成损害。公司同期不断进行的信息资产剥离尤其是前段时间对于江南信安资产的出售引起了市场的极大关注并且引来了监管层的关注。而对于这一点,池燕明表示:"我认为长痛不如短痛。"快速剥离确实会给上市公司经营带来短期大幅波动,但如果长期慢慢解决,看似对公司短期影响不大,但这些缺乏公司资源支持的业务将对上市公司产生长期的负面影响,并拖累公司转型。

大语文能否冲出突围?

豆神教育通过以上的各种方式转型教育领域,重点押注大语文领域,那么大语文的表现又如何呢?

2020 年度业绩预报中显示,大语文业务在疫情影响下实现逆势增长。报告中显示,2020 年中文未来实现收入约 6.23 亿元,较 2019 年增长 42%,并继续保持盈利;其中四季度实现收入 2.98 亿元,较 2019 年同期增长 125%。

2020 年,因新冠肺炎疫情防控需要,豆神大语文全国线下门店大部分停课半年以上,对高速增长的豆神大语文业务提出了挑战。面对疫情所造成的困难,公司积极应对,及时调整教学方式,由线下快速转为线上教学,"王者、拔尖、培优三大体系"全部转为线上正价课,并借助各方渠道的合作和推广,使得线上业务发展迅速。报告期末,新增线上六人小班型正价课程在读学员 7252 人次,呈现出良好的发展势头。随着 2020 年 9 月各地陆续恢复线下教学,大语文业务迅速恢复,2020 年 10—12 月线下分校新增报名达 58795 人次,与 2019 年 7—12 月接近 62061 人次。此外,大语文业务在四季度对其组织结构、运营管理、人事考核体系等进行了重整优化,进一步提高了运营效率、改善了用户体验,使得寒假班续报率达到了 84% 的历史新高。线上和线下分校业务第四季度收款合计金额为 16520.66 万元,较上年同期的 12001.00 万元增长 37.66%。此外,豆神明分小班课(5—8 岁线上小班)、网校专题课长期在读学员为 7166 人次。报告期末,线上学员(含六人小班型、豆神明分小班课、网校专题课在读学员)共 14738 人次(其中豆神明兮 2793 人次未计入 2020 年收入统计范围）。

虽然大语文 2020 年的业绩相较其他板块较为亮眼,但其面对的挑战和竞争依然存在。新冠肺炎疫情的反复对于豆神教育线下业务的持续影响,头部教育机构的竞争加剧,比如新东方、好未来等和其他行业比如字节跳动、腾讯企鹅辅导等不断布局大语文市场,这些对于 2021 年的豆神教育都是急需解决的问题和持续扩张的挑战。

不过在券商看来,豆神教育的发展未来可期。近半年内,11 家券商给予买入建议,3 家券商给予增持建议。据华西证券测算,截至 2020 年三季度,豆神教育商誉账面净值 28.61 亿元、剔除中文未来为 23.89 亿元,预计此次减值将减除非大语文业务商誉净值的 71%—88%,对未来业绩可能产生的影响进一步缩小。且自 2020 年 10 月,豆神教育股价震荡下行,四个月中跌幅已近 50%,市场人士表示其前期回调已较为充分。华西证券针对 2020 年度业绩预报点评表示,2020 年其核心业务大语文收入增加了 42% 至 6.23 亿元,符合预期,其中四季度单季收入同比增长 125% 至 2.98 亿元。Q4 已初步显现出管理改善的积极信号,语文之外资产的计提也大部分体现在了 2020 年,2021 年有望轻装上阵,待定增落地后股价压制因素有望解除,业绩加速会在 2022 年更加明显。

点评:

创业企业的发展过程中,面临着形形色色、各种各样的风险。如何尽可能地规避这些风险,或者将风险控制在可承受范围内,是企业面临的重大考验。在现代企业发展的历程上,形成了科学的发现风险和规避风险的做法。因此,创业既需要一腔热情和勇往直前的意志,也需要科学合理的运营方式。

案例将豆神教育最近巨亏和股票异常波动的情况进行了分析,表明创业企业的非正常表现通常会引发市场的不同反应。疫情引发的环境风险是教育培训行业这两年面临巨大压力的重要原因,豆神教育也不例外;对信息安全类资产的剥离、定增募资事项、实控人的大规模减持等事件受到监管部门的关注和问询则造成了企业运营中的法律风险和政策风险。豆神教育没有及时地识别和处理这些风险,使风险得以积累和爆发,对企业的进一步发展十分不利。

【商业游戏】

创业风险承受力调查

每一组学员5—6人,共同设计一张创业风险承受力调查问卷,要求利用本次课堂所学的内容,对现场所有的学员进行调查,在最短的时间内完成最详细的调查和评估。

【现场体验】

请学生下载模拟炒股软件,进行模拟操作。可以规定一个启动资金额度,进行小组比赛。在此活动中,让学生体验风险与收益的关系、风险防范与规避策略的制定。

【本章知识小结】

1.创业机会的风险有两类,即系统风险与非系统风险。

2.系统风险即创业环境的不确定性带来的风险,例如国家法律及政府政策变化的不确定性、商品市场需求及竞争的不确定性等带来的风险。创业者应当关注创业环境的变化,加强分析、检测和预警,努力规避系统风险。

3.非系统风险即创业者自身行为的不确定性带来的风险,例如创意可实施性、团队能力瓶颈、决策合理和效率等不确定性带来的风险等。创业者通过自身努力有可能防范,甚至化解非系统风险。

4.理性的创业者需要结合对机会风险的估计,探明规避和降低风险的关键点。根据所选择的特定的创业项目和所处的外部环境,分析和判断创业风险的具体来源、发生概率、预期主要风险因素,测算"风险收益",估计自己的风险承受能力,进而进行风险决策。

第九章　初创企业的创新发展

【本章知识要点】

1. 了解生存是初创企业的首要目标；

2. 了解企业生命周期模型；

3. 掌握初创企业的产品创新与管理创新内容；

4. 了解创新对于初创企业的重要性；

5. 掌握大学生创新创业能力培养的必要性及途径。

第一节　初创企业的生存、发展与创新

【理论讲授】

面对激烈竞争的市场环境，每一个初创业者首要面对的问题便是如何令自己不被淘汰，令企业在市场厮杀中适者求存，求存之后必求发展，渡过创业初期的企业已经具备了一定的原始积累，如何调动企业家充分协调、利用市场资源、组织资源，令企业获得进一步发展，是提升企业竞争力的关键。

一、生存是初创企业的首要目标

在激烈的市场竞争环境中立足而不被淘汰是初创企业成立之初需要重视的主要问题。在创业初期，创业者需要考虑的根本问题，就是把企业如何生存作为第一位的事情，任何事情、任何行动都需要从企业的生存着眼。在

创业初期,创业者必须要懂得量力而行、量力而为,不能按照理想化的不切实际的目标进行盲目扩张,最终导致"企而不立,跨而不行"的尴尬局面。

　　企业想要活下去,首先必须要坚定信心。从创业实践来看,创业阶段企业亏损是很正常的事情,甚至也会出现亏钱、赚钱又亏钱的循环怪圈,但只有坚定信心,相信企业最终能够稳定盈利,才能最终顺利地渡过企业的生存阶段,而进入企业发展的新阶段。因此,创业者一定要在探索成功的有效的企业生存模式和发展机制上下功夫,这才是初创企业应该拥有的创业精神和管理本质。

　　互联网和人工智能是各行各业发展的一种底色和载体,企业必须怀有拥抱互联网和人工智能的心态,跟上时代的步伐,与之融合。与此同时,行业本身的技术革新也需齐头并进。产品能够解决客户痛点、满足市场需求,技术能够带来效率提高和成本降低,才能铸就企业生存发展的核心竞争力。①

从抢占市场份额角度来看,企业就是要不断创造需求,当市场出现需求大于供给之时,就是企业的商机,而当市场逐步发展到供给大于需求时,企业就必须挖掘新的需求点。这其中的核心就是服务不断迭代升级,从标准化到个性化再到中高端定制化,从追求"降低成本、提高效率"到讲究"更美和更便捷的生活",需求沿着生理、安全、社交、尊重、自我实现不断递进。

选择在孵化器中创业,对于初创企业而言,意味着能够拥有一揽子的"资源"。第一,政策资源。通过孵化器可以较为系统和全面地获知企业在不同发展阶段可能申请到的政府项目、税收扶持政策和服务补贴,这些项目、支持与补贴信息能够详尽到什么样的企业类、人才类、项目类方可申报;这种项目申报,不仅可以让企业获得一定资金补助,更关键的是可以快速提高初创企业在市场上的认可度。第二,经验资源。孵化器设计出的各种创业培训课程,凝结了几十年的经营经验,创业企业绝对会受益匪浅。第三,机会资源。借助孵化器已经搭建起来、多年运营的平台,创业企业可以在产业资源深度对接和投融资机构精准对接方面多一些机会。创业企业如果好好利用这些资源,企业的发展能力一定能够倍增。

二、初创企业的成长与发展

(一)新企业成长驱动因素

总体而言,当企业渡过初创期进入发展期的时候,其生产产品及其所提供的服务往往已经被市场和消费者接受和认可,销售不断扩大,企业规模也在进行扩展,有了一定的创业原始积累,这就会表现出成长发展的冲动。这种成长的推动一般体现为三个方面,即创业者自身选择、市场的需求以及组

---

① 吴洁:《初创企业生存之道探究》,《华东科技》2018 年 6 月 5 日。

织资源的满足。

1. 创业者的成长欲望和能力

创业者身上所具有的成长欲望以及对于企业发展的激情和勇于向未知发起挑战的能力,对于机遇和机会的把握能力,成为了企业发展成功最为重要的主观因素。这些创业者所特有的能力能够促使其对于企业的向前发展有着清晰的战略规划和未来愿景,能够促使其通过不断的技术革新提高生产效益,更加注重核心竞争力培养从而赢得战略主动。约瑟夫·熊彼特指出,创业者不仅具有创造私人王国的梦想和意愿,满满的征服欲望,有战斗的渴望、证明自己更强的渴望、成功的追求,而且他们并非局限于胜利果实,而在于成功本身,创业者所在意的是享受创造某事或仅仅是释放自身精力和天分的乐趣。

出于对企业成长的高度欲望,在企业受到市场欢迎并获取客观盈利之后,创业者往往会以此为契机,通过继续的技术革新和加深企业管理科学化的程度,向下一个预定的挑战目标或者新兴领域进发。在此时,创业者一般不会以自己的享乐为主,更多还是以企业发展为重。在一定的成长策略上,企业往往会不断地培植和开发自己的忠实客户群体,通过与顾客群的一起成长,在共享共赢的过程中不断地扩大企业的美誉度和影响力,通过线下分支机构的建立不断完善产品服务。在这个阶段,由于企业成长以及加速扩张,为了企业的发展,创业者往往会愿意通过出售股份或者引入投资的方式,为企业进一步发展奠定坚实的基础。创业者强烈的事业热情及其企业的扩张目标,同时也会极大地调动起企业员工的工作热情和工作担当,使其对于企业的战略目标及其规划更加有认同感,从而形成企业发展的强劲动力。

对创业者来说,勇于面对挑战而不是被动地适应环境是企业最终成功的重要因素。有挑战的竞争环境,往往也是企业不断发展的机遇。让企业得到发展,为社会做出贡献的责任驱使创业者在企业发展过程中要始终有主动权和责任感,通过实际行动不断地改变不适宜的环境才能最终取得成功。通过不断追求和发觉企业发展过程中的竞争优势和发展潜力,并且一直坚持不懈地做下去,通过不断创新才能使企业获得更好的成长发展机会。成功的创业者,一般善于因势利导。通过创新和资源的投入为企业的发展创造条件,这也是创业者引领企业走向发展所具有的基本素质和信心。

2. 产业与市场因素

从企业发展规律来看,行业和市场共同决定着企业间的竞争强度以及产品的盈利水平和能力。在企业成长扩张的最初时期,企业的产品开始进入产品导入期和成长期,对于其他成熟产品来说,被威胁和替代的机遇还比较少。并且,由于行业中比自己小的企业处于劣势地位,还处在初创和生存阶段,创新力较弱、被动适应环境、资源相对较差,还很难延伸到其主要业务范围。在这个时候,行业内的大企业往往会因为市场太小而对于新涌现的业务视而不见,不能很好地关注这些产品及其服务。因此,在这样的环境中,新的企业就能获得机会确立其市场地位,并能够逐渐地立足站稳。竞争对手的缺乏使得企业能够有较为良好的业务能力增长的机会,也为企业的进一步发展创造了条件。

3. 组织资源

简单来看,企业能够支配的资源越多,企业扩大发展的可能性就越高,二者呈正向递增的关系。这些能够被企业支配的资源一般包括员工、财务资源、无形资产、厂房设备、技术能力和组织结构。这些资源直接影响企业可以发展的限度和扩大的空间。如果企业发展没有足够的可以支配的资源,实在是巧妇难为无米之炊。可见,企业的组织结构、员工数量、生产能力、技术水平等资源对企业的扩大化发展至关重要。此外,银行对企业的发展前景持乐观态度,并有意提供贷款。这些资金来源可以支持企业成长所需的大型设备投资。

(二)新企业成长的限制和障碍

创业总是有一定的风险,就数量而言,真正能够实现成长的机会并不是很多,在这些企业中,很少有企业能够迅速发展。一个企业不可能不受限制的发展,一个新企业的快速增长将受到内部管理能力、市场、资本和其他方面的限制。

1. 管理能力限制

企业的创立是一个组织过程,它受益于有意识地使用各种资源。企业在任何时候都有固定数量的服务,其中一些用于日常业务,另一部分用于拓展活动,如新产品开发和市场开发。在这种情况下,新的经济增长所必需的管理服务有两个方面:一是企业通过调整组织架构管理团队,加强管理的程序化,将为企业带来利润的持续增长;二是"学习效应","学习效应"意味着创业者通过学习更熟悉企业的商业活动,在不降低现有工作质量的情况下,可以保留管理服务,以支持业务的发展。

2. 市场容量限制

市场是企业生存的土壤。初创企业往往是基于创新,包括提供给消费者的新产品和服务,或实现对现有的产品和服务的明显改善,以实现企业的快速增长。

从企业本身的角度来看,新成立的企业通常是参与行业内的细分市场。随着企业规模的扩大,目标市场的初始容量不能支持企业的快速发展,创业者必须寻求扩张。企业通常通过区域扩张和产业扩张来寻求扩张。扩张不仅要受到当地市场环境的制约,而且要考虑企业扩展策略是否符合法律法规,是否和当地文化相契合。法律、市场、文化等诸多因素参与建构着企业发展的外部环境,顺势而为,则可助力企业的发展壮大,令企业发展前景更为清晰;反之,无疑增加了企业管理的附加成本,更令发展前景难以预测。对企业发展外部环境的把握,考验着每位创业者的管理能力和战略眼光,协助企业实现扩大经营的目标。创业者需要以市场为导向,以当地文化为抓手,以法律为准绳,进而为企业精准勾勒未来发展路径,为企业扩大化发展保驾护航。

3. 资金约束

企业所拥有资金的多少,可以直接制约企业的发展。第一,资金的多少直接影响企业战略规划和发展方向。企业的发展战略能否实现,重点在于企业的绩效情况。那么在企业制定了发展战略后,关键就是看资金是否能够满足投资的需要。如果资金数量充足,可以为企业提供资金支持,那么就可以大大提高企业的绩效,从而实现发展战略目标。第二,充足的资金能够进一步提升企业的核心竞争力。在现代激烈的市场竞争中,企业的市场拓展过程需要面对很多的风险投资、技术创新、扩大规模等情况,若企业拥有的资金充足,就能在投资及研发的速度、质量等方面优于其他企业,从而增强企业的核心竞争力。第三,资金作用于企业中的其他资源来影响企业的绩效。在企业经营的过程中,资金会影响到很多方面的工作效果,从而间接影响企业的绩效。例如,研发人员研发新技术、新产品时就需要资金支持,如果企业的资金不足,企业的领导者应该会将资金投入到核心的生产经营项目中,那么就会制约新产品的研发。在物资采购、人员管理、风险管控等方面亦是如此,这些方面都对企业的成长产生影响。[1]

4. 持续创新和战略规划能力的不足

创新是商业财富增长的主要动力,是企业营销和生存所关注的中心问题。生存的压力迫使初创企业不得不将注意力集中到行动上,而不是战略上,很多企业也相信初创企业和中小企业没有战略,也不需要战略。事实上,缺乏战略是抑制初创企业成长的主要因素。

5. 创业者角色与团队管理的矛盾

在创业规模小、事业运营比较简单的情况下,初创企业只依靠创业者的个人努力就可以继续下去。但是,当企业的规模变大,活动的领域变广,组织的要求变高的时候,仅仅依靠创业者的个人努力是不够的。因此,随着中小企业的发展,早期成员在创业中的决定性作用减少了,有必要引入更专业的团队。

创业者的决定性作用随着企业规模的扩大而减弱,减少创业者的单纯决策力,是团队建立和文化形成的必然结果。在创业团队和管理团队整合下形成的企业文化,与企业发展密切相关。随着企业的发展,创业者角色的转变和管理团队的组建,将使企业更具有持久的竞争力,这是企业持续发展

---

① 鲍星冶:《浅谈资金约束对企业绩效的影响》,《现代交际》2017 年 11 月 29 日。

和长期发展的基础。

三、初创企业的出路

（一）维持小企业模式

企业的规模可能与创业者的性格有关。有些人喜欢做大事,有些人喜欢做小事,还有一些人一开始就不想做大事,所以他们会继续做他们想做的事。因此,某些初创企业可能成为了"百年企业",创始人保持着企业"小而美"的特色。

"小而美"的企业有一个共同点,那就是它们有精确的行业细分、良好的客户体验、差异化的功能和有效的盈利模式。"小而美"是一种精确的定位。由于商品经济的发展,非常重要的是每一个企业参与准确细分市场,"小而美"的企业和大的行业参与者都能在市场上找到准确的定位。

互联网改变了商业结构,通过改变企业改变了人们的生活。在互联网时代,对于"小而美"的企业来说,利用互联网进行营销和推广一定是一种经济有效的方法。一个清晰有效的盈利模式可以为"小而美"的企业带来收入和实现梦想。因为它专注于一个产品或领域,一个"小而美"的企业的盈利模式比一个大企业更容易和更有效,它们大部分盈利源于有特色有创意的产品和服务收入。

（二）上市

中小企业在发展壮大的过程中,首先面临的恐怕就是融资难的问题。中小企业一向存在有形资产少的先天不足,这也直接造成很多银行不愿意接受知识产权和小额抵押。有形资产少,想要做大做强的中小企业就难以利用抵押贷款为自身寻觅进一步发展的空间。

针对这样的情况,2013 年 8 月,国务院发布《关于金融支持小微企业发展的实施意见》(国办发〔2013〕87 号),明确为中小企业积极开展知识产权质押、应收账款质押、动产质押、股权质押、订单质押、仓单质押、保单质押等抵质押贷款业务;推动开办商业保理、金融租赁和定向信托等融资服务;适当放宽创业板市场对创新型、成长型企业的财务准入标准,尽快启动上市小微企业再融资;建立和完善国家中小企业份额转让制度,以促进产品创新和增加针对中小企业的融资机会;通过逐渐增加针对中小型企业的集体债券的发行量,加强中小型企业的债务追收程序。①

因此,中小型企业如果要利用财务杠杆来增加其获得融资的机会,就必须走资本市场之路。这一发展路径主要适合具有创新性、渴望增长的中小企业。上市的企业必须具有清晰的业务、清晰的产权、合法的运营以及完善的企业治理结构。初创企业如果快速登陆主板市场比较困难,新三板和各地区的股权交易中心门槛较低,可以作为初创企业挂牌上市的优先选择。企业上市尽管可以增加收益,但是必须遵守信息披露义务,公开的信息必须是真实、准确和完整的。

（三）被并购或出售

创业者在判断企业的未来收益不能实现目标,或对企业所处行业的未来不乐观时,可能有全部或部分转让业务或股权的想法。有些人不想继续从事这个行业,而另一些人则利用出售企业的钱来开展其他业务,还有一些创业者认为,大型企业的合并将帮助他们实现目标,因此他们选择与大企业合并。

当企业遇到战略障碍时,收购企业可以为目标企业的发展带来好处。企业面临的战略障碍越多,解决起来就越困难,出售的可能性就越大。如果价格合理,则出售企业的意愿将会提高。企业将面临的障碍包括企业销售策略的内部激励因素、并购方与企业之间的业务支持、文化协调与管理的概念、并购方的报价、企业外部环境因素的影响等。

卖方不仅关心合约价格,而且关心与并购参与方之间的协调。收购方

---

① 《中小企业为什么要上新三板?》,《福建质量管理》2015 年 5 月 15 日。

的认可与态度在卖方决定出售企业方面也起着重要作用。如果先前的战略障碍是卖方做出决定的原动力,那么买卖双方之间的亲密关系就是助力,购买者有动力影响出售决定。

【案例分析】

小米公司的价值主张[①]

1. "性能过度供给"为"高配低价"的小米提供破坏性创新机遇。企业在追求更高的利润率和进入更大规模市场的过程中,通常会面临"产品性能过度供给"的问题,即性能改善的速度超过市场需求或者能够消化的速度。一旦某项特定属性达到了所要求的性能水平,顾客便不会再像以前那样愿意为该项属性的持续改善支付溢价。高端智能手机在延续性技术上不断完善,手机功能远远超出消费者使用的基本需求,产品价格也不断攀升。在小米手机发布之前,智能手机企业顶级配置的产品价格都在4000—6000元之间。企业高配置高价格的定位为小米采用破坏性创新,从价值网络下方冲击成熟市场提供了契机。

主流市场用户可能会认为小米手机只是现有技术的组合,质量与苹果手机等主流产品有一定差距,但其以主流智能手机相同的高配置,1999元超低价格的"高配低价"市场战略迅速满足消费者的需求并提升使用体验,从低端市场入侵,避免与在位企业的正面竞争。

2. 关注"手机发烧友"群体,强调"参与感"。小米最初将用户定位于手机发烧友,并确立"为发烧而生"的品牌战略。在互联网时代背景下,消费者不仅是被动的产品或服务的购买者,同时具有参与企业运作的动机和能力,是公司可以利用的资源。小米将用户作为产品创新的重要原动力,聚集了高质量的发烧友群体,让大量用户为产品改进贡献碎片化力量,同时也在

---

① 孙莹:《基于价值系统视角的破坏性创新》,《上海市经济管理干部学院学报》2017年第4期。

用户的驱动作用下动态调整公司各项战略。MIUI 基于用户意见每周迭代更新的"橙色星期五"、小米开放购买的"红色星期二",以及小米线下活动"爆米花"、公司庆典"米粉节"等,都是小米公司注重用户"参与感"的体现。

点评:

在激烈的市场竞争中,初创企业的生存和发展面临极大的压力,只有通过不断创新才有可能实现自身在市场中的价值。首先,创业者的创业愿望和能力是创业前提;其次,产业和市场发展是创业得以持续的保障;再次,所能组织的资源是维持企业得以正常运营的基础。

雷军在创建小米的早期,面临巨大的竞争压力,在同类市场中几乎无法立足。随着技术的发展,小米发现手机市场存在着严重的性能过度供给现象,即手机的更新换代速度超过了消费者的消化速度,导致手机的"高配高价"。小米反其道行之,创新生产"高配低价"的手机,实现了市场细分,从而避免了与优势企业的正面竞争。随后通过一系列的活动,强调用户的参与度,有力维持了用户的忠诚度。

【思考作业】

1. 新企业成长的驱动因素有哪些?

2. 初创企业的出路有哪几种?

第二节 初创企业的创新发展

【理论讲授】

创新是企业不断发展的直接驱动力,是企业生存和发展的根本所在。企业创立初期,市场竞争环境相对单一,经营成本相对较小,因而初期成长通常平稳且迅速。新兴科技的发展,不断促使新交易模式、新商业模式的出现,企业需要通过创新获得新的经济增长点,提高竞争优势。

一、创业初期企业的优势、劣势

(一)初创企业的优势

企业成立后的一段时间内,几乎没有发生故障的风险。因为初始资源可以维持一段时间的运营,同时由于决策者很难迅速判断初创企业的业绩和发展前景,除非有足够的证据证明企业的未来存在严重问题,否则理性的决策者不会立即放弃它。

通常,在初始阶段,初创企业是以市场的空白部分为对象的,因此只要

推销工作顺利进行,企业的成长将较为快速,投资收益率也远远高于其他阶段,企业的销售额可以实现迅速增长。初期阶段的优点主要包括:

其一,竞争对手少、投资收益率远高于其他阶段、企业销售额快速增长。

其二,风险成本小,适于勇于承担风险、充满探险精神的创业者。

其三,创业者对未来充满期待,经常能容忍一时的失误。此期间的创业者,比起现有的业绩更期待未来。

其四,内部结构简单,效率高。

在商业模式方面,随着科技的发展,初创企业的交易方式正在逐步扩大其范围。越来越多的企业将传统的交易方式与新技术、新渠道、新客户需求相结合,形成新的交易模式,成为新的商业模式设计的基础。实际上,企业可以通过商业模式创新获得新的市场资源,找到新的经济增长点,提高竞争优势。

关于推广方法,以互联网企业为代表的新的推广手法不断涌现。这些企业不再局限于互联网行业内部商业模式的革新,开始向许多非互联网行业拓展。一部分互联网企业,因为具备了自己独特的商业逻辑,颠覆了传统的产业。

关于工作模式,新的模式越来越受欢迎。新的创业者工作模式值得促进和肯定,从国家层面促进就业,从社会层面关怀,从大学层面培养学生的创新创业意识。SOHO 模式、合伙人模式、外包模式等工作模式提升了创业者的创业动力。

(二)初创企业的劣势

创业初期企业存在的劣势如下。

1. 缺乏资金

相对于创业热情缺乏,资金缺乏是初创企业一种更为常见的现象。初创企业的财务需求是客观的,仅靠创业热情是无法解决的。高涨的创业热情实际上设定了很高的成功目标,低估了对资本的需求。此外,企业的销售额越高,就越有可能出现资金短缺,一般而言,一个企业的年平均销售额增长超过35%时,其资本充足率通常不足以维持这种增长,不可避免地会遇到资金问题。

2. 制度不完善

起初,企业总是面临一些没有准备好的问题,如客户投诉、供应商不足、银行不愿放贷、员工拖延等,这导致了一个以行为和机会为导向的企业。这也意味着几乎没有监管的空间,企业正在试验中寻求成功。一旦创业者对成功有了清晰的认识,就可以制定规章制度,确保未来也能取得类似的成功。在这个阶段,制度可能会限制满足客户需求的能力,但是缺乏制度,以及过于灵活和容易的赚钱方式可能会导致坏的习惯。没有规章制度,企业的业绩就不会稳定,这在初创企业中是正常的,但往往会留下漏洞,这些漏洞可能会把管理层变成"消防员",企业则常年处于从一场危机管理到另一场危机管理之中。

3. 因人设岗

在创业初期,企业责任和个人责任是重叠的。例如,总经理可以同时负责采购、销售和设计,销售人员负责部分供应工作,会计有时是后勤部长。初创企业是以人为中心组织的,而不是以工作本身为中心的,此时的企业以一种不可预见的方式发展,它不是计划、组织和定位的,而是对机会做出反应,并利用企业创造未来的机会。

二、创新对初创企业的重要性

创新是企业生存和发展的根本,缺乏创新正成为初创企业成长的障碍。融资困难和创新缓慢的恶性循环已经成为创业的两大障碍。由于大多数初创企业规模较小,资金不足,且大多处于初创或发展阶段,日常运营所需资金量较大,没有更多的空间用于创新和研发。

此处的创新是广义的,而不是狭义的,不局限于技术创新,还包括思想、理念和模式的创新。创新不仅存在于企业的初创阶段,也存在于企业日常管理的各个方面。正确、全面地认识创新和创新精神,将其融入初创企业发展的各个阶段,将极大地促进企业的成功创业和健康成长。①

创新是一种新的驱动力,它帮助创业者克服各种限制,通过与比自己大数百倍的市场先驱者竞争来获得市场份额。对于初创企业来说,创新精神应该渗透到所有领域,渗透到所有人。创新应该是初创企业的基础。

创新能力是企业在市场中将企业要素资源进行有效的内在变革,从而提高其内在素质,驱动企业获得更多的与其他竞争企业的差异性的能力,这种差异性最终表现为企业在市场上所能获得的竞争优势。企业创新过程包含着企业在不同方面的变革。技术创新学将创新模式分为自主创新、模仿创新和合作创新。自主创新主要依靠企业自身的力量完成技术创新的全过程,关键技术上的突破是由本企业实现的。模仿创新是企业通过学习模仿率先创新者的创新思路和创新行为,吸取率先者成功的经验和失败的教训,引进购买或破译率先者的核心技术和技术秘密,并在此基础上改进完善,进一步开发。

由此可见,自主创新与模仿创新本质上都是一种创新模式,模仿创新在多数情况下是在率先创新者已有的科技成果基础上的“模仿”,是在别人工作基础上的进一步努力。模仿也是一种学习过程,可以提高技术创新的起点和水平,因此“模仿”应当也必然是一个技术创新能力不断提高的过程,“模仿”与单纯的“仿制”的根本区别在于仿制不含有自己的创新成分,而模仿创新具有自己的独创成分,也在一定程度上推动了技术进步。

企业作为人造的生命体,与自然界中的生物一样,经历着诞生、成长、成熟、衰退直至死亡的生命历程。伊查克·爱迪思把企业生命周期形象地比作人的成长与老化,把企业生命周期细分为孕育期、婴儿期、学步期等十个阶段,并指出每个阶段的特点都非常鲜明。我们根据企业生命周期理论,结合创业企业特点,把创业企业划分为创办期、求生存期、高速成长期、成熟期、衰退期等五个阶段。

在不同的阶段,企业的内部条件和外部环境会有很大的差异,因而需要

---

① 汤达伟:《论创新对创业型企业的重要性》,《上海交通大学学报》2007 年 4 月 15 日。

选择不同的创新模式。创办期和求生存期是企业创立和初始发展的阶段，总体上看，在这两个阶段，企业的创新精神和创新意识都比较强，但这时的企业组织系统还不很完善，产品无论在结构上还是在生产工艺上都存在着不足，资金缺乏，人力资源不足，试生产能力欠缺。所以此时的创业企业创新能力、承受创新失败风险的能力较弱。

具体来看，在创办期，企业的创新精神非常高，此时伴随着创办企业的可能性，到处都充斥着嘈杂、兴奋、承担风险的愿望、创造力、想象力以及迷惑力。企业在求生存期，创业企业的创新意识比较强，但创业企业的创新能力一般都较弱，表现为资金缺乏，人力资源不足，试生产能力欠缺，承受创新失败风险的能力也较弱。

处于发展早期的企业一般应当先选择模仿创新。模仿创新风险小、投入少、效率高。模仿创新与在自有技术基础上创新的最大不同点是模仿创新无需再进行研发活动，甚至无需再做市场调研，因为这件产品已被市场证明是可行的，可以省去大笔此类费用，从而投资少、风险小、安全性大，付出的成本较低，可以获得较大的收益。

值得强调的是，任何创业企业在模仿时都必须充分利用自己已有的技术和经济能力，在原有的基础上加入创新的因素。在实践中，那些成长得好的创业企业可以在引进模仿外国产品的同时，努力吸收其中的先进技术和营销技巧，并在新推出的产品中越来越多地加进自己的东西，在模仿中实现技术和经验的持续积累，在模仿产品的销售中积蓄经济实力。这些创业企业的产品在很长的时期内，虽然从总体上仍然属于模仿产品，但其中自主开发的成分在不断增加，竞争力在不断增加。

而对于企业来说，当进入成熟期后，创业企业积累了一定的实力，要获得进一步的发展，使自己在竞争中立于不败之地，就需要开展自主创新。自主创新具有非常突出的优点，它可以使企业在市场竞争中占据有利的地位，在自主创新成功后会随之涌现出一系列在技术上与之相关的创新，带动一批新产品的诞生，使率先创新者享受到范围经济。同时自主创新的产品领先进入市场，其标准和技术规范很有可能演变为本行业或相关行业统一认定的标准,对后来者形成技术锁定,自主创新企业由此会稳固占据行业中的核心地位。自主创新企业由于是新市场的开拓者,还可能较早地建立起原料供应和产品销售网,同时通过转让新技术专利和技术诀窍,可以获得相当可观的收入。因此,纯粹模仿的产品不可能具有很强的竞争力,创业企业仅靠模仿也不可能获得好的成长,在有了一定的技术、资金等实力的积累后,企业需要开展自主创新,才能在市场上获得持久的竞争优势。①

三、大学生创新能力对初创企业发展的作用②

创新能力是在具备了一定的基础知识、创新思维能力、发现问题的能力、独立的创新能力等创新能力要素,在继承前人的知识、经验等成果的基础上,提出新的见解、新的方法、新的技术理论等并应用于实践的一种能力。

大学生创新能力的优势:一是容易接受新鲜事物,有好奇心、直觉敏锐,有变革思维,有创新思想,有创新意识。大学生的这些"闯劲""猛劲",铸就了大学生的创新精神,积淀了很强的创新能力。二是人的创新能力来源于人的主观能动性,来自主体利用客体并改造客观世界的结果。

大学生创业中的创新能力是大学生在创业的过程中,因为其所从事的创业活动、开办的公司、创建的企业、开发的产品等都是史无前例的,以至于在创业中能够立于不败之地,能够在同行中脱颖而出,能够使创办的企业或公司越来越好,能够使公司盈利越来越丰厚。创新能力越强,创业会越来越兴旺发达。大学生创业中创新能力是在创业中表现出来的创新能力,创新能力的强弱对创业有一定的影响。创新能力越强越有利于创业的发展和壮大。

大学生是创新能力的实践主体,处于人生中最美好的年华,对未来充满

---

① 章青、杜伟锦、张东志:《民营企业创立初期创新模式选择的博弈分析》,《经济论坛》2006 年 7 月 1 日。
② 王学智:《大学生创业中创新能力养成机制研究》,博士学位论文,中国科学技术大学,2017 年。

希望和幻想,有蓬勃的朝气、充满激情、敢想敢干,他们有"初生牛犊不怕虎"的胆识和魄力;大学生受到过专业的高等教育,专业知识水平较高,知识和技能也有较高层次的优势;大学生基础知识牢固,在校园学术氛围的熏陶下,思维灵活,敢于挑战新鲜事物,创新能力强。大学生正处于学识、身心不断发展的阶段,在创新能力实践中表现出如下特征:实践性。表现在生活的实践性、实践的创造性。环境的变化、生产的发展、社会的进步是革命的实践活动的结果。大学生的创造性技能是在实践中接受检验和评价的。发展性。大学生作为创新能力实践的主体,正处于身心发展的阶段,在不断学习、不断进步、不断成长。其知识水平、创新思维、潜在的综合能力会随着实践活动的提升而不断发展。合作性。大学生的创新能力只有在合作的情况下,才能最大程度地发挥他们的主观能动性。大学生创新能力的发展不仅仅依靠大学生的智力因素,也必须建立在合作的基础上,构建协作的良好氛围,这也是创新能力的重要特征。积极性。大学生积极参加各种科研活动,主动学习,积极思考,充分发挥自己的主体作用。高等教育发展的目标是既要积极引导,又要发挥大学生的能动性,把教学目标和大学生的聪明才智结合起来,通过自主的"做"与"悟",培养大学生的创新能力。

大学生在大学期间,要努力吸取知识的营养,不断扩大自己的基础知识和专业知识;树立创新理念,融入教学改革;投入教学实践,增强实践能力;积极参加社会实践,提升社会实践技能。积极参与创新实践活动,提高自己的创新能力,培养创新思维能力,训练自己的创新发明能力。

人的创新能力实践中的大学生是主体,人的创新能力实践中的公司是客观对象;另一方面,高科技的、新的产品,优质的服务,会反作用于大学生的思想,策划组织和实践活动中不期而遇的困难和机遇也影响着大学生的决策,大学生和大学生所从事的实践活动对大学生是互相影响的,尤其是思想观念上的影响,这时的创新能力实践过程在一定意义上又催生了一个新的大学生创新能力群体;同时,大学生的学习经历、生活经历、实践经历,以及大学生本身所具有的基础知识素养、智力水平及创新思维能力等是大学生创新能力产生的源泉。

【案例分析】

好未来迭代①

2018 年初,好未来即宣布要对公司重新定义。半年后,创始人兼 CEO 张邦鑫正式给出新定义,要成为一家以"智慧教育和开放平台"为主体的教育科技公司。科技,已成为其未来生长的关键词。

2018 年 7 月,好未来举办人工智能大会(TAL AI SUMMIT,以下简称"TI 大会"),这家有着浓重"教育"标签的公司,开始给人以科技的酷炫感。多项科技成果接连公布,包括智慧课堂解决方案"WISROOM"。

"WISROOM"赋予教师千里眼(摄像头)、顺风耳(麦克风)与超级记忆(云)。在"WISROOM"课堂上,教师通过这些智能教学辅助系统,可实时了解学生的绝大部分课堂行为,并且得到系统的实时建议。更重要的是,"WISROOM"给予每个学生个性化辅导,即便角落中内向的学生,也能获得及时有效的一对一关注与互动。

在好未来 CTO 兼教育开放平台事业群总裁黄琰看来,这场 TI 大会具有标志性意义:AI 技术的出现和产品化落地,意味着好未来顺利地完成了教学场景的"单点打穿",也成功唤醒了教学产品经理的想象力,更多教育产品产生了拥抱 AI、智能升级的动力。其后,好未来也实现了 AI 技术在教学质量管控、教师教学辅助、题目智能推荐、作业自动批改等每个教育环节的渗透。

"重视 AI,其他环节的产品负责人过去只是想想,觉得离自己很远。看到 AI 产品真正落地,有了实际效果,他们才会有实感:哇,原来还能这么玩!"黄琰表示,内部从一线教研、教务部门一直到管理层,已逐渐将 AI 技术视作"标配",每个团队都非常主动,寻求资源和人才让技术赋能做得更好。

从 0 到 1,任何转变都是厚积薄发。

① 何己派、小庞:《好未来迭代》,《21 世纪商业评论》2019 年第 1 期。

2015 年入职的黄琰,见证了公司 AI 技术从"练兵"到落地应用的全过程。他向记者透露,好未来对技术赋能教育的思考,在创办早期就已开始,限于资源、资金以及认知,起初以教育内容、教育方法为切入点。2010 年 11 月,好未来将教研成果和 IT 成果相融合,推出 ICS 智能教学系统,以此作为信息化的基础。2016 年,好未来推出 IPS 智能练习系统,该系统通过大数据分析,能准确"诊断"学生的学习问题,个性化教学服务初具雏形。2017 年,好未来将 IPS 更名升级为"学而思云学习",进一步强化学习的个性化、定制化功能。

基于创始团队的创新精神、理工气质以及一线实践的敏锐洞察,好未来一直热衷探索前沿技术与教育场景的结合。

点评:

创新是企业生存和发展的基础,对初创企业而言也不例外。初创企业要在已有的市场中做出准确的产品定位和市场定位,创新是基础。此处的创新不仅指技术创新,也包括思想、理念、管理、模式等方面的创新。如果创新能够融入企业的各个环节和阶段,将能极大地促进企业的成长。

好未来作为一家教育培训公司,为传统的教育培训行业插上了科技的翅膀,将现代科技成果广泛融入智慧课堂,通过科技创新的赋能,教育过程中的各个环节在现代科技的渗透下,呈现了创新的机制和模式,强化了现代学习的个性化和定制化。

【思考作业】

1. 产品创新对于企业的意义何在?

2. 管理创新主要包括哪些内容?

3. 初创企业有哪些优势与劣势?

第三节　大学生创业新形态

【理论讲授】

所谓顺势而为,对企业而言,顺应市场新发展趋势,不断研发与市场需求相适应的产品,是企业立于不败之地的不二法门。产品创新不仅能使企业提高收益,而且能带动企业研发部门不断更新核心技术,最终实现自身抗风险体系的动态提升,除了产品创新带来的硬实力以外,企业生存还需关注管理创新、模式创新,打造出企业的独特品牌。

一、产品创新

（一）产品创新的含义

产品创新是指实施具有改善性能特性的产品或市场营销,向消费者提供新的产品或改善的服务。产品必须由三个层次构成:内核、形式和附加。现代企业的产品创新是以产品整体概念为基础的市场主导型系统工程,提高了产品的差异化,降低了产品的替代性。从具体产品的角度看,这是新产品的开发和旧产品的改良,包括产品的技术经济参数、定性定量的改良、整体设计、产品设计、生产及营销的进程,因此,它是在功能、形态等全方位的创新及多维革新的组合。

产品创新是企业获得更高利润的有效手段。"金字塔模型"显示,金字塔的顶点位置的企业的发展水平,是企业中最活跃的产品革新和大规模的投资,因此,研究开发设计和革新过程为企业带来更大的产品附加值;位于金字塔底部的加工企业不从事产品的研究开发,只收取加工费,因此利润率非常低。产品创新是提高企业经济效益、生存发展和成功的重要组成部分。在当今社会环境下,不同需求体现产品设计的差异化,产品功能尤为重要,在形式上注重个性表达和不同地区消费者需求的差异化,尊重民族和国家文化传统,赋予产品更大的文化内涵,增加了产品的审美丰富性,提升了用户的情感。

（二）产品创新的意义

有意识地顺应市场的变化,开发相应产品的企业可以不断发展,否则其生存就会受到威胁。需求不断变化的消费者要求企业不断创新其产品,企业的生存要以其产品的生命力为支撑,不开发新产品,企业只能消失,企业产品消失就意味着企业将其产品作为其使命载体的可能性消失。

在竞争激烈的市场面前,消费者的需求是关键。产品并不总能为消费者所喜爱,所以企业需要不断开发适应消费者要求变化的新产品,这是企业保持活力、不断发展的前提和基础。产品创新可以提高获利机会,降低市场风险,创造新的增长动力。

同时,产品创新还带动了产品生产的核心技术更新,能够积累更为先进的管理经验,令企业更快速地适应市场,提升自身的抗风险能力。随着新产品的不断推出,细分市场既有大众产品,又有高档产品,满足客户对产品广度和深度的不同层次要求,增强了客户与企业之间的亲和力,巩固了产品的市场地位,促使企业采取积极的广告策略,从而形成品牌。同时,新产品能够催生更具有活力的企业文化,不断建构企业员工对企业文化的认同感。

(三)产品创新的模式

从市场层面来看,产品创新可划分为引领和模仿两大模式。所谓引领创新指的是企业通过核心技术的升级,引领产品概念的更新,以概念革新技术,将技术凝练为新产品推入市场,提升产品市场竞争力;所谓模仿创新指的是企业通过学习借鉴其他产品的新概念、新技术,实现自身产品的更新换代,以此提升产品的市场适应能力,催生新型产品的研发思路。

从现实层面来看,产品创新还可以分为自主创新和合作创新两种模式。自主创新指以企业的创新自觉意识为内生动力推动企业自主研发新技术产品,以达到预期目标,而不是被动依赖和购买技术;合作创新是企业之间或企业、科研机构、高等院校之间的共同创新行为。当今世界技术竞争加剧,企业技术创新活动中技术问题复杂化,技术综合性和集团性增强,技术完备的大企业也面临着资源不足的问题,单凭企业自身能力的发展很困难。技术综合集群性强,合作创新有利于通过对外部资源的内化,实现资源共享和优势互补,共同克服技术难关,缩短创新时间,增强企业竞争地位。企业可以根据自己的经济实力和技术实力选择合适的产品创新方式。

二、管理创新

(一)管理创新的必要性

处于起步阶段的初创企业凭借抓住商机的能力,在很多情况下可以确立在市场中的地位。创业者和员工在努力和献身精神、决策和执行的灵活性等方面非常出色,但在经营的规律性把握上却缺乏经验。成熟的企业管理既需要创业者和员工的献身精神和执行能力,也需要提升管理能力。随着企业成长,应促进经营的转变,从"粗放"型经营向"精细"型经营转换,实现"人治"向"法治"的转换,确保以先进的经营理念和手段促进企业的发展。

初创企业往往没有统一的标准和规范,也没有规则可以遵循,只有创业的热情和默契。企业经营往往存在许多困难,经营中产生的矛盾主要依靠个人调节和平衡来解决。企业的成长需要制度、流程、标准、定额等经营要素的全面协调和良性互动,才能够有效推动企业走向"精细化"和"规范化"。

在创业阶段的企业中,创业者或许有时间和精力亲自管理各种业务,但是伴随企业的经营壮大,创业者时常受限于时间、人力、工作技能等方面的制约,只能将精力集中在日常行政业务上,而集中于细节只会阻碍企业的成长。创业者应在系统管理的主导下,促进企业进步,多多"暴露"问题,顺应和遵从规则的支配。换句话说,在企业制定的规则下,创业者们应该把自己的权力交给优秀的管理层,把企业经营的许多重要方面交给他们。意识到这一变化的创业者将重点聚焦于经营战略、管理制度、核心人员任免等方面。因此,创业者的"解放"实际上是更有效率的经营分工的开始。

(二)管理创新的内容

管理创新包括管理思想、管理理论、管理知识、管理方法、管理工具等的创新。从企业文化、理念和组织架构角度可分为战略创新、模式创新、过程创新、规范创新、理念创新、伦理创新、结构和制度创新等。从企业具体管理工作实践角度可分为行政管理、生产管理、营销管理、采购和供应链管理、人力资源管理、财务管理和信息管理等。从管理过程的角度看,管理创新可分为 5 个阶段,即创新欲望的产生、革新位置的确定、创新计划的形成、创新计划的实施和创新成果的评价。

第一阶段:创新欲望的产生。一般认为,创新欲望一是源于外部环境和商业环境的刺激,特别是竞争市场或创新企业改变了对危机的认识。企业的创新机制发挥作用,是企业内部创新意识的结果,最终激发了管理创新的意愿。二是源于内生动力驱动,由于对企业革新的要求,管理层的监督水平导致内部产生矛盾或问题,这些矛盾或问题会产生创新动力,并通过企业内部革新机制转化为对管理创新的强烈渴望。

第二阶段:革新位置的确定。在创新意愿发展的情况下,企业管理者对必要的管理创新环节进行了深入研究和分析,仔细评估管理创新的必要性和可能,确认创新的具体目的、具体内容和相应的创新程度。

第三阶段:创新计划的形成。制定创新规划是管理创新成功的重要环节,是管理创新最艰巨、最有活力的阶段。创新的必要性、创新管理理论和方法、创新的组成人员、解决方案和评估计划、最佳方案的选择都是这个阶段的主要议题。企业要依据现实确定创新的原则和目标,保证具体规划的实现。

第四阶段:创新计划的实施。管理创新规划的实践过程是整个创新过程最关键、最重要的阶段,决定着创新是否成功。在管理创新实施阶段,要注意两个问题:一是必须在创新规划指导下实施;二是必须监测整个行动过程,获取必要信息,对创新规划脱离实际部分进行修改,防止创新方向偏离目标。

第五阶段:创新成果的评价。创新成果评价是管理创新总体升级阶段。经过一系列活动,新的管理形式在企业中产生并逐渐影响其发展。

三、模式创新

在未来的发展道路上,创业过程中要注意的是加强对行业的细分,从细节中取胜,形成自己的特色。在这个过程中,经营和商业模式的创新就起到了十分重要的作用。模式创新主要有以下几种方式:

(一)信息技术孵化的创业模式

互联网经济发展良好,创业者要抓住这一机遇,尽可能选择把互联网经济放在最前沿、以信息技术为中心的创业领域。如今,每一个行业都使用大数据来最大限度地实现信息价值的最大化。随着时间的推移,信息技术不断更新,互联网允许快速更新数据,帮助人们将数据分析联系起来,建立精确的预测,为发现商业价值提供必要的参考依据。在不久的将来,数据中心将从"成本"转向"利润",在信息发展中,数据资产将成为影响竞争力的最重要因素之一。

(二)服务体验非标准化创业模式

鉴于用户在网络时代的重要性,因此有了这样的说法:"得用户者得天下。"在创业过程要取得成功,创业者必须提供有价值的服务,赢得公众的认可。此外,体验式服务是非常受大众欢迎的,它的特点是通过非标准化体验来获得大量用户的青睐。在一个增长如此之快的经济体中,企业虽然需要在服务中引入统一的标准,但是服务本身是没有标准的,即必须针对不同的客户群体单独调整服务,让客户产生专属体验,感受到企业的用心,才能抓住客户,让他们成为忠实粉丝。[1]

---

[1]　胡方方:《"互联网+"背景下大学生创新创业模式研究》,硕士学位论文,河南科技大学,2018 年。

（三）创新概念极致化创业模式

今天,互联网不仅是时尚的象征,也是进步观念和经济影响的象征。因此,将互联网与创业精神充分结合起来,提炼产品和服务,以便在企业的各个方面形成产品设计、文化销售等创新理念,将产品和服务打磨到极致的程度,让用户发出尖叫。创业者应树立产品的价值感,在产品设计的理念上注入情感,将其价值与情感充分整合,达到最优的宣传效果,从而让顾客感到完全不一样的体验。

（四）产品内涵融合创业模式

如果没有互联网,许多消费产品或消费场景将大大地被限制。因此,创业者在创业过程中,也可以走内涵融合创业的模式,实现4个全融合（线上线下全融合、新旧媒体全融合、企业之间全融合、全球本土全融合）的发展路线。这种无边界、完全一体化的经济的价值是无限的。打通产品与资本经营、整合资源,提高产品质量,积极寻求行业内的整合,使产品更高效、更实惠,从而获得更高的利润。

【案例分析】

大学生"双创"教育实践能力提升平台建设研究
——以义乌工商职业技术学院为例[①]

义乌工商职业技术学院在人才培养中对接义乌小商品经济特点开展创新创业教育与实践,结合自身办学特色,形成了以"创"立校的创新创业教育模式。学校每年有近20%的在校生投身创新创业实践活动,毕业生创业率连续多年保持在12%以上,位居全国高职院校前列。近五年,该校成功

[①] 何淑贞、丁文剑:《大学生"双创"教育实践能力提升平台建设研究——以义乌工商职业技术学院为例》,《湖北职业技术学院学报》2019年第4期。

孵化了上百个创业计划,累计产生 988 名成功创业的毕业生,平均 1 人带动 5 人就业,为社会提供就业岗位 5000 余个。

通过多年的实践,义乌工商职业技术学院探索形成了一套行之有效的"1333"大学生"双创"教育实践能力提升平台建设模式,即健全一个机制,实施三大工程,完善三大平台,构筑三重保障。

(一)强化顶层设计,健全创新创业教育协同机制

1. 强化顶层设计

明确学校人才培养目标,将"双创"教育融入学校办学文化。成立由校长担任组长的创新创业管理领导小组,每学期专题研究部署"双创"教育工作,并将"双创"教育纳入学校对各部门的目标考核中。制定《创新创业教育实施方案》,出台《"十三五"创新创业教育专项发展规划》,明确教务、学工、人事、科研、团委等多部门在创新创业教育中的职责。

2. 创新机构设置

成立创业学院、创意设计学院,分管"双创"教育的校领导担任院长,教务处、学生处副处长担任副院长,负责全校创新创业通识课程建设和创业班、创业精英班管理。将电子商务、产品设计等专业纳入创业学院和创意设计学院,进一步完善专业支撑创业、创业提升专业的新机制。设立创业管理处,负责具体协调、管理"双创"教育工作。与复旦大学等高水平院校联合成立创新研究院,推进"双创"理论研究。设立专门的创业园、创意园,为大学生开展"双创"实践提供场地和环境的保障。形成部门统筹协调、二级学院分工协作、研究所配合协助的管理体系,实现教研创一体化。

(二)实施三大工程,推进"双创"教育教学改革

1. "双创"课堂工程

面上普及的"双创"必修课。出台专门的创新创业学分管理办法,设置2 个创新创业必修学分,学生可以通过学习创新创业通识课程获得,也可以参与各类创新创业实践活动,凭相关实践经历折算认定学分。打破传统课

堂模式,将课堂植入活动、搬入市场,奏响"志愿者服务——勤工助学——创业活动"三部曲。每年让50%的学生参加志愿服务,80%的学生有勤工助学经历,100%的学生接受创新思维训练、创业实践教育。

线上带动的"双创"精品课。规定各专业教学计划中必须设置不少于4个学分的创新创业类相关课程,重点培育学生的创新思维和创业精神。开设"创业法律实务""大学生创业与创新教育""创意营销"等校级在线平台课程、"就业创业指导""大学生创业基础""创意思维训练"等核心课程,与企业共建创业教育在线平台,引进和建设校企共建创新创业类课程。

点上培育的"双创"定制课。重点为创业班、创业精英班量身定制课程,满足学生对创业知识的个性化需求。开发具有专业创业融合特色的"双创"教材,如电商类专业结合电子商务行业前沿和实践教学经验,开发《电子商务运营实务》《跨境电商创业》等线上线下教材;设计类专业结合电商视觉设计及产品设计行业实际,开发《旅游产品设计》《电商视觉营销》等实践类教材资源库。

2."双创"载体工程

针对不同的专业特性和学生的不同需求,搭建创业班、创业精英班、专创工作室三大载体,不断优化完善人才培养方案,从课内到课外,从大一到大三,实现创新精神、创业能力培养的全过程。

依托相关专业开设创业班。从大一入校就组班,打破传统教学模式,边学习边创业,重点强调学中做、做中学,在全真情境下开展创业实践,由资深"双创"指导教师担任班主任,建立"导师+项目+学生"的培养模式。近年来,义乌工商职业技术学院每年开设多个创业班,专业涉及电商、国际贸易、市场营销、计算机信息管理、模特与礼仪等,实现了专业创业人才和专业技能人才培养的良性互动。创业班学生毕业时自主创业率超过95%。

招收创业业绩达到一定要求的在校生,开设创业精英班,跨学院、跨专业、跨年级组班。教学由创业教育教研室负责,内容以工商税务、知识产权、企业家精神等为主,形式以讲座、游学、企业考察等替代传统课堂,学生根据创业需求自主选择课程,达到规定要求的学生每学期可替代4门非专业核心课。毕业生回访调研显示,该模式培养的学生毕业后有75%继续创业。

与专业教研室、协同创新平台等紧密合作开设专业创业工作室。由导师揽接项目到工作室,学生课余全程参与真实项目运作,构建"教室与市场同台、教师与教练同体、实训与实战同步"的"三同""双创"技能训练体系。先后建立了30家专创工作室,覆盖文秘、印刷、建筑工程技术等全校2/3的专业,工作室学生自主创业率超过30%。

3."双创"导师工程

建立"先锋—优秀—卓越"递进式"双创"导师工程,建设校内专任"双创"导师和校外兼职"双创"导师队伍。选聘具备创新创业指导和实践经历的专任教师担任专任"双创"导师,聘请企业家、优秀创业毕业生、外国商人等担任"双创"兼职导师。

建立创新创业导师发展中心,定期组织沙龙研讨,邀请知名专家入校讲座,每年选派"双创"导师参加省级以上相关培训。鼓励教师创业,出台《"双创"导师管理办法》,导师指导学生创业实践可折算为教学课时。每年开展优秀"双创"导师评选,并在职称评审文件中明确卓越创业导师可破格晋升。

(三)完善三大平台,打造全真创新创业实践育人共同体

1.创业生态圈

与当地政府共建大学生创业园,与阿里巴巴、Wish 等电商平台紧密合作,为大学生"全真式"电商创业实践提供"一站式"服务。以创业园为中心,构建辐射周边区域的创业生态圈。秉持共建共享理念,在周边社区建立大学生创业实验室、创新创业引擎中心、全国跨境电商人才培养基地等各类大学生创新创业孵化基地,为学生创业实践提供与社会和产业紧密对接的配套环境。

2.创意产业带

建立以"小商品创新设计"为主要研发方向的创意园,连接学校的各类协同创新平台,构建以服务创意产业升级为主要目标的创意产业带。引进

高端设计机构、产品研发科技型企业、国家级旅游商品研发中心和林产品创意中心,在全国开设联合研发基地。将产业带丰富的市场资源转化为学生创业实践资源,积极探索实现创意设计成果转化,与全国知名高校共建设计学子实践基地。

3.竞赛训练场

建立"双创"竞赛训练场,成立创新创业竞赛领导小组,制定《创新创业竞赛管理办法》,构建校院两级项目孵化机制,力争所有的学生参加学校创新创业大赛,推进项目落地升级。紧紧围绕"双创"主题开展学生活动,打造"一院一品""双创"活动品牌,开办创业文化节、创意文化节,举办"凤鸣论层""创新创业大讲堂"等活动。

(四)构筑三重保障,完善"双创"实践服务支持体系

1.制度服务保障

构建从大学生创业成果认定,到创新创业学分管理,再到创新创业孵化项目扶持等多角度全方位的制度保障体系。推行弹性学制,允许学生休学创业。成立学生就创服务中心,建立创新创业网站和微信公众号,为学生提供创业咨询服务和政策指导。

2.资金扶持保障

设立创新创业教育专项工作经费,拓宽学生资金来源渠道,设立大学生创业基金。建立孵化扶持机制,"双创"项目可申请不少于 2000 元的经费支持。对接政府相关部门,明确给予创业带动就业、优秀创业项目等补贴,设立额度 30 万元以上的全额贴息创业担保贷款。联合银行机构为学生提供低息创业贷款。

3.榜样激励保障

每年组织优秀创业毕业生评选活动,宣讲学生创业事迹;聘请优秀创业学生担任创业助教,亲授"创业秘籍";邀请优秀校友入校举办讲座,分享创业经验,传授工匠精神、企业家精神;在校园招聘会中设立创业校友招聘专区,用榜样的力量激励学生。

点评:

对大学生创新创业而言,应该充分利用自身的优势。大学生最大的优势就是掌握了现代最新的科技知识,对科技发展前沿能够准确的认知。诸如:通过现代信息技术孵化的互联网创业在大学生中比较常见;非标准化的服务体验创业能够实现市场对个性化的追求,大学生进入现代教育培训行业改变了教育培训行业的模式;概念创新极致化的创业创新理念融入产品中,将产品价值与情感融为一体;产品内涵融合创新创业打通产业链的分割,以实现利润的最大化;产品的高层次迭代式创业以不断的产品迭代实现对定价权的掌握。

义乌工商职业技术学院是国内创新创业职业教育中的佼佼者。围绕着学生创新创业能力的培育和提升,全校各个部门之间形成配合和合力,并设置专门机构进行责任分担;在课堂、专业和导师三个方面都进行了创新,引入新的机制;在平台的搭建上,为学生提供全真式创业实践,构建创业产业带和竞赛训练场;在保障机制上,提供制度、资金和榜样的保障。义乌工商职业技术学院通过全方位系列完善的创新创业教育全面提升了学生的创新创业能力。

【思考作业】

1. 为什么一定要培养大学生的创新创业能力?

2. 怎样培养大学生的创新创业能力?

【综合案例分析】

饿了么——移动互联网时代大学生创业新模式[①]

"饿了么"隶属于上海拉扎斯信息科技有限公司,是中国目前最大的

[①]　张良宾:《饿了么——移动互联网时代大学生创业新模式》,《办公自动化》2015 年第16 期。

O2O 餐饮平台。公司创始人是几位"85 后"的年轻大学生创业者,他们由上海交通大学周边起家,通过整合线下餐饮品牌和线上网络资源,为用户提供在线外卖送餐服务。用户可以方便地在饿了么平台上通过手机、电脑等接入终端搜索周边餐厅,完成在线订餐、享受美食。努力成为中国最大的 O2O 餐饮平台是饿了么的最高战略目标。目前平台的线下资源以中小商家为主,未来将力争把大型餐饮公司也囊括进来,将线上平台做到更加完善,在线下做到更好的服务,引领餐饮外卖业务电子商务化,在未来外卖订餐业务中成为领军企业。

饿了么成立以来经营业务不断成长,公司规模不断扩大,在资本市场上获得越来越多的热捧。

2015 年 1 月 27 日下午,饿了么宣布完成 E 轮融资,公司迎来了历史上最大的一笔投资,获中信产业基金、腾讯、京东、大众点评、红杉资本联合投资 3.5 亿美元。市场预期该轮融资完成后,饿了么估值已超过 10 亿美元。

本轮融资距上一轮仅 8 个月之隔,这意味着在 8 个月之内,饿了么的估值就已翻倍。本轮投资方中既有前几轮参与融资的老股东,如红杉资本和大众点评,更有腾讯、京东这样新加入的互联网巨头。这个由"85 后"年轻创业者经营的团体已经成功吸引了大鳄企业的目光。

投资方的支持并不仅限于资本层面。O2O 服务平台的三大支撑要素是流量、物流和支付场景。据分析,腾讯、京东等还会向饿了么开放自身的平台资源,将其作为生活服务领域业务拓展的重要途径。

一家主营业务为提供网上叫外卖的移动互联网公司,受到国内互联网巨头的如此青睐,短短 6 年内,公司估值超 10 亿美元,在融资市场上大受追捧。

上网订外卖的网站早就有了,洋快餐率先在国内推出电脑网上订餐服务。移动互联网迅速发展后,网上订餐的阵地又往手机 App 上转移,只是,很长一段时间以来,能获得用户好评的订餐 App 一直属于稀缺资源,饿了么就是在这种背景下应运而生的。饿了么不仅支持在电脑上网订餐,还分别针对 IOS 平台和 Android 平台为手机用户量身打造了名为"饿了么"的

App。通过该 App 用户可以快捷方便地在手机上完成所有订餐功能。在该 App 的主界面上,"我要订餐""我要预订"和"饿单中心"三个选项相当醒目,其主要功能都集中在"我要订餐"里。App 根据 GPS 定位锁定用户的位置,经过几秒钟的搜索,周边的餐厅就以列表的形式显示在屏幕上。App 还在对应餐厅下方显示了最低起送价和预计送达时间。搜索引擎提供语音识别功能,支持语音订餐。筛选功能可以根据用户的喜好过滤掉一些不感兴趣的餐厅,也可以收藏用户喜欢的餐厅和美食。用户选好餐厅可以直接点餐,数量和总价系统都能自动进行统计,之后进入购物车,结账,接着录入详细的地址就直接生成了订单,预订信息可以在"饿单中心"查询,实时看到订单的状态。

做 App 的门槛并不高,一款好用的 App 一经面世,模仿者就会一拥而上,想办法从成功者的既得利益中分一杯羹。要在残酷的市场竞争中存活下来,更重要的是企业必须修炼好自身的"内功"。

在公司创建之初,饿了么的目标用户就非常明确,主要集中定位在高校大学生与公司白领,原因是各大高校食堂虽然食物价格低廉,但是饭菜种类单一,并且最重要的原因是不能够做到随时随地享受订餐服务,大学生叫餐市场存在着巨大的需求;而写字楼、都市办公区的公司白领早午餐通过叫餐解决早已成为一种惯有模式,在互联网迅猛发展的大潮下,在线叫餐无疑丰富了生活方式,为日常生活提供了很大的便捷。

饿了么提供的产品和服务是在饿了么订餐交易平台开通的有经营权的餐饮店铺,和在平台上发布产品信息,为普通用户提供外卖服务的商家。同时,饿了么为商家店铺提供有效的后台管理软件,由后者自行组装运行终端。饿了么通过互联网,成功地在目标用户和商家之间搭起快速高效的桥梁。

点评:

创新是大学生创业的优势,无论是在技术、行业、模式、管理上的创新,还是在思想、理念上的创新,都是大学生创业的支撑,即便是进入传统行业,也需要在某些环节和方面进行创新才能获得相应的市场地位,这也是大学生创业从生存型走向创新型的要求,尤其是在当前互联网高度发达的条件下,互联网思维是大学生创业的重要基础。

"饿了么"从上海交通大学开始,以互联网为支持,创新了点餐机制。通过内涵式融合创新,将腾讯、京东的平台资源纳入自身发展,实现了物流和支付创新。创新手机 App 订餐功能,不仅功能强大,实现了移动服务。从"饿了么"的快速发展中可以发现,创新是保持一个企业走在行业领先位置的根本方式。

【商业游戏】

市场分析

了解如何利用市场调查结果来进行反馈。对已经掌握的市场反馈数据和信息进行总结和分析,形成独特的有总结性的市场分析报告,并且自告奋勇地上台对大家进行演讲。

【现场体验】

要求学生参加创业者经验分享的讲座、沙龙活动。在参加活动过程中,注意理解创业者对于初创企业发展的有关感悟,还可以重点询问创业者关于初创企业的成长与发展相关的问题,以获得直接的经验信息。

【本章知识小结】

1.新企业成立之初的首要目标是求存,其运行主要特征包括:依靠自有资金创造自由现金流,实行充分调动"所有的人做所有的事"的群体管理,以及"创业者亲自深入运作细节"。

2.新企业成立初期易遭遇"资金不足""制度不完善""因人设岗"等问题。

3.企业成长的推动力量可概括为创业者与团队、市场和组织资源三方面。

4.新企业成长的管理需要注重整合外部资源;管理好保持企业持续成长的人力资本;及时实现从创造资源到管好用好资源的转变;形成比较固定的企业价值观和文化氛围;注重用成长的方式解决成长过程中出现的问题;从过分追求速度转到突出企业的价值增加。

第十章　师范类大学生创业之路

【本章知识要点】

1. 了解大学生创业的有利与不利条件；

2. 了解师范生创业的现状与优势；

3. 熟悉师范生创业的主要领域。

第一节　大学生创新创业的利弊条件

【理论讲授】

随着"大众创业、万众创新"战略的实施，国家、社会和学校出台了一系列帮扶大学生创业的新举措。创业不再是企业家的专利，但是也存在相应的风险，需要创业者正确的认识与判断。

一、大学生创业的有利条件

（一）大学生创业的外部支持条件

当前，我国大学生就业形势严峻，国家为了缓解大学生的就业压力，促进社会经济的快速稳定发展，为大学生就业创业提供一系列的政策优惠和支持，这些都为大学生创业提供了良好的外部环境。例如政府会给在校大学生提供创业贷款，在对大学生创新创业贷款时提供优先审批，并且贷款的时候会将申请的条件进行一定程度的放宽和优惠，在注册创新初创企业的

350

程序方面,也会更加及时、适当地提供相关的优惠政策,在税收上也会给予创新创业的大学生一定比例的优惠和扶持。此外,各个高校以及省市各级的就业管理和培训部门,也会为大学生提供免费的创业技能培训以及各种业务教育引导等。在大众创业、万众创新的时代背景下,社会高度认可大学生创新创业,能够对其行为和诚信品质方面给予一定的支持,并为他们的创新创业提供相关的服务和帮助。这些众多的外部条件支持能够为大学生的成功创业提供良好的社会环境和助力保障。

1. 国家创新创业政策支持,毕业学校积极鼓励

在新的时代背景下,我国已经进入了大众创业、万众创新的新时代,对于大学生这一特殊的就业群体,国家已经制定了许多符合大学生自身条件并且具有针对性的一系列的支持创新创业的政策群,其根本目的就是为了

增强新时代大学生的创新创业意识,提高他们的创新创业技能和技巧,促使大学生能够圆满地实现就业,进而促进社会的稳定发展。

国家对于大学生创新创业政策的推出具有它本身的现实必要性,它能够极大地缓解大学生的就业压力,不断地培养和深化大学生的创新精神,进而不断地提高和提升大学生就业创业的自信,不断提升大学生就业方面的政府治理水平等。高校不仅是培养学生学习和生活的地方,还是大学生创新创业梦想起飞的地方。

高校对大学生创新创业的支持与政策扶持,对于大学生是否能够创业成功具有至关重要的作用。近年来的实践表明,高校对于大学生创新创业的扶持力度逐年增大,并且取得了良好成效。高校对于大学生创新创业的支持主要包括针对大学生开设创新创业课程,为大学生创建创新创业的融资培育孵化平台,组织大学生参加创新创业的相关培训,支持大学生开展创新创业竞赛,以及帮助大学生进行创新创业的成果孵化等。其主要的做法有,在创新创业课程方面,有许多高校都建成了大学生创新创业学院,通过组建专业的创新创业指导教师团队,为学生提供专业的保障;在创新创业平台建设方面,许多高校通过与企业构建校—企联动的合作平台,为高校学生培养提供专业的实习平台以及更接近创新实战的培训机会;在对大学生进行创新创业的培训方面,许多高校往往会聘请众多优秀的企业高管、职业经理人担任学生的创新创业导师,通过高校学术型导师与校外创业型导师的联合培养,为学生提供比如开展创新创业论坛、创新创业宣传周、创业经验分享、创业沙龙等活动,以帮助学生正确地进行创新创业学习,规避创业风险,进而不断提高创业的质量和水平。在大学生创新创业的竞赛方面,高校特别注重大学生的创新创业竞赛,积极鼓励和支持学生参加如"互联网+大学生创新创业大赛""创青春创业大赛""挑战杯"等国家、省市、校所组织的各类创业竞赛;而在创新创业的成果孵化方面,高校一般会积极地组建创新创业产业园以及大学生创业孵化基地等,为学生创新创业成果的孵化和产出提供必要的支持和帮助。

2. 社会的认同接纳

当前,随着创业大环境的不断向好,大学生创业创新也越来越受到全社会以及家庭的关注和认同,这在一定程度上为大学生的创业减少了认同障碍。创业环境的不断优化能够为大学生创新创业提供能干事、干大事、成大事的环境基础和创业平台优势条件。在这种情况下,一些企业纷纷提供众多的创新创业平台和渠道,进而为大学生提供创业所需要的资金、技术以及咨询等服务。而众多风险投资公司也开始关注大学生创新创业的潜力,对于通过用智力换取资本的大学生创业表现出了一定的兴趣;一些风险投资家通过大学生所掌握的先进技术以及核心理念,期望在里面寻找具有发展潜力的项目和机会,进而为大学生创业计划的顺利进行提供各方面的支持和帮助。

3. 知识经济时代提供了创业机遇

随着国家新发展理念的不断深入,我国产业经济结构发生了彻底性、战略性的调整和更新,新兴经济得到不断发展,这也改变了原有的创业以及行业投资格局。随着第三产业主要是服务型产业的蓬勃发展,大力推动了大学生在此领域的创新创业热情,也吸引了众多投资主体开始加大力度对大学生创业进行鼓励支持。随着社会发展和市场经济的不断成熟,例如文化、科技、中介、咨询服务等行业成为市场热点,也激发了新一轮的职业发展需求,为大学生的创新创业提供了重要的路径引领。

进入知识经济新时代,新的生产方式造就了大量新的与众不同的就业方式和财富增长方式。在这种大的时代背景之下,作为高素质知识群体代表的大学生创业者,在知识经济背景下有了更多的用武之地,并且能够遇到更多的创业机遇。大学生通过提供知识性的智力服务,或者通过对于知识、技术等核心要素的占有和运用,通过自主创业或者借助社会资本、合伙入股、技术入股等形式,都有了很多的创新创业途径,为自己的创业成长提供了很多良好的机会,拓展了自身的发展空间。

（二）大学生创业自身优势

第一，思维敏捷活跃，创新意识比较强。作为当代大学生，在问题的思考方式以及行动创新方面都具有比较突出的优势，其主要表现在大学生创业信心充足，具有活力，敢于创新。一方面，青春热血的大学生往往对于未知和没有尝试过的事情都富有强烈的好奇心和好胜心。大学生敢于质疑和批判，对于权威的东西不迷信，敢于通过实际行动回应质疑、向权威发起挑战，这种强烈的批判精神也是创新创业成功的重要因素。另一方面，处于知识经济时代的大学生，具有较强的学习能力，他们对于新的知识、新鲜事物以及新的技术都具有较强的学习动机和接受能力，这能够为创新创业知识的获取提供重要的通道和工具。与此同时，他们还能够将获取的知识进行第二次创新，将神奇的想法变为实践付诸实施，极具有创新力。

第二，具有较为系统全面的专业知识体系，善于通过团结他人组建创业团队。对于大学生来说，通过十几年的专业知识学习，以及大学期间通识性知识学习和面向社会的实践性学习，往往会形成体系的、较为系统全面的知识体系和认知水平。系统全面的知识体系再加上大学生富有创新性的学习能力、领悟能力，使其学习能力不断增强，为以后创新创业奠定了良好基础。此外，由于大学生知识学习或者兴趣使然，大学生往往会因此而形成兴趣团体、学习团队，聚集在一起。并且，在很多情况下，大学生还会通过不同的知识学习以及学科领域进行广泛的交流和学习，这在一定程度上有助于学生拓展知识学习领域、广交朋友，进而为创建最初的创业团队提供了契机和可能性。当前，大学生通过学校学习以及创业经验的汲取，都已经明白，创业是一个团队协作的奋斗过程，需要实现从单打独斗到团队协作的思维转变，这在一定程度上也为大学生寻找知识技术互补、兴趣相投的创业伙伴创造了良好条件。

第三，对创业这一新鲜事物充满热情，敢于做出新的尝试。青春、勇敢、对新鲜事物永远充满好奇，敢于尝试，是当代青年大学生的优秀品质。他们对待新鲜事物往往充满好奇，敢于迎接创业未知的挑战。在遇到新的事物、新的挑战、新的机遇时,总是能够激发大学生的奋斗热情,能够激发他们克服困难成为引领者的激情。数据显示,当代大学生近70%在学校期间都经历过或者参与过社会实践、科技竞赛等实践活动,这在一定程度上为大学生积累了良好的实践经验,为学生的创业能力锻炼提供了良好基础,有助于激发和培养大学生的实践精神和创业热情。通过分析大学创业成功的经典案例,我们可以发现,大学生在校期间参加的社会实践,成为创业者较为珍惜的一段历练时光。因为在此期间,他们不仅增长了实践经验,实践热情和勇于尝试的勇气也得到了进一步的激发和培养,为他们创业的成功奠定了良好的基础。

二、大学生创业的不利条件

(一)个体劣势

1.容易盲目乐观,做事过于理想化

由于大学生长时间在学校里生活、学习,这在一定程度上使他们具有创业的先天优势,比如进取心、创新意识、好奇心等,但也很容易让大学生对于创新创业这件事产生过于乐观、过于理想化的错误思想倾向。创业并不是一件简单的事情,在大学生创业实践中,理想与现实往往会出现一定的差距,因为创业经验不像在课堂上学的知识、公式等那样易得,也不像做实验只要按照给定的流程进行操作就能出成果,创业是一件未知比所知更多的事情。所以,大学生一定要摒弃创业过程中盲目乐观、过于理想化的心态,要做好直面困难、迎接现实挑战的准备,以免陷入创业困境而四处碰壁。

2.创业经验缺乏,容易眼高手低

创业经验不足、眼高手低是大学生创业过程中常见的缺点。刚出校门的大学生,往往会有较为全面专业的知识储备,但对于创业的经验积累还比较欠缺。在创业具体实践中,很多大学生往往缺乏对创业项目的前期市场调研和科学论证,而只是凭借所谓的创业热情、创业理想做决定,忽视了市

场规律和创业的发展规律,使自己的创业想法脱离现实需求。在这种情况下大学生的创业项目很难真实落地落细,不能按照计划有效展开,往往最后会陷入适应性的困境,导致创业举步维艰,难以为继。

3.市场意识淡薄,商业经验不足

初入创业领域的大学生,对于复杂的市场及其发展规律认识还比较模糊,不能以市场人的敏锐性看待市场里的机遇与陷阱,对于市场生产、分配、流通、管理、营销等各个阶段都缺乏一定的实际经验,难以应对市场经济背景下的人情世故。这在一定程度上为大学生从创业者向企业管理者身份的转变设置了障碍。市场意识淡薄、商业经验不足的缺点,容易导致大学生创业者很难快速适应市场的节奏和规则,难以在创业上有很大起色,甚至创业的积极性也会受到影响。

4.缺乏商业素质

具有较为充分的商业意识是大学生创新创业成功的重要素质。在实际的商场中,商场犹如战场,初出校门的大学生,往往年轻气盛,在创业过程中,面对创业理想和商业竞争的较量,会表现出意气用事的行为。他们很容易把感情作为评判朋友的标准,而忽视了商业规则的利益最大化目标,在企业管理方面也更多关注朋友间的关系,而甚少建立符合商业规则的管理模式和机制来约束行为。这在一定程度上会导致初创企业的管理不科学、人才不能尽其用的现象,严重影响企业的效率和核心竞争力。

(二)环境劣势

总体来看,当前大学生创业的环境劣势主要体现在以下几个方面:

第一,支持大学生创业的资金来源不通畅。创业资金是确保大学生创业取得成功的关键因素。虽然目前我国各级政府高度重视大学生创业,并且通过财政、税收等政策对大学生创业提供必要优惠和帮助,然而这种政策性资金支持的通道却不是特别的通畅和稳定。从比较分析来看,相关机构和部门对于下岗工人创业以及创新型企业运营都给予了大力的政策资金支持,而对于大学生创业的政策资金支持力度相对较小。这反映出政策执行部门通常是银行等金融机构对于大学生创业风险评估的不确定性以及对于大学生创业失败的宽容性的谨慎态度,所以即使大学生创业有好的项目、好的创业规划、较好的发展前景,但在求助政策性资金支持方面始终存在一定难度。

第二,部分大学生创业的支持政策难以真正落实落地。近年来,我国各级政府针对大学生创新创业都发布了一系列的优惠补助政策和支持性文件,然而更多文件是从宏观层面的鼓励支持,在具体操作层面以及实现方式的细则方面却跟进得比较迟缓,甚至有的政策文件根本没有落实落地,导致大学生创业无法享受到相关的政策支持与补助。创业政策执行的走样与变形,最终受害的是大学生创业群体。这不仅影响了学生的创业热情和积极性,也导致创业的政策环境变得不利,最终会影响社会稳定和民生发展。从政策执行来看,我国关于大学生政策执行的扶持与帮助力度与全球先进水平还有一定的差距。

第三,大学生创业的激励保障机制还不够健全。大学生创业是社会经济有序稳定发展的一部分,不管是政府部门还是社会企业,都应该给予支持。然而,当前社会上仍然有一种不正确的就业观和职业观,认为创业是没出息、无法就业的被迫选择。这种观念由来已久,需要尽快修正改观。应尽快建立起有利于大学生创业的激励保障和引导机制,为大学生创业营造良好的社会氛围。正如上文提到,政府需要充分发挥自身职能,不仅要为大学生提供良好的政策环境,更要营造大众创业、万众创新的创业氛围,不断改变不良的社会风气和不正确的择业就业观,全力支持和护航大学生创业行稳致远。

【案例分析】

戴威为何将 ofo 引入残局?[①]

俗话讲:成也萧何,败也萧何。戴威成就 ofo 的五个特征,恰恰是他把

---

① 景素奇:《戴威自作 ofo 残局,为何最有情怀的人会最耽误事?》,《中外管理》2018 年第 12 期。

ofo 带进残局的关键因素。

年轻便不成熟

"90 后"的戴威作为商人,未免太年轻不知道哪里有坑,即使别人提醒和劝说,也没用。太年轻,还没经历过风浪,不知道进退,不知道妥协。这方面就不如竞争对手胡玮炜。胡玮炜比戴威多十年的工作经验,知道妥协,向资本妥协,向需要妥协的人妥协。所以摩拜有了腾讯入驻,滴滴被美团收购时,她又投了赞成票。

美团创始人王兴早期的创业经历和戴威相似。当 2006 年校内网的用户量暴增后,王兴没有钱增加服务器和带宽,只能饮恨将校内网卖给千橡互动集团 CEO 陈一舟。后者从日本软银融得 4.3 亿美元,并将校内网改为人人网。2011 年人人网上市。由此可见,如果戴威早一点把 ofo 卖掉,收益要比当初王兴多得多。

为什么王兴、胡玮炜都能卖掉自己创办的公司,而戴威不能呢? 他们之间的区别是什么? 其实王兴 2006 年卖掉校内网的时候与戴威现在的年龄差不多,为啥王兴能做到,戴威做不到呢? 这里面涉及戴威的另一个性格特征:太执着。

太执着,就容易一条道走到黑

戴威的执念太重,就是人们常说的倔强,不信邪。所以在同龄人中成就最大。但过于执拗、倔强,不知道妥协与拐弯,一旦碰了钉子就会吃大亏。戴威一心想把 ofo 做大做强,结果错过了卖掉的花季,不仅估值一直往下掉,关键是没人接盘,因为风口过去了。因此,作为商人,最忌讳的就是执拗,过于执拗会让自己血本无归,甚至倾家荡产。ofo 共享单车这件事,戴威是太想自己做成。这个执念是如此之深,因此让他一直在说"不"。2017 年6 月,有人问戴威:"你更在意事情本身能不能成功,还是谁把它做成功?"戴威回答:"不。我把这件事情做成,比什么都重要。"看,这执着劲,共享单车的事,不仅要做成,还必须是自己亲自做成。这确实是情怀。

太情怀,就是背离商业的迂腐

戴威也许会说,我就不是商人,我是有情怀的。即使再有情怀,多么想把共享单车当作事业做,无论你理想多么崇高和伟大,但本质上还是要靠生意来支撑的。情怀只是把生意安装上强健的翅膀,可以飞得更高更远。但在商必须言商,该买的时候买,该卖的时候卖。商人必须灵活,抓住买卖商机,及时出手,甚至有时不得不买,或不得不卖。显然,戴威错过了很多买卖时机,而 ofo 的 A 轮投资人朱啸虎,劝说戴威的 ofo 与摩拜合并无果的情况下,发现情况不对立即套现走人,虽然广遭诟病,但作为商人无可厚非。同样,胡玮炜的及时套现从生意角度看来,也是正确的决策。兵无常势,水无长形,大道至简,应变为王。该出手时就出手,不出手就变成了落水狗。戴威之所以错过很多商机,还有另外一个原因,主控意愿太强。

主控意愿太强,就是独

人太独,就没有朋友,合作者就会远离。戴威之所以错过了很多次进退的商机,除了有情怀外,还有一个根源就是主控意愿太强。主控意愿强烈在创业阶段是很有助益的,但是主控意愿过强,只有跟随者,没有合作者,就会适得其反。商场如战场,既要有跟随者打江山,也要有很多盟友共同进退,一起合作把市场做大,共同应对风险。

2016 年 10 月,当滴滴通过 C 轮融资首次进入 ofo,成为第一大股东,ofo 人不无欢悦。但滴滴入局后要的是控制权,戴威是绝不能答应的。2017 年冬天戴威硬把滴滴派驻的三位高管驱逐出局。第一大股东一定会要控制权的,这点戴威当然明白,但戴威硬是把进行产业投资的第一股东赶走,这该有多强势。随后,程维提出把 ofo 卖给滴滴的建议,也被戴威明确拒绝。后来滴滴入股摩拜,摩拜被美团收购,ofo 便越来越被动了。而控制欲过强,有个原因就是太自信。

太过自信,就会错失良机

自信是好事,在创业初期有助于事业成功。但创业有成后,过于自信反而有碍,世易时移,变化亦宜。

对于腾讯要进行 B 轮投资,戴威自信地认为 ofo 的校园模式基本跑通,且开始盈利,希望腾讯等到 C 轮再进入,结果在 ofo 拿到经纬领投的 B 轮融资一个月后,腾讯转而参投了摩拜的 C 轮,此后领投了摩拜的 D、E 轮。错过腾讯投资,在竞争的关键节上,ofo把行业老大机会拱手让给了竞争对手。这就是太过自信的代价。

现在分析起来,戴威的自信未免太主观。校园ofo跑得通,不一定在社会上跑得通。戴威的ofo最初跑赢校园时,资本还没有到疯狂进入期,竞争没那么激烈。校园不是完全社会化、市场化的,而是半垄断性质的。校园共享单车最初几个创始人进行的是个体户性质的创业,都是在校生,几乎是公益状态,成本极低,而真正进入公司化运作,是要承担社会责任的,成本是极高的,ofo运行的最好时期,也是巨额亏损的。

点评:

当前,大学生创业的外部支持条件已相当丰富,无论是国家经济发展阶段、国家政策、社会认可都为大学生的成功创业提供了良好的社会环境。就大学生自身而言,在思维理念、专业知识和创业热情上都走在时代前列。但是大学生创业也有一定程度的劣势,这也是不能忽略的,如经验缺乏、过于理想化、不了解商业市场规则、缺乏商业意识等都是创业中的大忌,再加上资金来源不畅、政策不到位以及保障机制不健全等,大学生创业的失败风险很高。

ofo的发展历程与创始人戴威的个性紧密相连。戴威的年轻执着、敢打敢拼、理想主义、自信坚持都是ofo不断发展壮大的动力。但是正如案例中所言,也正是戴威的这些个性特点,造成了ofo的滑铁卢,年轻就意味着不成熟,市场意识和商业意识薄弱;过于执着就会走向固执,忽略了市场机制的作用;理想主义更易于将企业当作实现理想的工具;过于自信会走向自负,从而错过合适的市场机遇。正如一把双刃剑,创业者的个性对创业企业的发展有着重要的影响,这一点在戴威身上显示得尤为明显。

【思考作业】

1. 你认为,大学生创业有哪些"天时、地利、人和"的条件?

2. 大学生创业面临的主要挑战与困难瓶颈有哪些?

第二节　师范生创业的现状与优势

【理论讲授】

师范生作为大学生择业就业的重要组成部分,其本身因培养目标与就业方向的特殊性不仅使其在就业选择中面临激烈的竞争,而且很多学生对于自主创业都有犹豫心理,很难打破传统就业思维的惯性。所以,师范生如果想进入创业浪潮,就需要很好地解决其本身存在的问题,不断提升其创业力。

一、师范生创业的现状

(一)创业热情渐涨,但创业能力欠佳

随着创业政策的不断深入和深化,支持大学生创新创业的政策效应不断彰显,师范生的创业热情也逐渐高涨。但是,现实也需要我们清楚地认识到,虽然当前师范生的创业激情被唤醒,但是真正能够落地落实,真正能够走向创业之路的情况还是少之又少。调查数据显示,师范学生中有77.6%的同学都表示会考虑自己创业,但最终能下定决心的却不足2%,师范生的创新创业过程显示出明显的被动性、盲目性以及片面性的特征。身处大学校园中的大学生,相对来说获得的信息比较封闭,其中对创新意识的培养、创业激情的提升、创业技能的获取以及创业精神的淬炼,很大程度上都有赖于学校的引导。

首先,创业知识相对缺乏是师范学生创业力弱的主要表现。创业是一个对创业知识进行娴熟运用和发挥创造的过程,创业知识储备的多少以及相关知识的灵活充分运用程度,直接关系着创业活动的成败。其中,创业知识不仅仅是通过理论化的教学教会学生如何进行创业、怎样进行创业活动,

更多的是要将包括法律、财务、管理等一系列的理论与创业实践相结合,充分地运用到创业过程中。

其次,创新创业精神的缺乏也是师范生创业力较弱的重要表现。创业精神是始终贯穿创业者整个创业活动过程的精神动力和前进支柱,敢于挑战、不畏艰难、意志坚定都蕴含于创业精神的品质谱系之中。只有拥有良好的创业精神,创业者才能在创业期间面对众多困难挑战中勇往直前。对于师范生群体来说,实践能力不足也是导致其创业力较弱的重要原因。在大学期间,师范生更多接受的是诸如说课以及教学技能大赛等具有典型示范特征的教学实践活动,而对于创新创业的相关实践能力的培养往往比较缺乏。一方面是学校本身对此类课程安排较少,另一方面师范生对于参加创新创业实践活动的主观能动性不强烈,这就导致了师范生的创业能力相较而言比较缺乏。

(二)创业的环境有待优化

首先,师范类高校针对师范生往往会有特定的教学计划。师范生在大学期间不仅要接受教育教学基础理论、教育心理学等专业基础课程,还会参与相关的师德师风培训等课程与活动。与此同时,在完成既定的教育教学课程以后,师范类高校往往都会将师范生安排到与其签订协议的中小学校进行专业的教学实习,其中学生在教学实习期间的表现也会作为其是否能够最终毕业的重要考核条件。其次,针对师范生,学校往往会设计和实施特定的培养计划和目标,也就是其人才培养的根本目标就是为全国各地的中小学校以及各级教育管理职能部门输送合格的教育教学与教育管理人才。再次,国家对于师范生群体都有专门性的特殊就业政策。例如2010年,我国就出台了《教育部直属师范大学免费师范生毕业就业实施办法》。其后,省市各级相关职能部门都先后制定了与本地师范生密切相关的就业实施办法。在每年毕业季期间,都会公布大量的师范生相关就业岗位的支持计划,以确保师范生与就业单位之间能够实现有效的双向沟通与选择。

　　总体来看,对于师范生而言,其不论是培养方式、培养目标以及自身的就业政策属性方面都具有一定特殊性和专项性,而且师范生的就业需求较大,一般处于供不应求的局面。师范生的就业定向性与市场需求之间的错位发展,直接堵塞和窄化了师范生的就业渠道。师范院校在响应国家号召,公布与大学创业相关的创业政策、资金支持以及创新创业文化培养以及课程实施方面,都具有一定的积极作用。但现实问题也很突出,比如创业政策针对性不强,校园创业文化培育发展程度较低等。很多师范院校一般以通过校友企业进学校进行自主创业的讲座以及相关活动为主,而缺少相对专业、系统的创业类课程开发设计以及政策支持。

　　此外,师范生家庭对其创业的支持与否也是重要影响因素。一般而言,师范生家长对于师范生毕业以后的就业方向定位为教师。教师受人尊敬,社会地位高,是多数家长认可的好职业。所以,家长往往会要求师范学生专心学习,以便能够毕业到中小学从事教学等工作。另一方面,师范生家庭也可能普遍很难在创业资金和心理上给予其进行支持。师范生家庭中的普通工薪或者农民家庭,很难有一大笔闲余资金给予学生进行创业;从心理上来说,师范生家长往往会认为教师职业稳定可靠,而创业相对风险比较大,很难取得成功,对师范生创业缺乏鼓励的态度。

二、师范生创业的优势

(一)专业优势

　　相对来说,师范生有较为固定的职业发展规划和稳定的就业发展方向,就业具有典型的专一性和限制性特征。在我们传统的观念里,师范教育的本质就是培养教师,所培养的学生其未来理想的职业就是为各级学校及教育管理职能部门输送合格的教学与教育管理人才,这充分体现在对师范生大学四年的培养方案里面。例如,在进行师范生教育教学计划的设计和规划时,学校会将多学科、专业化的知识和具有实践性的教学技能作为主要方面,强调学生教育思维和教学能力的培养,使其能够圆满地承担教育教学工作。在这种情况下,师范生很多都会对自己未来要从事教师或者教育职业的前提设定。所以,师范生会更多地对于自身的职业规划及其发展前景增进认同感,自身的业务素质能力也会越来越扎实。

当前,教育培训行业逐渐成为朝阳产业,发展空间和潜力都比较大。教育行业有相对较高的专业性,进入的门槛及其要求都比较高,不仅需要具有专业的教育知识背景,还需要很好地把握受教育对象以及特殊的行业规律。对师范生而言,这可能是一个很好的创业契机。师范生如果可以依托自身的专业知识和技能进行教育培训方面的创业,则发展潜力较大、机会也比较多,不仅可以充分地利用自身的知识优势,而且创业成本较低,对现金流要求不高,市场容量需求也能得到很好的满足。

(二)素质优势

我们知道,教师是传统的专门性职业,其职业发展渠道比较稳定,对于专业性、职业性的发展要求都比较严格。所以,师范院校在对其进行培养过程中,在教学目标、课程设计、能力培养等方面都会相对比较重视并进行针对性的培养,引导师范生毕业后到各级学校或者教育机构从事教育教学或者教务管理方面的专业性工作。

相对来说,师范生由于其人才培养方向的着重点和特色定位,其主要具备以下几方面的素质优势:一是师范生一般都具有很强的知识体系,善于学习、领悟能力较强,能够很快适应新的环境,并且具有较强应变能力;二是师范生普遍具有较强的社会责任感,其本身对所选择的事业都具有很强的担当精神,敢于付出;三是师范生具有很强的组织协调与管理能力,能够很快适应创业过程中的角色定位,并且善于对团队进行沟通管理,带领或者配合团队走向正规和科学化方向;四是师范生的言语表达能力强,有能力进行良好沟通,具有较好的心理素质,压力管理能力较强,比较容易适应高强度、高压力的创业要求,在创业方面有着良好的素质优势。

三、师范生创业的注意事项

（一）自信

拥有战胜创业过程中所有困难的自信心，是师范生创业成功的重要素质。创业之路不可能一帆风顺，总会经历许多残酷的现实，面对创业征途中残酷复杂的竞争、险象环生的问题和挑战，师范生创业者只有永葆自信、不畏艰险，才能取得最后的胜利。在创业的过程中，师范生创业者必须通过自身强大的自信心，锻炼强劲的心理调控能力，不断磨砺和锻炼自己，培养积极向上、勇敢无畏的沉稳心态。创业者要充分发挥和利用自身的优势，不断增强战胜创业困难挑战的信心,用青年人的冒险精神,通过创新创造,最终赢得创业成功。

(二)创新

创新是企业生存发展和社会不断发展的动力,没有创新,企业就失去了得以持续发展的竞争优势和前进动力。从学理意义上来看,创新能力是人们知识技能、经验心态、创造性思维想象以及独立性思维等综合能力的反映,表现在人的整个实践过程的始终,需要得到不断的培养和发挥。创新意识是大学生,尤其是师范生创业者需要具备的重要创业素质之一,具体表现在大学生对于成功的渴望、干事创业的决心、对于自身和家庭社会的责任感以及勇往直前的冒险精神。

可以说,创业归根到底是一次创新行动,师范生创业的过程就是通过创新创造价值、传递价值和最终获取价值的过程。创新的创意、创新的服务、创新的技术,会让师范生创业拥有优于别人的核心竞争力,进而也会为创业者带来广阔的发展空间,获得竞争过程中的比较优势。创业就是一个不断发挥创造价值的过程,在这个过程中,要求创业者要具有一往无前的创新开拓精神,不断解决没有面临过的现实困难和挑战,努力培养和发挥自身的创造优势,进而不断增强自身的核心优势,促进初创企业的顺利发展,最终在市场上得以立足,创造更为广阔的社会价值。

(三)务实

师范生创业不仅要注重创新,更要注重务实。可以说,创业的成功与否,务实也是重要的品质和关键因素。不少大学生在创业过程中缺少从实际出发,以及务实的想法和务实的行动。从创业成功的很多案例中我们可以清晰地发现,成功的创业往往起步于务实之中,是从最基本开始的实际情况出发,切不可好高骛远。要准确地把握创业所处的时机与环境,正确把握好企业的所处阶段,以务实的态度做好企业的每一个环节,最终积少成多、取得创业的成功。

（四）积累

师范生创新创业是一个复杂的系统性的工程，不仅要求师范生具有良好的创业动机、产品创意；还需要创业者具有综合的素质和能力的锻炼积累，以及更多的创业资源和实践经验作为支撑。大学生创业所面临的启动资金缺乏、市场经营管理经验的缺乏、创业心理承受能力普遍较弱、创新能力普遍不强以及所学知识理论与实践不相符合等多方面问题，都需要通过不断地积累来逐步解决。同时，商业经验不足以及缺乏人际关系的良好协调和沟通，也成为师范生创新创业的重要短板和缺陷。因此师范生在创新创业过程当中，不仅需要对理论知识进行积累，还需要对创新创业实际经验的积累。

（五）艰辛

创业是一个艰辛的过程，这种艰辛不是一般人可以承受的。如果师范生想要进行创业，就必须要做好长期吃苦和承担压力的心理准备，必须对创业所经历的困难有预期，随时调整好自己心态。任何一个创业的过程都不是一帆风顺，轻易成功的，创业者在创业的过程中必须要全身心的付出，要有坚持到底的精神，要勇敢面对创业过程中的挫折与失败，正确看待创业过程中的不确定因素，实现化危为机。

【案例分析】

"五月花"书写传奇故事①

20 年前，"五月花"是四川内外电脑培训的代名词，几乎家喻户晓，人人皆知；20 年后，"五月花"成为中国民办教育最为耀眼的明星，誉满神州。

① 希望教育：《"五月花"书写传奇故事》，见 http://www.mztoday.gov.cn/show.php? id=18478。

"五月花"的发展历程,让追梦人惊叹!

一个人,6台电脑,艰辛创业。1994年,从简阳市师范学校毕业的汪辉武,毅然放弃令人羡慕的"铁饭碗",骑着自行车独自一人闯入成都,开始了艰辛的创业生涯。1995年,汪辉武办起了五月花计算机培训点。一个人,从零开始,注册登记、租房、宣传、招人、教学、管理,那是一个只有6台电脑的培训点,但在之后的几年时间,生源猛增,影响扩大,办学点遍布成都东西南北。"学电脑,找五月花"成为成都及四川内外最响亮的广告。

求发展,抓住时机,挺进高教。1999年3月19日,正值国家大力倡导职业教育的大好时机,汪辉武创办成都五月花计算机专业学校,涉足职业教育领域。从学校成立起,他就狠抓技能培训、严格管理、重视宣传,使"五月花"迅速成为省内知名技能培训学校、计算机教育的代名词,成为广大学生求学的首选学校。在此基础上,汪辉武又创办了四川五月花专修学院,向高等教育挺进,并成功申报"四川师范大学成教学院五月花分院"和"成都电大五月花办学点"。"五月花"以奋进的速度,赶超同类学院。

建集团,加盟希望,打造品牌。2007年7月,经过深思熟虑后,汪辉武决定率"五月花"加盟华西希望集团,组建四川希望教育产业有限公司,提出"打造中国民办教育第一品牌"的办学目标,并提出了"感恩、阳光、严谨、责任"的希望教育精神,为公司迅猛发展打下了更坚实的基础。截至目前,在汪辉武的领导下,希望教育产业集团已拥有20余个教育实体和经济实体,创造了5000多个就业岗位,为社会培养实用型人才30万人。

五月花,创新拼搏,携梦起航。伟大的企业,都是因梦想而组建,从6台电脑开始起家,汪辉武做着一个让常人觉得似天方夜谭一般的梦,正是因为有梦,所以更加激发奋斗。规划未来战略,创新营运思路,强化内部管理,独创"素质教育+技能教育+学历教育"三维教育模式,建设"鲜花校园""智慧校园""快乐校园",每年招收新生数量节节攀升,目前在校学生已经超过15万人,"做中国民办教育第一品牌"的办学理想,正在变为现实。集团正与清华大学、澳大利亚麦克利大学、意大利BWT集团、韩国东阳大学合作,实现优势资源的互补利用,开启中国职业教育新领域、新篇章。

"五月花"号,乘风破浪,一路驶向阳光灿烂的远方。

点评:

就师范生而言,创业同样有其优劣势,优势在于专业学习和自身素质方面。师范生是当作未来教师培养的,在专业知识和实践技能上得到了很好的训练,针对当前的教育培训类创业具有的先天优势。在具有这种专业优势的同时,师范生在组织协调和管理能力上,以及社会责任感方面也具有相对优势,有助于其创业成功。

汪辉武,简阳师范学院毕业的师范生,在加盟希望教育之前,创办的是五月花计算机培训学校,从事的是技能培训行业,一个人一双手,从零开始,显示出强大的实践能力和管理能力。伴随着国家职业教育的发展,汪辉武从技能培训向职业教育发展,由中等教育向高等教育发展。在企业一切发展顺利的时候,汪辉武加盟华西希望集团,实现技能教育、素质教育和学历教育的同步推进,成为中国民办教育的佼佼者之一。

【思考作业】

1. 师范生创业有哪些优势,应该如何发挥这些优势?

2. 师范生创业需要注意哪些事项?

第三节　师范生创业主要领域

【理论讲授】

师范生因其培养目标的独特性,选择适合自身特征的领域创业,结合特质,发挥优势有助于创业成功。

一、教育服务类创业

教育服务市场是一个新兴市场,其规模在我国有非常大的发展空间。

根据世界银行的一份报告,中国的学生人数占世界人口的17%,而教育市场只有2%,中国教育市场将在未来十年内成为全球最大的增长中心。此外,中国还加入了世界卫生组织(WHO),并且就开放培训服务贸易进行谈判并签订了减让表协议。中国的教育服务目前具有巨大的价值和规模,提供充足、合格的劳动力是这个大市场健康运行的必要前提。

作为一个新兴产业,教育服务产业市场规模在急剧增长,市场需要大量的从业人员。多家教育行业的规模企业每年都会从全国各地的师范类大学招收人才,而一些规模较小的地区性培训机构也会设立统一的培训中心,或是聘用兼职师资。

由于教育服务产业准入门槛低、利润率高,导致产业竞争激烈,机构水平参差不齐,服务没有统一的标准,行业乱象丛生。目前教育行业的工作人

员不少工作没有理论指导,也没有教育精神的制约,导致种种违背教育基本精神的权益纠纷的产生。虽然教育服务产业不同于公立教育事业,但也影响着被教育者的身心健康。近年来发生了不少教育服务诈骗案件,校方与学生发生民事纠纷的案件也不少。事实上,许多学生和家长都非常担心教育的诚信度和服务质量。

要想教育服务行业健康发展,就需要有更多的懂得教育、具有高尚教育情感的专业从业人员。从业人员的素质提高了,教育服务产业的服务质量自然也会提高。针对这些问题,多家知名教育培训机构都制定了战略解决方案,倡导改善行业纪律,促进教育行业的道德规范的形成。教育服务产业是对传统培训体系的重要补充。中国教育服务产业起步晚,机构多,不规范,虽然是问题,但对于相对素质较高的师范生来说,同样是机遇。

师范类院校本身具备为教育服务产业培养人才的功能,在这方面具有一定的优势。师范类院校培养的毕业生素质构成与教育服务产业对从业人员的素质要求大体相似。师范类院校的师范教育与教育服务产业形成了对口的人才供需关系,这也为师范生的发展提供了广阔的空间。教育机构对人才的需求将继续走高,在这一领域处于领先地位的大学将为行业的发展做出重大贡献。同时,师范类院校关注教育服务产业的人才需求,主动引导学生到教育服务产业就业,也将有效地缓解师范类院校的就业压力。

一大批有教学背景的人将来会活跃在教育服务行业,为行业的健康发展做出贡献。一方面,进一步发展培训系统为教育服务产业配备高等教育人才,可迅速解决这一领域的人才瓶颈问题;另一方面,经过系统教育学培训的毕业生,他们活跃在教育服务行业,这将使这些服务在专业的质量和道德标准的层面上更加规范。高等师范教育办学目标上做出关照教育服务产业人才需求方面的调整后,师范生的教育权益将得到一定程度的维护。

二、咨询服务类创业

咨询服务业是以提供信息和智力服务为特征的新兴产业,作为社会综合体系的重要组成部分,在知识经济主导的国民经济建设和社会发展中发挥着越来越重要的作用。

现代咨询业的发展出现全球化趋势,咨询业已成为高度专业化行业。从广义上讲,咨询业包括政策咨询、科技咨询、工程咨询、管理咨询、信息咨询、法律咨询、财务咨询、教育咨询和其他专业咨询。

现代咨询业有如下几个特点:其一,现代咨询主要以通过信息、知识、智慧资源和先进科技手段为基础,现代咨询工作是一种人才密集的横向联系,它注意应用个人的集体智慧。其二,以往的咨询业可能是个体,如所谓的"谋士""参谋",但是现代咨询工作是一个整体,即类似于智囊团的工作,是一个咨询机构集体智慧的成果。其三,现代咨询是建立在仔细研究和科学方法的基础上,具有科学的分析方法和理论知识,其可靠性大大提高。其四,大多提供咨询服务的机构属于民间机构,但是我国也有一些咨询机构是属于官方的。其五,现代咨询服务领域几乎无所不在,从早期的经济领域到政治、军事、外交、法律以及社会生活的各个领域,从宏观咨询到微观咨询都存在。其六,现代咨询业主要集中于发达的中心城市,尤其是智力、人才资源丰富的,对于国家和地区的政治经济决策具有重要影响的枢纽城市。在美国,华盛顿特区没有其他行业,咨询业却发展良好,在纽约拥有密集的客户网络。我国的北京、上海和广州都是咨询业活跃的城市。

咨询领域中的人才包括两方面人才:一是提供战略眼光和视野,在运营管理、组织协调和项目领导方面处于领先地位的人;二是熟悉咨询程序、标准化、财务、税务、价格、咨询定价、合同等方面的专家。

咨询业的专家需要具有基本专业知识、基本行业修养及各领域咨询需求的专门知识,从而满足不同专业部门的咨询需要。从事咨询业应具备以下素质:一是专业知识,咨询的基础理论方法、计算机应用及数据库建设与管理等技术方法,至少精通一门外语;二是能动性、创造性的培养。一名合格的咨询人员,不仅需要看学历、专业技术水平,更重要的是能力、经验和职业道德素质。

高等师范教育应逐步在办学目标和课程层次上培养适应课程要求的教师和学生,使其接受的教育更加全面和实用,提高师范毕业生的素质,巩固他们从业资格技能,面对咨询服务业开设专门的创业课程,甚至可以引导师范类专业毕业的学生改变就业方向,消除对咨询服务业的偏见,激发学生在咨询服务领域创业的积极性。由于更广泛的思维方式,师范生就业的工作领域不仅适用于传统的中小学,也适用于咨询服务业。

三、文化创意类创业

文化创意产业是一个以人类创造力为基础的年轻产业,主要是拥有不同技术的个人或群体进行创意产品开发和知识产权销售。许多国家都在积极推动创意产业的发展,我国也正通过大力增加对文化产业和经济的支持和投入来鼓励文化创意产业的发展。文化创意产业的特点主要有以下六个方面:一是该产业的创作基础就是文化;二是其制作的产品具有文化附加值,使得产品除了本身的价值还有文化价值;三是该产业的价值链条较长,其产出的价值较多;四是其具有创新性;五是该产业还融合了多个领域的知识,使得文化创意产品的展示形式更加多元化;六是集约化,集约化使得产业能够迅速发展。

文化创意产业的快速发展反映了市场的巨大需求,与经济发展密切相关。近年来,中国经济的快速发展无疑会带动文化创意产业的快速发展。目前文化创意产业的发展远远没有饱和,其未来前景充满希望。蓬勃发展的文化创意产业对相关产业的发展也产生了积极影响,创造了更多的就业机会,形成了促进经济增长和发展的新的产业集聚区。

从全国的文化创意产业发展的整体情况而言,我国文化创意产业继承性强,产品需求量多、增长速度快,市场潜力巨大,产业的发展规模不断壮大,产值尤其是近几年增长速度快,各地区尤其是文化产业比较发达的地区发展尤为突出,新注册增加的文化创意产业企业和从业人数逐年增多,整个创意文化产业的发展呈现出朝阳产业发展特有的蒸蒸日上的气象。[①]

在全国范围内,创意产业作为一个新兴产业,引起各地区的重视,各地纷纷根据当地现实,制定了促进文化创意产业发展的政策。文化创意产业究其根本属于智力密集型产业,对环境不会带来破坏和污染,随着人们对环保与绿色发展的重视,必然会对文化创意产业更感兴趣。此外,文化创意产业从业人员学历和综合素质都比较高。许多城市都针对文化创意产业采取了切实可行的措施,以期通过文化创意产业带动区域经济的发展,进一步增加区域文化的含量,在城市发展中占有优势地位。在国家和各地政府的大力支持下,在巨大的市场空间内,文化创意产业蓬勃发展。

文化创意产业发展的重要依托——创意产业园区也空前发展。文化产业园区是文化创意产业发展的关键,是文化创意产业发展的重要依托,文化创意产业园区是文化产业人财物的聚集地和企业产业发展规模化的重要形式,同时也是文化产业与相关产业融合发展的空间载体,从而积极推进文化创意产业新创意、新模式、新理念的孕育。从发展的实际情况来看,各地区、各城市,尤其是一些发达城市比如北京、上海、广州、深圳、苏州等,在出台专门政策的同时,都广泛成立文化创意产业园区,完善相关的配套设施,吸引优秀人才加入,形成规模化、集约化、具有较强竞争力的新兴产业集群,在竞争中已经初步显现出优势。

四、公益服务类创业

公益创业主要集中在环境、教育、非营利性服务和养老金等领域,将经

---

① 盛洁:《中国文化创意产业的现状及良性发展路径探究》,《湖北第二师范学院学报》2020年7月20日。

济价值与社会价值结合起来,在可持续发展的背景下向社会提供公共服务。公益创业在中国处于起步阶段,有着巨大的发展潜力。同传统企业相比,公益创业以社会公益为取向、创业门槛低及提供社会服务等特点为大学生就业、创业提供了新视角,尤其是对师范院校及师范生来讲,开展公益创业有着得天独厚的优势。①

（一）公益创业在教育领域具有巨大潜力

公益创业是一种以社会任务为激励,以追求创新、效率和社会利益为目标的个人或社会组织的创业活动。在一项针对大约 1000 名网民的调查中,96.4% 的人赞成大学生投身公益创业,其中 38.2% 的人表示非常赞成。在最需要公益创业的领域,公众给出的选择为:教育(78.2%)、社区服务(70.9%)、养老(63.6%)。师范院校开展公益教育有其得天独厚的优势,师范院校以培养师资、服务基础教育为主要任务,而教育事业本身就具有公益性。因此,通过师范院校大力支持的创业活动,关注社会领域,特别是非营利性领域,让更多的学生走上公益创业之路,可以成为创业教育的新视角和新思路。

（二）公益创业与师范院校创业教育在定位上相契合

师范院校的创业教育以专业性及师范性为主,引导学生更多地在教育领域创业,结合各专业的特色开展专题探讨,以专业为依托开展创业规划。基于对师范院校创业教育定位的理性审视,公益创业可以为师范院校创业教育提供一条新思路。作为一种新兴的商业模式,公益创业主要关注环境、教育、社会服务和养老等社会问题,与师范类院校在创业教育方面的培养目标和教育导向相契合。因此,师范生应意识到自己在公益创业方面的优势,努力将自己的专业所学与公益创业的需求相匹配,力求师范性与公益性二

---

① 刘霖芳:《公益创业:高师院校创业教育的新视角》,《黑龙江高教研究》2012 年 12 月 5 日。

者的完美兼顾。

(三)公益创业在师范院校已有深厚基础

公益创业主要包括创建非营利性组织、创办兼顾社会效益的营利性企业、开展志愿公益活动等三种模式。众所周知,高校有各种各样的社团和组织,它们的活动是促进学生知识和能力的重要手段。师范院校的许多社团是志愿者性质的,基本符合公益创业的第三种模式。这类社团的活动内容围绕着公益活动展开,如为贫困地区的弱势儿童提供关爱或是利用节假日对贫困地区展开支教活动。公益社团的存在表明,在许多情况下,高社会价值观和更强大的组织已经演化,如果得到有效的指导和深化,可以为大学生创业活动提供良好的基础。除了社团组织的活动,一些师范生也在学校引领下进行志愿者服务活动。例如,有些学校开展的公益课堂活动,达到了双赢的效果。公益课堂是师范院校的大学生充分运用专业知识和技能与社会进行交流沟通的平台,是师范院校的大学生在校期间参与社会服务,并在服务中锻炼和打磨自己的一种有效活动。在一个社团或学校的框架内,志愿工作为教师和学生提供了宝贵的社会知识和实践程序方面的先验知识,以及一个全面的组织体系,使他们在公益创业方面能够达到事半功倍的效果。

【案例分析】

李永新:创业没有捷径[①]

创业 20 年,李永新走过了风风雨雨,放弃保研、放弃去政府部门和国企工作的机会,选择创业。在创业中屡战屡败,屡败屡战,最后咬牙坚持,才迎来现在的成功。

2001 年,李永新正式进入公务员考试培训领域,成立了国内专注于公务员考试的第一批培训机构;2002 年,李永新就决定利用互联网做营销

---

① 唐一:《李永新:创业没有捷径》,《中关村》2019 年第 12 期。

了,于是中国公务员考试资讯网应运而生,这是他的流量入口;2003 年,中公教育集团已经正式成立。就这样,李永新找对了方向,公司也发展得非常快。

但其中并不是没遇到挫折,公司刚开始运作时,不少员工来了又去,人员流动很大,最后坚持下来的只有他一个人。这种失落感很多人都承受不了,但李永新却看得很开,他说:"初创企业不用一开始就追求完美的团队,正确的事就是做好自己。"

经过 10 多年的努力,李永新把中公教育做得风生水起。截至 2019 年 4 月,中公教育在全国 31 个省市建立了 619 家直营分部和学习中心、3000 余名专职授课教师、2000 余种教辅图书出版物、7000 余名员工。

中公教育还成为了集合面授教学培训、网校远程教育、图书教材及音像制品的出版发行于一体的大型知识产业实体。

2019 年,中公教育在 A 股上市。2019 年 10 月,李永新以 600 亿元人民币的身家,登上了胡润百富榜第 40 位。

点评:

就师范生的专业知识和能力而言,创业的最主要领域是教育服务类,这是师范生比较熟悉的领域;管理咨询类以提供信息和智力服务为主,师范生具有这样的视野;文化创意类以创造力为基础,师范生具有相应的文化内涵和创新表达能力;公益类是将经济价值与社会价值结合起来,师范生的社会责任感有助于此类创业。

我国对教育的重视,在国民教育体系之外,教育培训行业正是一片创业的热土。数学、语文、英语、编程、体育等各门课程,司考、国考等领域细分,学前、幼升小、小升初、初高中、考研阶段的辅导教育等,再辅之以线上线下方式和模式创新,我国的教育类创业既有应试教育的辅导,也有素质教育的培训,因此创业类型多样化,为创业者提供了广阔空间。李永新正是抓住了公务员考试培训这一赛道快速发展的契机,早起步,贵坚持,最后在 A 股成功上市,实现了创业的阶段性成功。

【思考作业】

1. 适合师范生创业的领域有哪些?

2. 师范生如何选择创业领域?

【综合案例分析】

跟谁学杀出重围[①]

在第一次商业化尝试遇阻之后,陈向东率领团队开始在多个方向突围。

在跟谁学平台业务之外,公司又在互联网教育生态链的各个环节进行尝试,并衍生出五大事业部:专做 K12 直播大班课的高途课堂;面向培训学校的商学院事业部;面向营销的 U 盟事业部;面向视频直播服务的云事业部;还有面向招生报名系统管理的天校事业部。

陈向东把权力下放到各大事业部负责人手中,希望多方向全力出击,尽快找到一个变现突破口。然而,对于一家仅成立两年的创业公司来说,多条业务线并行发展,无疑分散和牵制了公司的能量。

这一状况持续了近一年。到了 2016 年年底,陈向东发现,营收越来越糟,各业务线近乎全面亏损,公司账户余额只够发一个月的工资。

高榕资本创始合伙人张震适时给了陈向东两个建议:第一,控制现金流,因为现金流是一家公司的生命线,跟谁学要快速优化成本;第二,尽快找到可持续的商业模式。

张震的建议得到了陈向东的认同。陈向东开始做深刻的反思和自我批判。整个 2017 年,陈向东谢绝了一切媒体采访和外部活动邀请。

陈向东说,因为过早做了授权管理,跟谁学的五大业务分别是五个不同的人在管,自己并没有深入业务,每次开会各大主管也都自说自话,业务根本都没跑起来。

陈向东决定重回业务一线,自己垫钱进来,扶持公司发展。接着,大刀

---

① 赵东山:《跟谁学杀出重围》,《中国企业家》2019 年第 7 期。

阔斧的改革开始，这便是 All in K12。

陈向东拍板将公司业务聚焦面向 C 端的 K12 在线直播大班课，并增派数人加入高途课堂，他亲自盯这个项目。在该模式跑通之后，他把公司内部多个直播大班课团队合并，成立了新的高途课堂。

与此同时，跟谁学开始从平台模式转向 B2C 自营模式。因为有一定的品牌效应，而且不断有新增客户，因此公司保持高途课堂与跟谁学双品牌运营，但业务都是 K12 双师直播大班课。

在聚焦 to C 的同时，陈向东提出，将 to B 的产品线全部砍掉。当时其他合伙人和一部分投资人表示反对，因为当时 B 端业务还为公司贡献着相对不错的现金流。但陈向东非常坚持，最终达成的共识是，面向 B 端的百家云和天校业务拆分出去，独立运营。

当所有业务全部聚焦在 K12 直播大班课，自己开始亲管业务，公司每分钱都要经过自己签字，每位新员工都必须和自己聊天时，陈向东忽然感觉心里踏实了，他找回了似曾相识的感觉。

陈向东想起 2002 年自己一个人拿着 30 万元，去武汉创办新东方学校的经历。幸运的是，武汉学校的第一个完整年度，就获得了 1500 万元的利润，占到了当年新东方利润的近 1/4。"后来武汉新东方的利润率达到了47%，后边几乎没有人超越这个业绩。"

坐镇一线找回信心之后，陈向东开始选择性忽视外部变化，专注思考教育本质，即如何为学生和家长找到好教师，给他们提供更好的学习体验。

彭雪松很佩服陈向东自己垫钱硬撑的魄力和锐意学习的精神。在他的印象中，无论在多么困难的情况下，陈向东在股东会和董事会汇报时，总是热情饱满，富有感染力，而且能够积极听取别人的建议，善于学习提高，这也令投资人信心陡增。

根据弗若斯特沙利文报告，中国在线 K12 课外辅导的市场规模已从2013 年的 14 亿元增加到了 2018 年的 302 亿元，复合年增长率为 85.2%；到2023 年，市场规模或将增至 3672 亿元，以 2018 年数字为基准，复合年增长率为 64.8%。

曾见证 O2O 从闪现到幻灭全程的陈向东,在告别跟风、重回教育本质、聚焦 to C 业务之后,已为跟谁学找到了继续跳跃的起点。

点评:

师范教育是一种专业化的教育类型,以培育专业教师为主要方向,但是随着高等教育的发展,师范生的就业也呈现出多样化,自主创业成为一个重要选项。师范生创业同样面临着大学生创业所存在的优劣势,同时师范生还具有相应的独特性。在接受职业教育的过程中,师范生既培养了自身的专长和能力,同时也囿于这样的专长和能力。因而,师范生创业要选择恰当的领域,才能发挥自身的特长。

陈向东在早期的创业中,采用多条业务线同时发展的方式,并且完全授权管理将自己从一线工作中脱离出来,使得自己对各条业务线都不熟悉,导致公司发展受困。在专家的建议下,回归自己熟悉的 C 端 K12 在线直播大班课,集中公司资源打通这条线,回归教育本质,致力于为学生和家长找到好教师。可见,对于创业,要选择创始人熟悉的领域,并找到这一领域的本质,提供满足市场期望的产品。

【商业游戏】

我要创业了

全体学员了解创业的最初需求,操作的步骤是在前一个环节当中已经找到自己最欣赏的小伙伴,以此结成双人小组,两个人进行十分钟的交流,交流内容为了解对方的性格喜好以及兴趣,为对方推荐最为适合的创业项目,请记住这里是为对方提供或者是推荐创业项目。

【现场体验】

请回忆你参与体验过的某个真实或模拟的创业活动。运用以下问题激发自己在体验中和体验后对自身的表现、感受及想法进行反思。可以用任何自己喜欢的形式自由地写下反思,不必局限于下列问题,可以发表更多见解。

1. 我在这次创业活动中的表现如何？哪些方面表现特别突出？哪些方面不如期望得好？我觉得在哪些方面可以做一些改进？

2. 在参与活动期间,我与其他人有过哪些互动？我的意图是什么？我的参与对这次活动或他人产生了哪些影响？

3. 在活动期间或活动后,我从他人那里得到了哪些反馈？

4. 在这次活动体验中,主要收获有哪些？

5. 从这次反思中,我学到了什么？

6. 现在,关于自己或创业,还有哪些问题没有得到解决？

【本章知识小结】

1. 目前我国大的社会环境是积极支持大学生创业的。

2. 大学生创业有其优势,也有其劣势,需要从环境和政策上进行劣势弥补。

3. 对师范生来讲,正确处理创业上理性与激情的关系,要激情创业,更要理性创业,理性与激情的和谐,将会提升师范生的创业能力。

4. 师范生因其专业性和职业训练而具有独特的创业优势和劣势,选择适宜的创业领域,师范生也能创业成功。

结　语

　　人类文明发展的历程,如果以科技的创新为代表,则经历着指数函数般的发展。最近的几百年产生的科学技术和社会组织形式所带来的生产力的发展,等于之前几千上万年发展的总和。"飞鸽传书被智能手机取代,以物易物被扫码支付取代,徒步旅行被高铁飞机取代……"创新创业正在以不可想象的速度改变着我们的世界和生活。在这个飞速发展的过程中,以互联网、人工智能、材料科学、生物技术为代表的科技突破成为了创新的典型。与此同时,以现代工业和法律制度为基础的现代企业制度的建立,对这一飞速发展也起到了重要的推动作用。

　　提到创业,往往会让人联想到独具慧眼的风险投资家、叱咤风云的企业家,以及技术超群的工程师和创意百出的营销专家。年轻单纯、社会经验不多的大学生,则更多地会被认为是象牙塔里的天之骄子,而很难与竞争激烈、九死一生的创业活动联系在一起。在我们的传统观念当中,大学生的主要任务应该是完成专业技能的学习,成为各个领域的专门人才,毕业以后进入各大单位就业,而不是创立事业和管理企业。

　　然而,随着时代的发展,这些观念和现象也在悄然发生着变化。创业越来越需要年轻人的参与,成功的创业者也在不断年轻化。越来越多的大学生开始走出传统就业的思想束缚与窠臼,开始从职业走向事业,迈入了创业的大门。这种敢于创新不怕失败的创业精神和勇气是值得鼓励的,也是需要保护的。

　　同时我们也应该看到,创业活动作为残酷的市场竞争活动,它的残酷性是一视同仁的,不会给任何人开绿灯。从这个角度来说,大学生创业,与有过丰富工作经验和社会经验的成熟创业者相比,不得不说有着先天的劣势。大学生在这一过程中更需要努力学习如何创立企业和管理企业的学问,而这些学问是专业教学所不曾教授的。

当然,大学生也不必因此而妄自菲薄,年轻人正是具备了所谓"成熟"创业者所不具备的"初生牛犊不怕虎"和"第一个吃螃蟹"的首创精神,这种精神将激发同学们学习创业知识的热情,努力弥补自己在商业领域的短板。而这本教材就是帮助大学生完善商业知识、了解如何创业和管理企业的基本工具。

希望各位大学生朋友通过对本教材的学习,实现专业技能与创新创业的"跨界融合"。正如微信取代了短信,数码摄影取代了胶片,战胜传统的从来都不是传统本身,而是跨界的整合。这个整合的过程,需要大学生成为既懂专业又懂商业的复合型人才,而本教材正是帮助具备专业技能的大学生插上创业与企业管理的翅膀,实现复合型人才的跨界腾飞。对大学生来说,成为一名优秀的高级专门人才固然是重要的职业发展目标,但在这个过程中,对经济学、社会学、金融学和管理学等诸多知识的学习也是同样必要的。同学们在专业学习的同时,可以充分利用本教材提供的知识,积极地参与创业学习和实践,甚至在条件允许的情况下也可以尝试开展真正的创业活动。

希望这本《大学生创业学基础》能够真正成为大学生创新创业活动的"基础",帮助同学们补足短板,完善自我,融入创新创业的潮流,成为时代的栋梁,为中华民族的伟大复兴,谱写属于自己的青春篇章。

参考文献

[1]徐俊祥:《大学生创业基础知能训练教程》,北京现代教育出版社 2014 年版。

[2]张福建:《大学生创业基础教程》,北京现代教育出版社 2013 年版。

[3]张宗恩、朱克勇:《大学生创业训练教程》,北京现代教育出版社 2010 年版。

[4][美]杰弗里·蒂蒙斯、小斯蒂芬·斯皮内利:《创业学》,周伟民、吕长春译,人民邮电出版社 2005 年版。

[5]王年军:《大学生创业团队的理论与实证研究》,博士学位论文,武汉理工大学,2012 年。

[6]李时椿、常建坤:《创业基础》,清华大学出版社 2013 年版。

[7]王晓文、张玉利、李凯:《创业资源整合的战略选择和实现手段——基于租金创造机制视角》,《北京经济管理》2009 年第 1 期。

[8]石丹林、谌虹:《大学生创业理论与实务》,清华大学出版社 2012 年版。

[9]赵伊川:《创业基础》,东北财经大学出版社 2013 年版。

[10]李家华:《创业有道——大学生创业指导》,高等教育出版社 2011 年版。

[11]李家华:《创业基础》,北京师范大学出版社 2013 年版。

[12]贺俊英:《大学生创业基础与实训教程》,高等教育出版社 2010 年版。

[13][美]彼得·德鲁克:《创新与企业家精神》,蔡文燕译,机械工业出版社 2007 年版。

[14]张耀辉、朱锋:《创业基础》,暨南大学出版社 2013 年版。

[15]李秋斌:《大学生创业指导》,北京大学出版社 2013 年版。

[16]冯丽霞、王若洪:《创新与创业能力培养》,清华大学出版社 2013 年版。

[17]郑晓燕、相子国:《创业基础》,西南财经大学出版社 2012 年版。

[18]田远芬、向辉:《创业之梦》,华中师范大学出版社 2013 年版。

[19]李北伟:《大学生创业导引》,清华大学出版社 2013 年版。

[20]王庆生、王坤:《大学生创业基础》,清华大学出版社 2013 年版。

［21］吴运迪:《大学生创业指导》,清华大学出版社 2012 年版。

［22］曹德欣、祝木伟:《创业学概论》,中国矿业大学出版社 2013 年版。

［23］杨安、夏伟、刘玉:《创业管理——大学生创新创业基础》,清华大学出版社 2011 年版。

［24］张静:《大学生创业实战指导》,对外经济贸易大学出版社 2012 年版。

责任编辑：鲁　静　刘松弢

图书在版编目（CIP）数据

大学生创业学基础/臧强,孙彤 主编. —北京:人民出版社,2022.4
ISBN 978－7－01－024239－2

Ⅰ.①大…　Ⅱ.①臧…②孙…　Ⅲ.①大学生-创业　Ⅳ.①G647.38

中国版本图书馆 CIP 数据核字(2021)第 241228 号

大学生创业学基础
DAXUESHENG CHUANGYEXUE JICHU

臧 强　孙 彤　主编

人民出版社 出版发行
(100706　北京市东城区隆福寺街 99 号)

中煤(北京)印务有限公司印刷　新华书店经销

2022 年 4 月第 1 版　2022 年 4 月北京第 1 次印刷
开本:710 毫米×1000 毫米 1/16　印张:24.75
字数:351 千字

ISBN 978－7－01－024239－2　定价:60.00 元

邮购地址 100706　北京市东城区隆福寺街 99 号
人民东方图书销售中心　电话 (010)65250042　65289539